车联网信息安全传输的数据隐私保护方法

黄大荣　米　波　刘　洋　李　阳　吴冰清　著

科学出版社
北　京

内 容 简 介

本书以车联网信息传输过程中的隐私保护方法为主题，在近几年的研究基础之上，针对车联网在运维过程中可能面临的窃听、篡改、伪造、侧信道攻击、节点捕获等多源复合攻击模式，进行详细的问题分析、策略制定及安全证明。主要内容包括车联网数据安全传输的隐私威胁模型建立以及车联网数据安全传输方法、云隐私数据安全去重协议、位置隐私数据保护框架等面向访问意图、网络拓扑、敏感数据机密性防护的具体实施方案。本书力图将复杂的概念用易于理解的算法及其流程图进行描述，不仅详细介绍不经意传输、同态计算、多方安全计算、秘密共享、可证明安全性等诸多底层实现工具，也在车联网隐私保护方法的描述过程中提供大量有助于学习和理解的示意图及仿真结果图。

本书面向广大从事车联网信息安全传输和隐私保护行业的研究人员及设计人员，亦可作为高等院校网络空间安全、交通运输工程等专业本科生和研究生的参考书。此外，本书也适合具有一定信息安全基础的读者自学，或者作为相关领域专业人士的技术手册。

图书在版编目（CIP）数据

车联网信息安全传输的数据隐私保护方法 / 黄大荣等著. —北京：科学出版社，2022.11

ISBN 978-7-03-071795-5

Ⅰ. ①车… Ⅱ. ①黄… Ⅲ. ①汽车–物联网–网络安全–数据传输–研究 Ⅳ. ①U469-39

中国版本图书馆 CIP 数据核字（2022）第 038929 号

责任编辑：孙伯元 李 娜 / 责任校对：崔向琳

责任印制：赵 博 / 封面设计：蓝正设计

科学出版社 出版

北京东黄城根北街 16 号

邮政编码：100717

http://www.sciencep.com

三河市骏杰印刷有限公司印刷

科学出版社发行 各地新华书店经销

*

2022 年 11 月第 一 版 开本：720×1000 1/16

2025 年 1 月第三次印刷 印张：13 1/4

字数：258 300

定价：118.00 元

（如有印装质量问题，我社负责调换）

前　　言

通过集成大量的机械、光学、声呐传感设备，并搭载先进的控制、执行装置，汽车逐渐具有数据采集、智能决策和自动控制能力，这为安全、高效、舒适、节能的交通运输方式提供了全新的解决方案。然而，车辆的环境感知能力有限，距离过长、范围过窄、信号阻挡等因素往往导致数据无法准确、完整地获取，也极大地阻碍了基于交通数据的各类应用的实现。随着移动通信与交通信息技术的深度融合，智能交通系统已充分具备“人-车-路-云”的数据交换和共享能力，形成集交通运行管理、动态信息服务和协同优化控制为一体的智能车联网系统。

车联网系统中的数据资源作为交通运输与信息计算综合应用的媒介，理应通过实时、高效、可靠的通信机制进行准确传输。然而，受其分布式通信环境的影响，车联网面临非可信条件下大量信道干扰和网络攻击的威胁。在终端层面，系统设备所暴露的众多物理接口极易被攻击者以非法访问和恶意调用的形式入侵并控制，而系统代码自身也可能面临木马植入、固件逆向、非法提权等一系列风险。与此同时，因缺乏统一的控制和管理，路旁设施中驻留和运行的多种应用服务也极有可能出现敏感操作、数据篡改、漏洞利用、病毒破坏等问题。在网络层面，车联网的威胁主要来自蜂窝通信与直接连通机制的开放特性。无线传输信道相较于线缆通信更难掌控，极有可能涌现出一批集身份冒充、信令/数据窃听、重放、拒绝服务、流量篡改等手段于一身的复合攻击方法。尽管车联网在应用层的安全需求类似于传统网络，但随着攻击者能力的进一步提升，针对服务器非法入侵、数据越权访问、钓鱼欺骗、木马植入等威胁的安全防御机制也有待进一步完善。

虽然国内外产学研机构对智能车联网安全数据传输方法的研究取得了一定进展，但依然没有形成一套整体框架，可同时解决该通信机制中的安全访问控制和隐私保护两大问题。事实上，车联网的智能主要来自环境数据感知和协作交互能力，其动态决策、协同控制、系统服务等功能严重依赖及时、准确、完备的信息获取。然而，车联网应用缺乏完整的信任环境，组网模式复杂且管理分散，在数据采集、传输、存储、处理过程中存在大量的不可控因素，导致身份认证、可控访问、动态存储、隐私计算等诸多问题难以得到有效解决，且“人-车-路-云”复杂场景中可能存在的恶意攻击行为，这些问题极有可能被进一步利用，以欺骗、篡改、重放、拒绝服务、越权访问等形式破坏用户隐私并严重危害车联网的安全、稳定、可靠运行。在这样的需求背景下，作者所在课题组近年来一直致力于解决车联网数据在传输、存储、处理过程中的信息安全与隐私保护问题，以确保数据在其整个生命周期中的可靠性、完整性及隐私性，并取得了一系列研究成果。

本书以开放、非可信环境下智能车联网系统的信息安全及隐私保护需求为背景，在作者近年来研究工作的基础上，结合不经意传输、同态计算、秘密共享、区块链等最新密码学技术，提出车联网系统面临的主要安全风险及相应的攻击模型，并重点针对车联网数据的安全传输处理、安全存储备份以及拓扑隐私保护的解决方案进行阐述与分析。本书的撰写得到青岛大学侯忠生教授，山东科技大学周东华教授，西南交通大学陈维荣教授、马磊教授等的鼎力支持。本书的完成也与课题组赵玲教授、刘洋副教授、张振源博士等师生的辛苦工作密不可分。在书稿撰写期间，黄大荣教授主要负责本书第 2 章和第 5 章的撰写，米波教授负责第 3 章和第 4 章的撰写，而第 1 章的撰写工作主要由李阳、吴冰清负责完成。此外，特别感谢实验室已毕业硕士研究生潘虹阳、邓真平、刘进宇、龙萍、匡凤天等所做的前期研究工作，尤其感谢实验室在读硕士研究生翁渊、周津甫、邹永兴等在内容讨论、素材提供、书稿撰写和校对等方面所付出的努力，以及科学出版社编辑人员在文稿整理阶段的支持和帮助。

本书得到国家自然科学基金项目(61573076，61703063，61903053，62273065)、教育部留学回国人员科研启动基金项目(2015-49)、重庆市教委科学技术研究计划项目(KJZD-K201800701，KJ1705139，KJQN201900702)、重庆市留学人员回国创业创新支持计划项目(cx2018110)、重庆市自然科学基金项目(cstc2017jcyjAX0411)、重庆市高等学校优秀人才支持计划(2014-18)等项目的支持，还得到重庆交通大学信息科学与工程学院、安徽大学人工智能学院各位领导和同仁的大力支持。在此，向所有对本书给予帮助的机构和部门表示诚挚的谢意。

车联网中的数据安全传输及隐私保护方法涉及信息、交通、数学等跨学科的交叉融合，相关理论和关键技术还有待完善，加之时间紧迫，作者知识水平有限，书中难免存在不妥之处。谨希望本书能够起到抛砖引玉的作用，同时也期望得到同行、读者的批评指正。

目　　录

第1章 绪　论

1.1 引　言

近年来，随着全球汽车保有量的持续增长，道路承载容量在许多城市和地区已达到饱和，交通安全、出行效率、环境保护等问题日益突出。车联网是物联网体系中最具产业潜力、市场需求最为明确的领域之一，是信息化与工业化交融发展的重要方向。同时，车联网具有应用空间广、产业潜力大、社会效益高等突出特点，对促进汽车和信息通信产业的创新发展、构建汽车和交通服务新模式和新业态、推动自动驾驶技术的创新和应用、提高交通效率和安全水平均具有重大意义。此外，车联网作为智能交通系统实现的重要基础，对促进汽车、交通、电子、通信、计算机产业的深度融合以及相关产业生态和价值链体系的重塑与升级具有重要意义，已经成为整车、互联网、通信等各类型企业竞相研究的热点。

现阶段，我国车联网产业已经上升到国家战略高度，行业政策持续利好，正拉动我国车联网领域驶入快速发展轨道。例如，《中国制造2025》《国务院关于积极推进“互联网+”行动的指导意见》《国务院关于印发新一代人工智能发展规划的通知》等国务院层面的重要文件均要求大力发展车联网，而《汽车产业中长期发展规划》《“互联网+”人工智能三年行动实施方案》《车联网(智能网联汽车)产业发展行动计划》《智能汽车创新发展战略》等国家部委层面发布的政策也提出了构建完善车联网生态体系的方针路线。2018年，工业和信息化部出台了《车联网(智能网联汽车)产业发展行动计划》，明确要求以网络通信技术、电子信息技术和汽车制造技术融合发展为主线，充分发挥我国网络通信产业的技术优势、电子信息产业的市场优势和汽车产业的规模优势，形成深度融合、创新活跃、安全可信、竞争力强的车联网产业新生态。同年，国家发展改革委发布《智能汽车创新发展战略(征求意见稿)》，明确提出要构建先进、完备的智能汽车路网设施体系，统一部署、协同共建国家级智能汽车大数据云控基础平台，并于2025年实现“人-车-路-云”的高度协同。

尽管传统互联网领域中的通信安全技术已拥有较为完备的理论体系和实用的实施方案，但车联网敏感的信道环境和严格的安全需求为定制化的加密通信标准和隐私保护协议带来了全新挑战。同时，受车联网设备功能局限性的影响，现有的安全框架在可行性和实际效果方面与防护目标存在巨大差距。因此，在开放式车联网环境下，找到一类高效、完备的方案来保证交通信息系统的数据隐私性和传输可靠性，是亟待解决的关键问题。本章将以开放式车联网环境的数据风险问题为切入点，从车联网架构下关键性的数据隐私保护需求、技术和发展趋势的角度出发，对车联网背景下普遍存在的信息安全问题进行探讨，特别是对车联网数据的隐私泄露风险和当前主流解决方案进行详细描述，并指出相关领域的研究发展趋势。

1.2 车联网数据隐私风险分析

作为物联网技术在交通领域的典型应用和具体实现，车联网既面临传统网络中普遍存在的安全风险，同时也受到开放环境、动态拓扑、资源受限等各种因素的影响，在攻击来源、安全需求、性能瓶颈等方面具有不可忽视的差异性。当车辆在各种非信任、不可控的环境中行驶或驻停时，极有可能因基础设施和通信信道存在的安全问题，被传输媒介、接入点，甚至服务器上的恶意攻击者操纵数据流破坏。已有大量实例表明，一旦车联网遭受网络入侵，车辆运行环境就可能被黑客控制，极易导致用户利益受损、大量能源浪费、交通控制混乱，乃至不可挽回的交通事故。与此同时，从车联网应用被民众广泛接受或社会性普及的角度来看，数据隐私是亟待解决的首要问题。例如，行车轨迹、兴趣点等数据与人们的生活习惯、资金状况、社会关系等敏感信息密切关联，而车联网所记录的车辆轨迹和位置服务等信息可能为用户隐私保护埋下诸多隐患。然而，车联网的正确运作严格依赖环境信息的驱动，这就造成系统功能性与隐私性之间存在难以调和的矛盾。随着车联网应用的快速发展，其存在的安全问题日益突出，安全事故不断涌现[1-3]，已有的安全防护和隐私传输方法难以满足复杂、高效的应用需求，定制化的风险评估模型和安全保护框架亟待建立。

近年来，车联网中的安全性问题已受到国内外学术界、工业界的广泛关注。360 网络攻防实验室利用数字射频处理技术，伪造钥匙发出的原始射频信号控制发动机电子控制单元(electronic control unit，ECU)，成功入侵特斯拉自动控制系统[3]，实现了不需要钥匙的车辆开启。有安全研究人员用 Linux 系统漏洞对美国第三大汽车制造商克莱斯勒的 Jeep 车型发起攻击[4]，成功实现了对其固件的修改，从而获取了车辆的控制权。同时，他们证明该款车型在被物理接触的情况下，能够被攻击者从车载诊断(on-board diagnostic，OBD)系统接口进行控制，并指出车辆的系统漏洞和固件漏洞极易成为攻击者的目标。百度公司成功破解了车载智能终端(telematics box，T-Box)协议，通过篡改该协议传输数据[5]，对用户指令进行修改或发送伪造命令到控制器局域网络(controller area network，CAN)总线控制器中，实现了对车辆的本地控制和远程控制。攻击成功的主要原因在于当前CAN总线中没有加入加密认证等安全机制，从而导致攻击者容易修改CAN总线数据并伪造指令对车辆发起攻击。有安全人员在入侵用户手机的情况下，获取特斯拉应用程序账户的用户名及密码，通过登录特斯拉车联网服务平台对车辆进行定位、追踪、解锁和启动。由此可见，与车辆相关的应用程序及车联网服务平台也可能成为攻击者入侵车联网的入口。腾讯安全科恩实验室成功对特斯拉发起无物理接触的远程攻击[6]，实现对特斯拉多个ECU的远程协同操控，可最终入侵特斯拉车内网络并实现任意远程操控。类似地，英国的一个窃贼仅使用平板电脑便捕捉到特斯拉密钥的被动无线信号[7]，在不到2秒时间就利用信号中隐含的密码打开汽车。此类攻击说明，车联网在通信层面的安全也至关重要，由无线网络攻击导致的安全问题将可能频繁出现。

在信息安全领域，STRIDE(身份欺骗(spoofing，S)、数据篡改(tampering，T)、否认(repudiation，R)、信息泄露(information disclosure，I)、拒绝服务(denial of service，D)、特权提升(elevation of privilege，E))威胁模型[4]能够准确描述车联网可能面临的安全隐患，其主要将攻击和威胁划分为身份欺骗、数据篡改、否认、信息泄露、拒绝服务和特权提升六大类别。干扰、窃听、伪造等不同方式相结合的多层面攻击更容易破坏车联网的稳定性、鲁棒性、实时性、安全性和私密性，使车联网失去提供有效服务的能力，造成严重的信息或物理安全事故[5]。考虑到车联网所特有的动态拓扑、带宽不足、传输功率受限、资源高度定制、移动性强、节点分布不均、感知数据驱动、网络模型复杂等特点，可基于STRIDE威胁模型对车联网中的常见攻击进行如下划分。

(1) 女巫攻击。

在无线网络中，进行多身份伪造的恶意节点可以对系统进行规模性控制，从而对网络的可靠性和可用性造成严重威胁。鉴于车辆的动态移动特性，节点对车联网的接入总是暂时的、不稳定的，因此，女巫节点极易找到攻击机会而不被发觉。结合对系统可靠性的破坏，攻击者能够进一步对正常车辆进行欺骗或阻塞网络信道，造成服务难以正常访问，也可能造成隐私数据的泄露[8-10]。

(2) GPS欺骗攻击。

全球定位系统(global positioning system，GPS)欺骗攻击可能为节点带来关于其位置、速度、方位等基于地理信息系统的虚假信息。车联网中涉及安全、交通控制或财务的服务往往需要与地理信息进行关联，在处理过程中，攻击者对数据真实性的破坏可能导致取证、追踪[11,12]信息难以获取，甚至造成公共资源被非法利用、交通环境被恶意干扰等难以预计的后果。可见，车联网中的 GPS 信息在导航、支付、行政管理等诸多应用中具有举足轻重的地位，定位的不准确可能带来公共安全、社会效益、个人财产等方面难以预测的损失。

(3) 伪装攻击。

为确保网络的正常运作和有效访问，参与实体往往需要注册唯一的身份标识。在这种情况下，如果节点身份标识号(identity document，ID)可以被伪造，那么攻击者不仅有机会窃取他人敏感信息，更有可能执行一系列越权操作，甚至造成整个系统混乱。因此，伪装攻击极有可能带来车联网无法正常服务的恶劣后果，导致合法车辆被混沌状态迷惑[9-11]，从而违背最小必要权限的基本原则。

(4) 虫洞攻击。

虫洞攻击具有很强的变化性并高度依赖路由算法，极有可能对车联网的传输可达性、及时性和稳定性产生致命的危害。当受到虫洞攻击时，任何流量均有可能被诱导至恶意节点，导致其他车联网组件难以正常响应[12]。

(5) 可用性攻击。

拒绝服务和信道干扰是对网络可用性常见的攻击类型。可用性攻击主要基于网络带宽和传输功率的限制，使车联网系统的传输能力逐步崩溃[13]。由于大多暴露在外，缺乏必要的物理隔离，并且受到部署环境复杂性的影响，车联网中的主要部件和通信基础设施极易遭受干扰、控制和主动破坏。值得一提的是，可用性攻击的影响范围主要取决于被攻击节点的类型和中心化程度，核心单元的失效将比分散节点的破坏对车联网运作产生更加有害的影响[14]。

(6) 保密性攻击。

数据、模型等信息资源始终是服务、控制系统中最为重要的部分，只有对这些信息资源进行必要的密码学处理和严格的存取控制，才能保证大量敏感信息被合法且正确授权的节点所访问。保密性攻击通过窃听或拦截来窃取数据，在大多数情况下，攻击者会借助截获车辆或者路边检测单元等更容易接触到的通信部件，间接访问其他感兴趣的实体来窃取秘密资源，从而导致用户隐私的泄露[8]。

(7) 路由攻击。

针对路由通常可进行四种类型的攻击，包括窃听、拒绝服务、伪装以及篡改[15-18]。车联网在不同场景中可能需要采用高定制的各种路由算法，不同路由算法的服务质量最终反映为车载设备与路旁基础设施、中心服务节点之间的信息交互能力。然而，车联网系统受到带宽、传输功率和移动性等方面的诸多限制，其路由机制往往比较复杂，也很难进行有效统一，而这种复杂性将进一步加剧车联网路由算法的漏洞风险及其联通脆弱性[19-22]。

(8) 数据真实性攻击。

当数据包在网络中传输时，只有严格保证源数据真实且未被修改，才能被各种服务正确利用。数据真实性攻击可大致分为四种基本类型：重放、伪装、篡改以及假象。事实上，车联网的开放特性使其数据流更易于被捕获、伪造和转发，尤其是在自组织路由和无线通信环境中，数据真实性攻击的频繁发生使得车联网应用变得不再可信，有可能成为其稳步、健康发展的最大障碍。

除根据攻击手段对车联网安全威胁进行建模以外，也有部分学者倾向于从系统层级的角度对其所面临的风险进行分析。车联网系统的整体架构主要包括车联网服务平台、智能网联汽车及移动智能终端、路边基础设施等网络级平台和终端、智能网联汽车操作系统平台、车内网络及车内 ECU 组件等各个层级。为此，可根据上述架构将车联网系统中存在的威胁分为网络级威胁、平台级威胁以及组件级威胁三个部分[23-25]。

(1) 网络级威胁。

车联网中的车联万物(vehicle to everything，V2X)系统包括了 Wi-Fi、移动通信网(2G/3G/4G 等)、专用短程通信(dedicated short range communication，DSRC)技术等无线通信组件。由于此类无线通信组件本身存在的安全问题，车联网通信系统也相应地继承了它们的攻击风险，例如，在车与云服务平台通信的过程中可能发生网络入侵，车与车之间的通信协议极易被黑客破解，而车与人交互过程中的信息也容易被攻击者篡改或截取[26-29]。

主要的网络级威胁如图 1-1 所示。

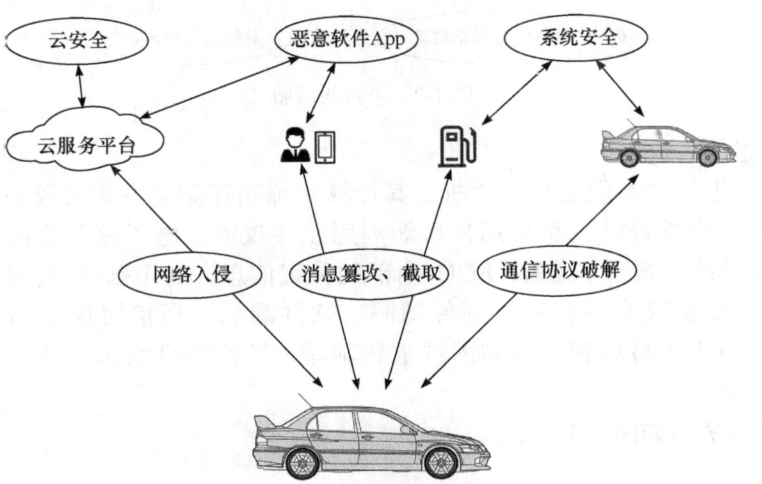

图 1-1　网络级威胁

(2) 平台级威胁。

平台级威胁可分为车内 CAN 总线的安全威胁及车内传感器网络的安全威胁。目前，使用最为广泛的 CAN 总线协议采用的是明文传输，除了简单的校验机制，没有实现任何加密或者认证的功能，导致攻击者能够通过对总线连接上的 ECU 节点进行控制来读取或修改报文，而其他总线协议如 FlexRay 也存在上述问题。此外，车联网中的车内传感器网络包含传感器、控制器、执行器等众多部件，它们严格依赖通信协议进行协同合作。在缺乏安全机制的车内传输框架下，恶意的攻击者能够在通信过程中轻易截取数据采集传感器的缓存信息，收集车辆运行相关的感知数据，甚至可以利用传感器自身的特点与设计缺陷，通过干扰传感器的工作达到主动攻击的目的。例如，超声波传感器具有发射信号遇到障碍物折返的特点，分析发射信号和接收信号的时间差可以推算出障碍物与发射位置的距离，但如果环境中存在其他发射相同频率超声波的设备，则会严重干扰接收端的信噪比[30-33]。

平台级威胁如图 1-2 所示。

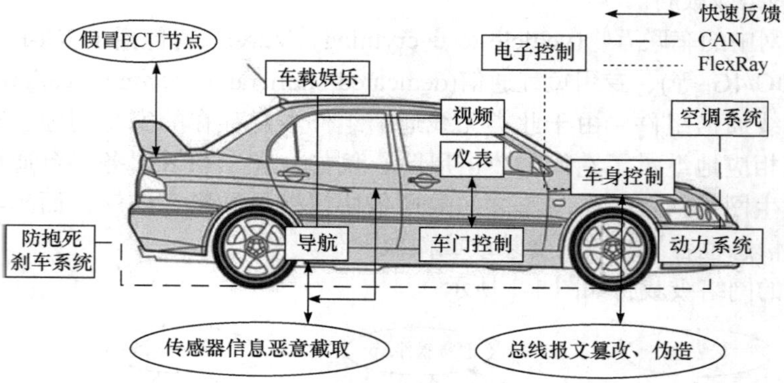

图 1-2 平台级威胁

(3) 组件级威胁。

ECU 组件在本质上是单片机，其计算资源和存储能力相对较弱，尤其缺乏必要的安全性设计，恶意用户可能利用软件攻击、电子探测攻击、探针技术、远程升级[34]等手段获取 ECU 内部的关键信息，甚至破解并控制 ECU。ECU 不仅面临其自身存在的固件漏洞、软件漏洞、通信协议漏洞等安全问题，同时因为支持远程升级和固件重新刷写，还面临升级包篡改、恶意注入等大量威胁。

组件级威胁如图 1-3 所示。

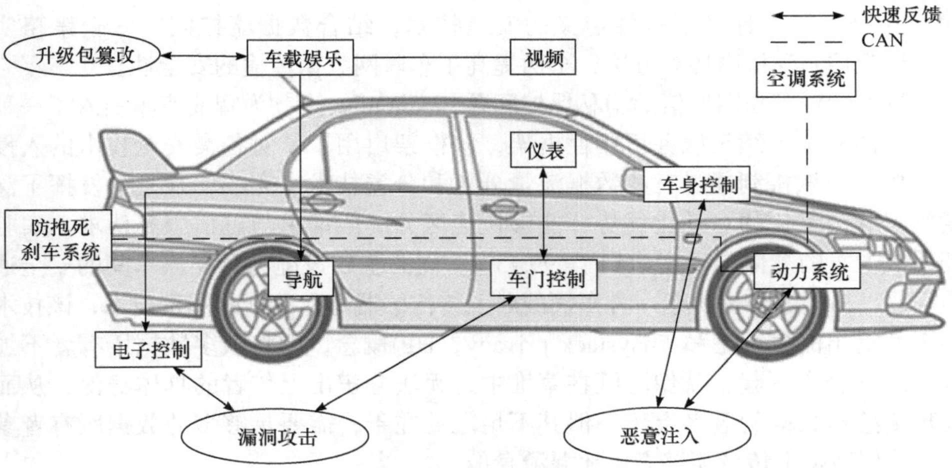

图 1-3 组件级威胁

1.3 车联网数据隐私保护主流技术

随着移动互联网、云计算、大数据等新技术的不断涌现和飞速发展，以万物互联为目标的物联网技术得到了广泛应用[23]。在基于车联网构架的具体实践中，智能车辆需要通过车载无线设备实现车与车之间、车与路之间、车与云端之间的交互通信[24]，利用各种车载传感设备感知车内乘客和车外环境状况，并通过对车辆的行驶状态、周边交通活动等动态数据进行网络传送，在云端或边缘节点将这些信息予以筛选、存储、计算和分析，同时利用反馈为车辆和交通决策系统提供高效、精准的道路导航、路况报送、信息共享、应急抢险等综合服务[25]。然而，在车联网技术给用户带来丰富的智能化体验的同时，也使大量出行者和管理部门面临隐私信息泄露、车辆非法控制、交通秩序破坏等安全风险的威胁[27]，导致车联网信息安全方面的问题日益突显，而深入研究适应于车联网应用的信息安全保护方法显得尤为重要。

综合国内外整体研究思路，车联网信息安全防护主要侧重于通信安全防护、车载操作系统防护、安全防护体系建设三个基本方面[29]。

1. 通信安全防护

针对车联网数据通信的机密性、完整性、可靠性等问题，Boumiza 等[30]对智能汽车内部及外部的通信系统进行了详尽的安全分析，提出了完整、统一的通信系统安全防护体系，包括数据加密、协议安全、身份验证、风险感知等技术框架。Kalinin 等[31]则从攻击威胁的角度出发，阐述了车联网信息安全的重要性，并提出了一种基于软件定义的安全技术，结合数据流控制、安全策略实施、访问控制和机密性等方法，全面提高了车联网数据传输的安全性。

特别针对车联网通信的隐私保护问题，Aloqaily 等[32]为智能汽车引入了一种自动化的安全连续云服务可用性框架，该框架启用了针对各类安全攻击的入侵检测机制，该机制通过三相数据流量分析和分类技术来完成，并充分发挥了深度学习和决策树的自动化优势，能够快速区分虚假请求与可信服务请求，实验证明该方案的总体准确度达到了 99.43%。面向基础设施与智能汽车间的安全通信问题，Joy 等[33]提出了一种车辆匿名上传传感器隐私数据的保密技术，该技术基于其提出的草堆隐私 (haystack privacy，HP)概念，即将众多数据所有者不加区分地混合在一起，就像隐藏在草堆中，无法分辨出上传者的具体身份，从而实现传感器数据的匿名上传，但其不足之处在于，需要足够多的数据所有者参与以确保数据上传者能够充分地混淆身份。

然而，车联网中未经身份验证的信息传输、访问极易，导致恶意攻击和服务滥用，对驾驶员和乘客构成巨大的安全威胁。为此，Panagiotopoulos 等[34]提出了一种基于 Diffie-Hellman 密钥协商的数据通信方案，该方案能够同时将数据隐私和身份认证协议应用于车辆交互，在提高安全性的同时还提高了交互效率。Park 等[35]提出了一种利用散列车辆身份(Hash identity document，HID)证书增强个人信息安全性的认证方法。随后，Rekik 等[36]提出了一种基于双重认证和密钥管理的安全传输技术，全新互认证方案的实现能够确保车辆和路侧单元(road side unit，RSU)之间的车载自组织网络(vehicular ad-hoc network，VANET)保密通信。

2. 车载操作系统防护

车载操作系统防护主要包括访问控制、代码加密、签名校验等主流方法。其中，Lee 等[37]指出了车载安卓应用程序易遭受重打包攻击，并相应地提出了一种访问控制策略来抵御此类风险。该策略主要从两个方面实施防护：一是基于白名单的访问控制系统；二是使用代码混淆的方式以防止外部网络的非法访问及应用程序的恶意攻击。

针对车载操作系统在固件升级过程中面临的注入问题，Idrees 等[38]提出了一种新的更新架构，该架构描述了如何在制造商、路旁基础设施和车辆之间建立安全的端到端连接，并在操作系统升级的过程中充分保证软件包数据的完整性、机密性和可用性。此外，还有部分学者通过签名校验等方式对升级包的完整性及来源进行了认证[39]。

由于智能汽车所使用的源代码中包含加密算法、重要的逻辑功能等敏感信息，部分源代码的泄露会给车联网应用带来更进一步的安全风险。为此，代码混淆、强名称签名、代码隐藏等智能汽车源代码防护技术逐步得到广泛应用[40]。

3. 安全防护体系建设

车联网是一种设备多样、功能复杂、需求严格的海量信息系统，仍需要从顶层对其安全防护体系的完备性和可靠性进行考量。为此，大量产学研人士重点关注了车联网系统的安全实施框架。例如，田苗等[41]通过分析 2013～2016 年发生的车联网信息安全事件和网络攻击方式，提出了四种结构性的安全保护方法：以攻防平衡为核心的安全评估、能够防患于未然的大数据监测、基于全生命周期的安全咨询、360°车联安全整体解决方案。2018 年，鲍克等[42]从网络层分析了车联网的典型架构，系统性地提出了车联网在车载终端域、网络传输域、云平台域等不同层面面临的安全风险，在此基础上结合等级保护测评的基本要求，构建一套适用于车联网的信息安全防护体系。

此外，Thing 等[43]在归纳、总结各类攻击与防护手段的基础上，提出了一种全面的攻击防护分类方法。基于该方法，可实现有针对性的攻击防御，并建立一套完善的安全防护框架。而 Su 等[44]也根据区块链技术创建出一套体系化的车联网隐私保护系统，该系统充分结合区块链与车联网在拓扑上的优势，通过加密和签名工具设计出一种安全高效的双向认证和密钥协商算法，有效解决了传统车联网系统的中心依赖问题。

1.4　车联网数据隐私保护研究趋势

随着移动互联网的快速发展以及万物互联理念的广泛推广，车联网也必然朝着网络化和智能化的方向发展。在车与车、车与人、车与云的交互逐渐增多的同时，车联网面临的安全威胁正逐渐呈现多样化和复杂化的趋势，有必要对车联网的安全防护手段进一步做出改进与创新。因此，建立完善的车联网安全体系非常必要。尤其是，随着车辆智能化的增强，自动驾驶有望逐步取代人工驾驶，会进一步面临如下安全威胁。

(1) 自动驾驶汽车主要通过环境感知系统识别周边状况并做出相应决策。然而，环境感知系统必将引入雷达、摄像头、传感器等大量智能化设备，在增加车联网网络节点的同时，也增加了攻击者可利用的访问入口，使恶意用户可能通过此类设备的安全漏洞制造安全事故。

(2) 自动驾驶汽车的智能决策过程需要综合利用大量的声音、图片和视频信息，此类信息需要经过决策系统的计算以完成最终的决策过程。因此，高性能处理器甚至是云计算组件的融入极有可能成为车联网安全的又一瓶颈。

(3) 自动驾驶汽车的控制系统决定着整个车辆的行为，其本身的安全性势必成为车联网系统正常运行的关键。攻击者一旦成功入侵驾驶控制系统，也就掌握了整个车辆的决策权，不但会影响车联网系统的通信安全，更有可能带来一系列的社会问题。

基于上述考虑，在信息安全的三大层级中，现有的车联网数据安全传输及隐私保护方案仍存在诸多亟待解决的关键性问题，主要包括如下方面。

(1) 网络级安全问题。目前，高实时、多场景的认证技术在车联网中的应用仍面临巨大的挑战。车联网数据传输的一个主要需求就是高实时性，但加密、认证等安全工具的使用又必然会在一定程度上影响信息传输的时延。同时，车辆在行驶过程中会面临难以预期的多样化场景，如何在不同场景中高效地实现相互认证，还缺乏完备的解决方案。幸运的是，目前人工智能中的图像识别、逻辑推理、自动决策等技术的发展提供了一个良好的契机，有助于为车辆在高速行驶过程中所面临的各种安全问题找到一系列有效的解决方法，如通过人工智能自动完成多因子身份识别或生成入侵检测报告等。

(2) 平台级安全问题。车联网功能需求的多样性和复杂性迫切需要一套差异化、定制化的安全防护策略。尤其是在平台级安全问题中，CAN 总线有多路复用的实际需求，但由于内部消息的敏感程度和实时性要求不同，所需要的安全策略也应当有所差别。

(3) 组件级安全问题。软件安全和云数据安全将成为车联网组件级安全的研究重点。在组件级安全问题中，迫切需要软件漏洞检测、云服务平台安全防护、数据隐私保护等技术手段来提高其安全性。

1.5　本 章 小 结

本章首先从车联网信息安全风险分析的角度出发，基于实例详细阐述了车联网系统中可能存在的信息安全隐患，尤其对车联网环境下数据被大量窃取和攻击的状态进行了详细描述，并对其风险产生缘由进行了全面剖析；其次，针对开放环境下主流的车联网数据保护方案进行了系统的阐述与说明；最后，重点介绍了在交通信息化大背景下车联网安全防护面临的一些关键问题及发展趋势。

车联网系统的搭建与实施有望为城市道路的快速建设和有效运作提供非常便利的服务，正逐步成为当前交通工程领域一个全新的研究热点。网络与交通实现无缝衔接，充分利用交通信息资源，无疑有助于解决环境保护、社会民生等众多可持续发展问题。然而，目前该领域仍主要采用因特网中的传输控制协议/网际协议(transmission control protocol/internet protocol，TCP/IP)等基础协议实现数据传输，缺乏良好的信息安全保护策略，从而导致出现大量网络安全问题，不仅严重阻碍了车联网系统的推广普及，而且给社会和民众带来了巨大的安全威胁。然而，尽管国内外相关领域都积极采用密码学和信息安全方法对车联网信息进行“人-车-路-云”等各个层面的严格保护，但依然受限于车载芯片性能、网络动态拓扑、复杂应用需求等因素的影响，缺乏一套完整的解决方案。因此，如何构建高效、完备的车联网信息安全及隐私保护方案将成为车联网行业稳步发展的关键。

参考文献

[1] Yu L, Deng J, Brooks R R, et al. Automobile ECU design to avoid data tampering[C]. Proceedings of the 10th Annual Cyber and Information Security Research Conference, 2015: 1-4.

[2] Sicari S, Rizzardi A, Grieco L A, et al. Security, privacy and trust in internet of things: The road ahead[J]. Computer Networks, 2015, 76: 146-164.

[3] Singh R, Singh P, Duhan M. An effective implementation of security based algorithmic approach in mobile ad-hoc networks[J]. Human-Centric Computing and Information Sciences, 2014, 4(1): 1-14.

[4] Yan G, Wen D, Olariu S, et al. Security challenges in vehicular cloud computing[J]. IEEE Transactions on Intelligent Transportation Systems, 2012, 14(1): 284-294.

[5] Marian S, Mircea P. Sybil attack type detection in wireless sensor networks based on received signal strength indicator detection scheme[C]. 2015 IEEE 10th Jubilee International Symposium on Applied Computational Intelligence and Informatics, 2015: 121-124.

[6] Mershad K, Artail H. A framework for secure and efficient data acquisition in vehicular ad-hoc networks[J]. IEEE Transactions on Vehicular Technology, 2012, 62(2): 536-551.

[7] Sun Y, Yu X, Bie R, et al. Discovering time-dependent shortest path on traffic graph for drivers towards green driving[J]. Journal of Network and Computer Applications, 2017, 83: 204-212.

[8] Chen C Y, Yein A D, Hsu T C, et al. Secure access control method for wireless sensor networks[J]. International Journal of Distributed Sensor Networks, 2015, 11(7): 1-6.

[9] Shah N, Valiveti S. Intrusion detection systems for the availability attacks in ad-hoc networks[J]. International Journal of Electronics and Computer Science Engineering, 2012, 1(3): 1850-1857.

[10] Shah V, Modi N. Responsive parameter based an antiworm approach to prevent wormhole attack in ad-hoc networks[J]. International Journal on Network Security, 2014, 5(1): 1-8.

[11] Kannhavong B, Nakayama H, Nemoto Y, et al. A survey of routing attacks in mobile ad-hoc networks[J]. IEEE Wireless Communications, 2007, 14(5): 85-91.

[12] Cheng J J, Cheng J L, Zhou M C, et al. Routing in internet of vehicles: A review[J]. IEEE Transactions on Intelligent Transportation Systems, 2015, 16(5): 2339-2352.

[13] Wallgren L, Raza S, Voigt T. Routing attacks and countermeasures in the RPL-based internet of things[J]. International Journal of Distributed Sensor Networks, 2013, 9(8): 1-12.

[14] Xia H, Jia Z, Li X, et al. Trust prediction and trust-based source routing in mobile ad-hoc networks[J]. Ad Hoc Networks, 2013, 11(7): 2096-2114.

[15] Gite P, Thakur S. An effective intrusion detection system for routing attacks in MANET using machine learning technique[J]. International Journal of Computer Applications, 2015, 113(9): 37-44.

[16] Huang H P, Cao X, Wang R C, et al. A Qos-aware routing algorithm based on ant-cluster in

wireless multimedia sensor network[J]. Science China (Information Sciences), 2014, 57(10): 77-92.

[17] Pavani K, Damodaram A. Anomaly detection system for routing attacks in mobile ad-hoc networks[J]. International Journal on Network Security, 2014, 5(2): 13.

[18] Bakiler H, Şafak A. Analysis of current routing attacks in mobile ad-hoc networks[J]. International Journal of Applied Mathematics Electronics and Computers, 2015, 3(2): 127-132.

[19] Mejri M N, Ben-Othman J, Hamdi M. Survey on VANET security challenges and possible cryptographic solutions[J]. Vehicular Communications, 2014, 1(2): 53-66.

[20] Rawat D B, Yan G, Bista B B, et al. Trust on the security of wireless vehicular ad-hoc networking[J]. Ad Hoc & Sensor Wireless Networks, 2015, 24(3-4): 283-305.

[21] Anwar R W, Bakhtiari M, Zainal A, et al. Security issues and attacks in wireless sensor network[J]. World Applied Sciences Journal, 2014, 30(10): 1224-1227.

[22] 胡欣宇，张洁. 车联网的发展与挑战[J]. 物联网技术, 2017, 7(2): 56-59.

[23] 李小刚，杨彬. 车联网安全防护问题分析[J]. 移动通信, 2015, 39(11): 30-33.

[24] 姜建，卢丹. 车联网架构与安全问题分析[J]. 电信网技术, 2016, (2): 38-41.

[25] 聂大成，陈莹，曾梦岐. 车联网终端安全防护技术研究[J]. 通信技术, 2017, 50(8): 1794-1799.

[26] 李馥娟，王群，钱焕延. 车联网安全威胁综述[J]. 电子技术应用, 2017, 43(5): 29-33.

[27] 杨南，康荣保. 车联网安全威胁分析及防护思路[J]. 通信技术, 2015, 48(12): 1421-1426.

[28] 凌之晞. 关于车联网中信息安全问题的探讨[J]. 机电技术, 2017, (1): 110-112.

[29] 郭振，马超，王国良，等. 智能汽车信息安全技术发展现状与展望[J]. 汽车零部件, 2021, (2): 115-121.

[30] Boumiza S, Braham R. Intrusion threats and security solutions for autonomous vehicle networks [C]. 2017 IEEE/ACS 14th International Conference on Computer Systems and Applications, 2017: 120-127.

[31] Kalinin M, Zegzhda P, Zegzhda D, et al. Software defined security for vehicular ad-hoc networks[C]. 2016 International Conference on Information & Communication Technology Convergence, 2016: 533-537.

[32] Aloqaily M, Otoum S, Al Ridhawi I, et al. An intrusion detection system for connect vehicles in smart cities[J]. Ad Hoc Networks, 2019, 90:1-28.

[33] Joy J, Gerla M. Internet of vehicles and autonomous connected car - privacy and security issues[C].2017 26th International Conference on Computer Communication and Networks, 2017: 1-9.

[34] Panagiotopoulos I, Dimitrakopoulos G. Diffie-hellman process and its use in secure and authenticated VC networks[J]. IET Intelligent Transport Systems, 2018, (9): 1082-1087.

[35] Park S S, Du S G, Kim K. Application of a HID certificate issue algorithm for strengthening private information security over the V2V environment[C]. 2017 International Conference on Information Networking, 2017: 611-615.

[36] Rekik M, Meddeb-Makhlouf A, Zarai F, et al. Improved dual authentication and key management techniques in vehicular ad-hoc networks[C]. 2017 IEEE/ACS 14th International Conference on

Computer Systems and Applications, 2017: 1133-1140.

[37] Lee Y, Woo S, Lee J, et al. Secure computation on 4G/5G enabled internet-of-things[J]. Wireless Communications and Mobile Computing, 2019, (3): 1-13.

[38] Idrees M, Schweppe H, Roudier Y, et al. Secure automotive on-board protocols: A case of over-the-air firmware updates[C]. Communication Technologies for Vehicles, 2011: 224-238.

[39] Goldman O, Chou M, Bansod A. Software installation package with digital signatures: US, US8464249B1[P]. 2013-6-11.

[40] 刘金. Android 平台软件安全防护技术的研究与实现[D]. 北京: 北京邮电大学, 2015.

[41] 田苗, 王松, 蔡蕾, 等. 车联网安全保护研究[J]. 电脑知识与技术, 2017, (13): 72-75.

[42] 鲍克, 严丹, 李富勇, 等. 车联网信息安全防护体系研究[J]. 软件, 2018, 39(6): 29-31.

[43] Thing V L L, Wu J. Autonomous vehicle security: A taxonomy of attacks and defences[C]. 2016 IEEE International Conference on Internet of Things (iThings) and IEEE Green Computing and Communications (GreenCom) and IEEE Cyber, Physical and Social Computing (CPSCom) and IEEE Smart Data (SmartData), 2016: 164-170.

[44] Su T, Shao S, Guo S, et al. Blockchain-based internet of vehicles privacy protection system[J]. Wireless Communications and Mobile Computing & Mobile Computing, 2020, (5): 1-10.

第 2 章　车联网隐私数据的传输处理方法

2.1　引　　言

信息时代的到来推动着智慧城市的发展，人们对于出行满意度的要求越来越高，智能交通的需求也随之呈现爆发式增长。在电子和通信技术的快速推动下，下一代交通系统的设想是车辆可以随时随地将自己的各种信息广播出去，同时也可以实时接收来自周围车辆以及互联网中的各种交通信息。所有的车辆互联互通，形成一个庞大的交互网络——车联网。在面向道路交通安全的诸多车联网应用中，移动车辆周期性广播的信标消息和危险事件触发的警告消息对数据传输处理的可靠性和实时性提出了更高的要求。而车联网节点高流动性、网络拓扑结构多变性和无线信道质量多样性的特点，使车联网中消息传输和安全应用等问题面临诸多挑战。

与此同时，车联网中可靠的传输协议是实现数据实时处理的基础，也是各种智能交通应用得以顺利实施的先决条件。尤其是在城市道路交通环境中，车联网通常覆盖大范围的地理空间并包含海量的车辆节点，具有大规模无标度网络的特点。在此情形下，拓扑快速变化、节点数量庞大以及分布不均引起的网络高度分割、通信场景复杂多变等，使传统传输协议因丢包率高、路由开销大等众多不足无法充分满足大量智能交通应用对数据传输的可靠性需求。因此，针对大规模车联网的本质特点，在安全传输处理协议的设计过程中充分考虑数据通信和计算的可靠性对车联网及其应用的研究也具有重要意义。

本章对车联网隐私数据的传输处理方法进行描述，主要介绍不经意传输、秘密共享、多方安全计算等技术在数据保护方面的应用，并通过这些技术为车联网数据的可靠性、完整性和机密性提供最终保障。

2.2　面向不经意传输需求的车联网数据通信

不经意传输(oblivious transfer，OT)是一种密码学基础协议，在该协议中，接收者请求获取数据库或消息集中的某一条特定数据，但要求发送者不能知道该数据的下标，而接收者也不能读取除此之外的其他消息，从而达到既保护访问意图又维护知识产权的目的，因而该协议也称为茫然传输协议。在车联网数据传输过程中，数据访问意图的隐私性是一个亟待解决的关键性问题[1]。利用不经意传输不仅可以很好地解决数据检索目的保密性问题，也可以起到同时保护各类数据资产的作用。虽然不经意传输的范例能够完美地解决信息检索中收发双方的隐私问题，但是现有的实现方式都远不能平衡车联网应用中的各种性能冲突，如安全性、可伸缩性和实时性等。

2.2.1　1-out-*n* 不经意传输协议

最初由 Wiesner [1]提出的不经意传输现已广泛用于各类加密应用程序的基本构件，如比特承诺、零知识证明、安全的多方计算等[2]。Rabin[3]基于 RSA 加密算法首次设计了一种可行的不经意传输方案，其中发送者仅能以 50%的概率猜测接收者是否已获取到特定消息。尽管从功能、安全性或效率的角度来看，存在不经意传输的各种版本，但它们大都归类于 1-out-*n* 不经意传输协议(OT_n^1)。具体而言，在该协议中，接收者选取一个下标，以检索发送者拥有的 *n* 个消息中的某一个，但发送者无法准确获知其传送的具体是哪一个消息。事实上，1-out-*n* 不经意传输协议可视为隐私信息检索的增强版本，这意味着可以将其正式表征为一种交互协议。

在理想环境下，可以假设有一个受信任的第三方，它能够与发送者和接收者分别进行秘密通信，从而使各方所需的安全条件得到满足，即

输入：

发送者　输入 $m_0, m_1, \cdots, m_{n-1} \in M$

接收者　输出 $\tau \in \{0,1,\cdots,n-1\}$

输出：

发送者　输出 ⊥(无)

接收者　输入 m_τ

然而在实际情况下，受信任的第三方并不总是可用的，甚至根本无法存在，这就意味着在真正实现不经意传输时，需要一个自组织的隐私保护信息获取方案。对 1-out-*n* 不经意传输协议 OT_n^1 而言，发送者保留 *n* 个来自明文空间 *M* 的消息，而接收者则希望从发送者那里获得其中一条消息。与隐私信息检索(private information retrieval，PIR)类似，要求发送者必须不知道接收者的选择，但在不经意传输协议中，一个不可或缺的条件是发送者应将所有其他消息都保密。不经意传输协议的要求苛刻：一方面发送者必须以保密的形式正确地传递所有消息；另一方面接收者只能在临时对话结束后才能恢复其中的待检索消息。当候选消息的数量相当大时，只有对明文空间进行混淆并一次

分配所有明文，才能确保这种协议的可行性。

文献[3]给出了 1-out-n 不经意传输协议的第一个实例。近年来，人们为了提高全模拟自适应不经意传输的效率和安全性，完成了大量工作[4]。例如，Green 等[4]设计出一种初始化开销为$O(n)$的通用可组合 OT 方案，他们也注意到了日本学者 Kurosawa 等[5]的协议中过度的通信负担，并相应地在决策性三方迪菲-赫尔曼假设(decisional Diffie-Hellman，DDH)下以恒定的通信成本对其进行了改进[6]。随后，Cao 等[7]指出 Green 等的方案中的参数是冗余的，并通过去除不必要的信息收发对其进行了进一步优化。关于基于模型的标准 OT 协议性能比较可以在文献[8]中找到更多详细内容。

随着量子机器的出现，在可预见的未来，不经意传输协议的安全性将无法再依赖标准模型。基于格的密码学因其内在的可证明安全性而被认为是后量子时代最有前途的加密标准候选者。Ajtai[9]是第一次将格的代数结构引入密码学的学者，他发现了一个重要结论，即对于短整数解问题，最坏情况和平均情况是等价的，因而 Ajtai 的方案可完全建立在格点问题的困难度之上。这种可归约性对密码体制的构造具有重要意义，因为任何基于格的密码实例都可以推演到所有格上的最小整数解(short integer solution，SIS)求解问题中，从而保证了其安全性。格密码系统的另一个优点是效率高，这是因为格可以简单地定义为实向量空间的一个子群。尽管对于千兆字节级的密钥，Ajtai 方案的工作负荷较高，但为了追求其实用性，研究者也相继提出了许多改进方法[10]。然而，迄今利用基于格的问题来实现不经意传输协议的研究工作极为少见。Li 等[11]通过对 Micciancio 等[12]提出的陷门方案进行扩展，设计出一种基于 RLWE 困难的有效 1-out-n 不经意传输协议，该协议在不可区分性的定义下是安全的。Libert 等[13]在 SIS 和错误学习(learning with error，LWE)问题的基础上，提出了一种具有访问控制能力的自适应不经意传输协议。Liu 等[14]则重点研究了基于格的不经意传输协议的安全性。

Chou 等[15]提出了迄今最为高效的 1-out-n 不经意传输协议，它得益于扭曲 Edwards 曲线上的快速标量乘法和 OT 扩展技术。同时，Chou 等的协议通过多线程技术每秒可实现约 10000 个 1-out-2 OT 传输，并且在 1-out-n 不经意传输阶段仅需传输 2 组数据。尽管 Chou 等声称他们的协议是完全可模拟的，并且可以抵抗随机预言机(random oracle，RO)模型中的定时攻击。但 Micciancio 等[16]认为，在相同框架下，Chou 等的协议对发送者的数据隐私而言是不安全的。作者还发现，Chou 等的协议不足以使加密密钥满足不可区分性的要求，更不用说后量子安全性。

2.2.2 通用不经意传输协议的性能分析

出于简单、高效和安全的目的，Chou 等[15]设计了一种通用的不经意传输协议。该协议基于著名的 Diffie-Hellman(DH)密钥交换方法，在扭曲 Edwards 曲线上定义的子群中实现，即

$$\left\{(x,y)\in F_{2^{255}-19}F_{2^{255}-19}:-x^2+y^2=1+dx^2y^2\right\} \tag{2-1}$$

其中，d 是一个常整数。为保证各类消息传输的紧凑性，Chou 等还采用了 OT 扩展技术，并以对称密钥为替代来进行加密传输。该协议可以简要描述如下。

1. 密钥交换阶段

(1) 发送者采样 $y\leftarrow G$，计算 $S=yg$ 和 $T=yS$，其中 g 为循环群 G 的生成元。随后发送者将 S 发送给接收者，如果 $S\notin G$，则接收者将终止协议。

(2) 接收者根据发送者的选择 τ 采样 $x\leftarrow G$ 并计算 $R=\tau S+xg$。然后，接收者将 R 发送给发送者，发送者在 $R\notin G$ 时终止。

(3) 根据预定义的哈希函数 H，发送者将 $k_i=H(yR-iT)$ 计算为所有消息 m_i 的对称密钥，其中 $i\in\{1,2,\cdots,n\}$。

(4) 接收者将 $k_R=H(xS)$ 计算为发送者与消息 m_τ 对应的解密密钥。

2. 检查阶段

(1) 发送者计算 $e_i\leftarrow E_{k_i}(m_i)$ 并发送所有密码文本给接收者。

(2) 接收者选择 e_i 并恢复 $m_\tau=D_{k_R}(e_\tau)$。

其中，E 和 D 代表对称密码系统的算法对。

Chou 等的协议的正确性取决于以下事实：如果 $i=\tau$，那么 $k_i=k_R$，这是因为 $yR-\tau T=xS$。尽管 Micciancio 等声称该方案是可模拟的，但他们也指出，没有仿真器可以使 Chou 等的协议区分真实和理想的系统。与此同时，作者还注意到该协议一些其他方面的问题。

(1) 对于任何恶意的接收者，该协议可以主动伪造其响应 $R=\tau S$，然后使用 $e_{\tau-1}$ 自适应地查询预言机 $E_{k_{\tau-1}}(\cdot)$。一旦获取了明文 $m_{\tau-1}$，该协议便能够检查 $E_{H(y's)}(m_{\tau-1})=e_{\tau-1}$ 是否成立，从而将发送者所使用的私钥 y 与其他私钥 $y'\in G$ 区别开来。此外，如果循环群 G 是双线性的，如超奇异椭圆曲线，则接收器能够根据 $\hat{e}(g,y'g')$ 和 $\hat{e}(g',S)$ 之间的差异轻松区分 y 和 y'，其中 g' 是循环群 G 的另一个生成元，而 $\hat{e}$ 表示双线性映射。因此，作者认为 Chou 等的协议容易受到恶意接收者的选择明文攻击。

(2) 对每次检索而言，很明显发送者必须找出与接收者的响应 R 所对应的 n 个对称密钥 $k_i = H(yR - iT), i \in \{1,2,\cdots,n\}$。随后，发送者必须分别加密所有将被发送给接收者的消息。在该过程中，由于加密密钥和密文不能重复使用，发送者一旦启动查询，就必须重新执行 n 个密钥生成和 n 个加密操作，当 n 非常大时，该过程有着巨大的计算开销。另外，接收者可能期望将其感兴趣的全部或部分密文预加载到本地存储器中，以实现实时查询的目的，而该协议在这种情况下是不可行的。这是因为密文只能是临时的，出于安全性考虑，必须为不同的查询重新进行加密和传输。

(3) 尽管 Chou 等在 OT 的实现中使用了扭曲 Edwards 曲线，但安全性基于 DH 假设，循环群 G 的阶数仍然需要足够大，从而造成计算的实时性问题。与之相反，如果在卷积多项式环 $R = (\mathbb{Z}[x]/2^{11}\mathbb{Z})/(x^N - 1)$ [17]上进行安全的数论研究组(number theory research unit，NTRU)密码系统计算，指数算法将不再那么耗时，这是因为循环群 G 与 $Z_p Z_8$ 同构，其中，大素数 p 的值如式(2-2)所示：

$$p = 2^{252} - 27742317777372353535851937790883648493 \tag{2-2}$$

除了抗选择明文攻击和计算性能不足等缺陷，Chou 等的协议也容易受到量子攻击，因为在椭圆曲线上的离散对数问题被 Shor 算法[18]证明是脆弱的。

综上所述，Chou 等的协议存在的上述问题促使我们尝试利用 NTRU 加密算法设计一种更为高效、更加安全的 1-out-n 不经意传输协议。

2.2.3 NTRU 密码系统

为解决 Chou 等的协议存在的问题，考虑基于商环 $R = (\mathbb{Z}[x])/(x^N - 1)$ 来构造一种新的不经意传输协议，其系数可以用一个整数向量 $a = (a_0, a_1, \cdots, a_{N-1}) \in \mathbb{Z}^N$ 进行表示。事实上，商环 R 也可以看作由如下卷积多项式组成：

$$a(x) = a_0 + a_1 x + a_2 x^2 + \cdots + a_{N-1} x^{N-1} \tag{2-3}$$

识别卷积多项式的不可约多项式因子可规约到格上的最短向量问题(shortest vector problem，SVP)，因此基于商环 R 的 NTRU 加密算法被认为能够抵抗量子攻击。考虑到 NTRU 加密算法的计算主要采用简单的卷积多项式乘法，其计算量只会随着密钥大小的增加而缓慢增长。

每个NTRU密码系统由三个参数，即 p、q 和 N 确定，其中 N、p 应取质数，并满足条件 $\gcd(N,q) = \gcd(p,q) = 1$。根据 p 和 q，可以通过中心化提升将卷积多项式商环 R 截断为两个子环，即 $R_p = (\mathbb{Z}/p\mathbb{Z})[x]/(x^N - 1)$ 和 $R_q = (\mathbb{Z}/q\mathbb{Z})[x]/(x^N - 1)$，它们的元素与 R 同余。

为生成 NTRU 密钥对，接收者根据预定义的整数 d 随机采样两个向量 $f \in \mathcal{T}(d+1,d)$ 和 $g \in \mathcal{T}(d_1,d_2)$，其中

$$\mathcal{T}(d_1,d_2) = a \in \{-1,0,1\}^N \tag{2-4}$$

多项式 a 中有 d_1 个系数为 1，有 d_2 个系数为–1，其余系数均为 0。

然后，接收者分别计算 f 的逆为 $f_q = f^{-1} \in R_q$ 和 $f_p = f^{-1} \in R_p$。注意，如果不存在任何逆，则必须对向量 f 进行重新采样。至此，接收者可以计算卷积 $h = f_q * g \in R_q$ 作为其公钥，同时秘密保存二元组 (f, f_p) 以用作私钥。

在加密阶段，将消息编码为 N 维向量 m，其元素是 $[-p/2, p/2]$ 中的整数。在生成随机多项式 $r \in \mathcal{T}(d,d)$ 后，密文可以很容易地计算为

$$e = \mathrm{pr}h + m(\bmod q) \tag{2-5}$$

为了解密密文 e，接收者应该首先计算

$$a = fe(\bmod q) \tag{2-6}$$

然后将其系数提升到区间 $[-q/2, q/2]$，以呈现明文为

$$m = f_p a(\bmod p) \tag{2-7}$$

NTRU 加密算法的正确性可以根据以下引理来保证。

引理 2-1　如果 NTRU 密码系统 (Enc,Dec) 的参数满足以下条件：

$$q > p\left(4d^2 + 2d + 1\right) \tag{2-8}$$

那么接收者就可以准确地恢复出密文 e。

证明　因为

$$a = pgr + fm(\bmod q) \tag{2-9}$$

再根据式(2-6)，任何 gr 的最大参数都可以计算为

$$\begin{aligned} &\max \sum_{i+j=k(\bmod N)} g_i r_j \\ &\mathrm{s.t.} \sum_{i=0}^{N-1} g_i \leqslant d \\ &\sum_{j=0}^{N-1} r_j \leqslant d \end{aligned} \tag{2-10}$$

其中，g_i、r_j 分别是 g 、r 中的第 i 阶和第 j 阶的系数。由此可以得出结论：gr 系数的最大临界值为 $2d^2$，同样 fm 的参数也不会超过 $p(2d+1)/2$ 。因此，上面公式的最大参数永远不会超过 $p\left(2d^2 + d + 1/2\right)$。如果 $p\left(4d^2 + 2d + 1\right) < q$ ，则可

以将式(2-10)的所有参数提升到$\left[-q/2,q/2\right]$区间，而且不损失任何信息。因此，通过计算

$$\begin{aligned} m &= f_p a(\bmod p) \\ &= f_p\left(pgr + fm\right) \end{aligned} \tag{2-11}$$

可以准确地恢复出明文。

2.2.4　基于 NTRU 密码系统的车联网不经意传输协议

为了克服 Chou 等协议中的缺陷并满足车联网的实时性需求，可考虑使所有加密消息满足重用性，并将对称加密过程上移到初始化阶段。具体而言，在安全性和实时性方面需要满足以下两个要求[19,20]。

(1) 该协议应该能够抵抗量子攻击，并且可以在恶意发送者和接收者存在的情况下进行通用组合安全证明。也就是说，能够构造适用于任意环境的通用模拟器，其视图与任意具备主动适应能力的攻击者所能观察到的视图无法区分。

(2) 即使消息规模巨大，该协议也应该具有实时预先计算和分发所有加密消息的能力。此外，它必须适用于资源受限的环境，如移动设备或智能卡，在资源受限的环境中计算和通信过程都必须是实时的。

为了实现满足上述要求的完整方案，该协议将 NTRU 加密体系作为主要构建模块，同时使用对称密码系统(E,D)和哈希函数H以保留 Chou 等协议已有的优势。假定发送者拥有n个消息，表示为$m_0,m_1,m_2,\cdots,m_{n-1}$，而接收者期望准确地获取其中的第$\tau$项，则可将相应操作描述如下。

1. 初始化阶段

对于每个消息m_i，将其下标表示为二进制字符串$i=\left(i_0,i_1,\cdots,i_{n-1}\right)$，其中$N=\log_2 n$恰好是待检索的任何下标长度。首先，发送者从$\left\{\{0,1\}\times\{0,1\}\right\}^N$中选择一个随机笛卡儿矢量$\alpha=\left(\left(\alpha_0^0,\alpha_0^1\right),\left(\alpha_1^0,\alpha_1^1\right),\cdots,\left(\alpha_{N-1}^0,\alpha_{N-1}^1\right)\right)$和一个元素隶属于$\left[-q/2,q/2\right]$的可逆矢量$\beta$。为了加密消息$m_i$，发送者需要随机采样相应的不可逆向量$\varphi_i\in\mathcal{T}\left(d,d\right)$，并将其乘以$\beta$以获得$\overline{\varphi}_i=\varphi_i\beta^{-1}\left(\bmod q\right)$。随后，发送者计算对称密钥$k_i=H\left(\varphi_i\left(-\alpha_i\right)\left(\bmod p\right)\right)$，其中$\alpha_i=\left(\alpha_0^{i_0},\alpha_1^{i_1},\cdots,\alpha_{N-1}^{i_{n-1}}\right)$，从而加密得到密文$c_i=E_{k_i}\left(m_i\right)$。

显然，所有的消息加密过程都独立于任何接收者或临时参数，因此发送者只需要在初始化阶段按上述计算过程对所持有的n条消息加密一次。在所有密文被获取之后，就可以被永久有效地存储或发布。同时，发送者还应分发所有

$\overline{\varphi}_i$，以实现可行的检索，其中 $i = 0,1,\cdots,n-1$。

2. 检索阶段

(1) 假设在 NTRU 密码系统中，发送者和接收者的公私钥对分别为 $\left(h_S,\left(f_S,f_{Sp}\right)\right)$ 和 $\left(h_R,\left(f_R,f_{Rp}\right)\right)$，则 c_τ 的解密密钥可以按如下方式进行传递。

(2) 根据笛卡儿矢量 α，发送者首先计算 $\overline{\alpha} = \left(\left(\alpha_0^0 - \alpha_0^1\right),\left(\alpha_1^0 - \alpha_1^1\right),\cdots,\left(\alpha_{N-1}^0 - \alpha_{N-1}^1\right)\right)$ 以获得 $\{-1,0,1\}^N$ 集合中相对应的 N 维矢量。然后，发送者随机采样 $r_{S1} \in \mathcal{T}(d,d)$ 并加密 $\overline{\alpha}$ 为

$$e_1 = \mathrm{p}r_{S1}h_S + \overline{\alpha} \pmod q \tag{2-12}$$

这些信息随后将被发送到接收者。

(3) 为了检索对应于消息 m_τ 的密钥，接收者应将其索引 τ 表示为 $\overline{\tau} = \left(\overline{\tau}_0,\overline{\tau}_1,\cdots,\overline{\tau}_{N-1}\right)$，其中

$$\overline{\tau}_i = \begin{cases} 1, & \tau_i = 0 \\ -1, & \tau_i = 1 \end{cases},\quad i = 0,1,\cdots,N-1 \tag{2-13}$$

根据 $e_1 = \left(\mathrm{p}r_{S1}\cdot h_S\right)_0 + \overline{\alpha}_0\left(\mathrm{p}r_{S1}\cdot h_S\right)_1 + \cdots + \overline{\alpha}_{N-2}\left(\mathrm{p}r_{S1}\cdot h_S\right)_{N-1} + \overline{\alpha}_{N-1}$，发送者可利用随机向量 $r_{R1} \in \mathcal{T}(d,d)$ 直接将其转换为 $e_2 = \left(\mathrm{p}r_{S1}\cdot h_S\right)' + \delta' + r_{R1} \pmod q$ 作为响应。

具体而言，发送者对 $e_{2i} = \left(\mathrm{p}r_{S1}\cdot h_S\right)_i' + \delta_i' + r_{R1i}$ 中的每个元素 e_2 计算

$$\left(\mathrm{p}r_{S1}\cdot h_S\right)_i' = \begin{cases} \left(\mathrm{p}r_{S1}\cdot h_S\right)_i, & \tau_i = 0 \\ -\left(\mathrm{p}r_{S1}\cdot h_S\right)_i, & \tau_i = 1 \end{cases} \tag{2-14}$$

和

$$\delta_i' = \begin{cases} \overline{\alpha}_i + \overline{\tau}_i, & \tau_i = 0 \\ -(\overline{\alpha}_i + \overline{\tau}_i), & \tau_i = 1 \end{cases} \tag{2-15}$$

值得注意的是，在添加混淆向量 r_{R1} 之前，上述操作等同于将向量 e_1 与 $\overline{\tau}$ 进行耦合，然后在 τ 中对应元素为 0 的所有位反转其元素符号，而加密消息 e_2 可使用发送者的私钥 $\left(f_S,f_{Sp}\right)$ 进行解密。

(4) 从接收者获取加密信息 e_2 后，发送者将其解密为 $\delta' + r_{R1} \pmod p$。由于发送者知道笛卡儿矢量 α，所以可以简单地找到矢量 $\sigma = \left(\sigma_0,\sigma_1,\cdots,\sigma_{N-1}\right)$，其中

$$\sigma_i = \begin{cases} -1, & \alpha_i = (0,0) \\ 0, & \alpha_i = (0,1) \text{ 或 } (1,0) \\ 1, & \alpha_i = (1,1) \end{cases}, \quad i = 0,1,\cdots,N-1 \tag{2-16}$$

随后，发送者生成了另一个随机向量 r_{S2}，其元素介于 $[-p/2, p/2]$ 之间，并计算出

$$e_3 = r_{S2} + \delta' + r_{R1} + \sigma \pmod p \tag{2-17}$$

(5) 基于加密向量 e_3，接收者抽取一个随机向量 $r_{R2} \in \mathcal{T}(d,\ d)$，计算

$$e_4 = \mathrm{p}r_{R2}h_R + e_3 - r_{R1} \pmod q \tag{2-18}$$

作为对发送者的回复，从而消除混淆向量 r_{R1}。

(6) 发送者还应该消除其自身注入向量中的混淆向量，因此发送者要从 e_4 中减去 r_{S2} 并计算

$$e_5 = \beta\left(e_4 - r_{S2}\right) \pmod q \tag{2-19}$$

然后发送回接收端。

(7) 接收者进行计算。

$$e_6 = \overline{\varphi}_\tau e_5 \pmod q \tag{2-20}$$

并根据发送者的私钥 $\left(f_R, f_{Rp}\right)$ 将其解密为 $\varphi_\tau\left(-\alpha_\tau\right) \pmod p$。

然后，接收者将结果输入预定义的哈希函数 H 中，从而获得对称密钥

$$k_\tau = H\left(\varphi_\tau\left(-\alpha_\tau\right) \pmod p\right) \tag{2-21}$$

用于解密感兴趣的密文 c_i。

(8) 一旦获得了所期望的密文 c_τ，接收者可以很容易地将明文恢复为

$$m_\tau = D_{k_\tau}\left(c_\tau\right) \tag{2-22}$$

从而不经意地检索到消息 m_τ。

需要注意的是，由于 OT 自身的功能限制，尽管所有的密文都必须从发送者下载，但是可以合理地认为接收者已经预先加载并保存了全部或部分加密消息到本地存储，以备将来获取到对应密钥后使用。

为了证明本协议的正确性，下面给出了三个重要的定理。

定理 2-1 如果 $q > p(6d+1)$，则任何密文 $e = t(\mathrm{p}rh) + m \pmod q$ 在 NTRU 中都是可解密的，其中，$t \in \{-1,1\}^N$。

证明 由于卷积等价于循环矩阵与向量之间的乘积，所以 $t(\mathrm{p}rh)$ 可以表示为

$$t(\mathrm{pr}h)=p\begin{bmatrix} t_0 & 0 & \cdots & 0 \\ 0 & t_1 & \cdots & 0 \\ \vdots & \vdots & & \vdots \\ 0 & 0 & \cdots & t_{N-1} \end{bmatrix}\begin{bmatrix} r_0 & r_{N-1} & \cdots & r_1 \\ r_1 & r_0 & \cdots & r_2 \\ \vdots & \vdots & & \vdots \\ r_{N-1} & r_{N-2} & \cdots & r_0 \end{bmatrix}\begin{bmatrix} h_0 \\ h_1 \\ \vdots \\ h_{N-1} \end{bmatrix}(\bmod q) \tag{2-23}$$

为了解密密文 e，可以将其与发送者私钥 f 的前半部分相乘，得到

$$ef=p\begin{bmatrix} t_0r_0 & t_0r_{N-1} & \cdots & t_0r_1 \\ t_1r_1 & t_1r_0 & \cdots & t_1r_2 \\ \vdots & \vdots & & \vdots \\ t_{N-1}r_{N-1} & t_{N-1}r_{N-2} & \cdots & t_{N-1}r_0 \end{bmatrix}\begin{bmatrix} g_0 \\ g_1 \\ \vdots \\ g_{N-1} \end{bmatrix}+mf\,(\bmod q) \tag{2-24}$$

值得注意的是，ef 中的元素仍位于 $\left(-p(3d+1/2),p(3d+1/2)\right)$ 的范围之内，这意味着如果 $q>p(6d+1)$，中心化提升操作将是双射的，因而能够准确地恢复出明文 m。

定理 2-2　如果 $q>2d(2p+\theta_l+\theta_u)+2\max(\theta_l,\ \theta_u)$，则密文 $e=t(\mathrm{pr}h)+m'(\bmod q)$ 可以解密为 $m'(\bmod p)$，其中 θ_l 和 θ_u 分别表示 m' 中元素的下限和上限。

证明　与定理 2-1 相似，rg 的元素与 $a=\mathrm{pr}g+fm'(\bmod q)$ 中的一样，位于 $[-2d,2d]$ 区间。然而，m' 是从 $\{-\theta_l,-(\theta_l-1),\cdots,0,\cdots,(\theta_u-1),\theta_u\}^N\subseteq\mathbb{Z}^N$ 中派生出的，因此 fm' 中的元素将以 $-d(\theta_l+\theta_u)+\max(\theta_l,\theta_u)$ 和 $d(\theta_l+\theta_u)+\max(\theta_l,\theta_u)$ 为界。也就是说，只有满足条件 $q>2d(2p+\theta_l+\theta_u)+2\max(\theta_l,\theta_u)$，在中心化提升之后，所有信息才会被保留，解密结果为 $m'(\bmod q)$。

定理 2-3　如果将 NTRU 密码系统的参数选择为 $q>\max\left(4d(p+2)+6,4d(2d+p+1)\right)$，则接收者可以准确地恢复出密文 c_τ。

证明　为了简单起见，不失一般性地使用文献[21]中所建议的 $p=3$，则 NTRU 密码系统的安全级别[21]如表 2-1 所示。

表 2-1　NTRU 密码系统的安全级别[21]

安全级别	N	q	p
适度安全	401	2048	3
标准安全	439	2048	3
高安全	593	2048	3
最高安全	743	2048	3

根据上述协议的执行过程，可列出一些关键参数之间的关系，如表 2-2 所示。

表 2-2　$\alpha_i,\bar{\alpha}_i,\delta_i'$ 和 $\delta_i'+\sigma_i$ 的对应元素之间的关系

α_i			(0,0)	(0,1)	(1,0)	(1,1)
$\bar{\alpha}_i$			0	1	1	0
δ_i'	$\tau_i=0$	$\bar{\tau}_i=1$	1	0	1	1
	$\tau_i=1$	$\bar{\tau}_i=-1$	1	1	0	1
σ_i			1	0	0	1
$\delta_i'+\sigma_i$		$\tau_i=0$	0	0	1	1
		$\tau_i=1$	0	1	0	1

根据定理 2-2，由于 $q>4d(p+2)+6$ 时密文 e_2 属于 $[-1,3]$，所以密文 e_2 可以被发送者正确地解密为 $\delta'+r_{R1}(\bmod q)$。类似地，由于 $\beta\bar{\varphi}_\tau\ (\bmod q)=\varphi_\tau\in\mathcal{T}(d,d)$ 且 $\varphi_\tau(\delta'+\sigma)$ 的元素位于 $[-2d,2d]$，所以当 $q>4d(2d+p+1)$ 时，接收者也能对密文 e_6 进行解码以获得 $\varphi_\tau(\delta'+\sigma)(\bmod q)$。

值得注意的是，正如表 2-2 所示，由于 $\delta_i'+\sigma_i-\alpha_i^{i_\tau}$ 即为 $\varphi_\tau(\delta'+\sigma)(\bmod p)$，其等价于 $\varphi_\tau(-\alpha_\tau)(\bmod p)$。因此，接收者能够根据对称密钥 $k_i=H(\varphi_i(-\alpha_i)(\bmod p))$ 正确地解密其拟获取的消息 m_τ。

实际上，即使未将参数 p 选择为 3，只要将加密密钥更改为 $k_i=H(\varphi_i(2\alpha_i)(\bmod p))$，也可以保证协议的正确性。

2.2.5　通用可复合安全框架及车联网不经意传输协议的安全性证明

本节将采用通用可复合(universally composable，UC)安全框架[19-23]证明协议的安全性。通用可复合性背后的主要思想是：如果真实协议 π 和潜在对手 A 安全地模拟了理想功能 $\mathcal{F}^-$ 及相应的攻击者 $\mathcal{A}^*$，并且任何环境分类器 Z 的视图将限制为

$$\mathrm{REAL}_{\pi,A,Z}\equiv\mathrm{IDEL}_{\mathcal{F}^-,\mathcal{A}^*,Z}\tag{2-25}$$

那么可以断言，π 已经安全地模拟了理想功能 $\mathcal{F}^-$。

为了反映车联网不经意传输协议的安全需求，理想功能可定义如下：

理想功能 $\mathcal{F}_{\mathrm{OT}}^-(n,1)$，此功能的输入来自发送者的 n 条消息 $\{m_0',m_1',\cdots,m_{n-1}'\}\subseteq M$ 和来自接收者的索引 $\tau'\in Z_n$。它将所需要的消息 m_τ' 正确地输出到接收者而不暴露其他任何信息。

据此，可相应地构建攻击者模型。为清楚起见，本书使用符号 $\mathrm{ENC_{pk}}(\cdot,\cdot)$ 及 $\mathrm{DEC_{sk}}(\cdot,\cdot)$ 来表示 NTRU 的加密过程和攻击者欺骗过程。

攻击者模型：假设存在已认证但不保密的信道，且任何恶意的发送者或接收者都可以主动伪造信息并具有概率多项式时间(probabilistic polynomial time, PPT)的能力来自适应地查询预言机和记录加密结果 $\mathrm{ENC_{pk}}(\cdot,\cdot)$。

基于上述模型，下面将证明该车联网不经意传输协议在通用可复合安全框架下是安全的。

定理 2-4　如果 NTRU 加密系统是自适应选择密文攻击(adaptive chosen ciphertext attack，CCA2)安全的，则上述协议能够模拟理想功能 $\mathcal{F}_{\mathrm{OT}}^{-}(n,1)$。

证明　根据攻击者模型的定义，任何恶意用户都能够截取所有的消息，并且在整个对话过程中自适应地查询加密预言机来伪造其响应，所以下面将针对非擦除自适应恶意攻击模型进行分析。

首先，构造一个模拟器 Sim，它与恶意的发送者 $\mathcal{S}^*$ 进行交互，如下所示。

(1) 恶意的发送者 $\mathcal{S}^*$ 查询预言机 $\mathrm{DEC}_{(f_R,f_{Rp})}(\cdot,\cdot)$ 并将所有应答记录为 $(\gamma'_j,\mu_j)=\mathrm{DEC}_{(f_R,f_{Rp})}(e'_j)$，其中，$j=1,2,\cdots,\mathrm{poly}(N)$。然后，其根据随机向量 $r'_{S1}\in\mathcal{T}(d,d)$ 向模拟器提供 $e'_1=\mathrm{ENC}_{h_S}(r'_{S1},\alpha')$。同时，还假设模拟器已经预加载了所有密文 c'_i 及其对应的 $\overline{\varphi}'_i$，其中，$i=0,1,\cdots,n-1$。值得注意的是，查询预言机 $\mathrm{DEC}_{(f_R,f_{Rp})}(\cdot,\cdot)$ 不能帮助 $\mathcal{S}^*$ 出于攻击目的来伪造任何 φ'_i 或 β'，因为这两个过程相互独立。

(2) 模拟器随机选择向量 $r'_{R1}\in\mathcal{T}(d,d)$ 并根据任何 $\tau'\in\{-1,1\}^N$ 计算 $e'_2=\tau'(e'_1+\tau')+r'_{R1}$ 作为其响应。显然，τ' 等价于特定消息 $m'_{\tau'}$ 的索引。

(3) $\mathcal{S}^*$ 解密 e'_2 并将 $e'_3=\mathrm{DEC}_{(f_S,\ f_{Sp})}(e'_2)+\sigma'+r'_{S2}(\mathrm{mod}\,p)$ 发送回模拟器，其中 r'_{S2} 从 $\mathbb{Z}_p^N$ 中随机选择。由于 r'_{R1} 的隐藏性，发送者无法获得关于 $\mathrm{DEC}_{(f_S,f_{Sp})}(e'_2)$ 的任何信息。

(4) 模拟器对随机向量 $r'_{R2}\in\mathcal{T}(d,d)$ 进行采样，然后计算 $e'_4=\mathrm{ENC}_{h_R}(r'_{R2},e'_3-r'_{R1})(\mathrm{mod}\,q)$ 以发送回发送者。

(5) 尽管 $\mathcal{S}^*$ 查询了多项式 $\mathrm{DEC}_{(f_R,f_{Rp})}(\cdot,\cdot)$，但考虑到 r'_{R2} 是随机选择的，因此

$$\sum_{j=1}^{\mathrm{poly}(N)}\Pr\left[e'_3-r'_{R1}=\mu_j\ ,e'_4=e'_j\right]\approx(d!)^2\left((N-2d)!\right)/(N!)2^N \tag{2-26}$$

而将 $e_3'-r_{R1}'$ 推导至可恢复 τ' 的可能性忽略不计。值得一提的是，尽管此时发送者可以再次自适应地查询预言机多项式，但不知道接收者的私钥，因此上述可忽略的攻击成功概率仍然成立。此时，发送者认为 $e_5'=\beta'\left(e_4'-r_{S2}'\right)(\bmod q)$ 是正确的答复。

(6) 模拟器计算 $H\left(\mathrm{DEC}_{\left(f_R, f_{Rp}\right)}\left(\overline{\varphi}_{\tau'}' e_5'(\bmod q)\right)\right)$ 并将其作为对称密钥恢复消息 $m_{\tau'}'$。

根据以上交互过程和NTRU加密系统的CCA2安全性，很容易得出

$$\begin{aligned}&\mathrm{VIEW}_{\pi,\mathcal{A},Z}\left(N,p,q,e_1,e_2,e_3,e_4,e_5,\left\{c_i\right\},\left\{\overline{\varphi}_i\right\}\right)\\ \equiv\ &\mathrm{VIEW}_{\mathcal{F}^-,\mathcal{A}^*,Z}\left(N,p,q,e_1',e_2',e_3',e_4',e_5',\left\{c_i'\right\},\left\{\overline{\varphi}_i'\right\}\right)\end{aligned} \tag{2-27}$$

可见，真实世界和理想世界之间的所有对应项都是相同的或具有不可区分的随机分布，所以可以断定，若发送者是恶意的，则上述协议安全地实现了理想的功能。

对于恶意的接收者 $\mathcal{R}^*$，构建如下仿真。

(1) 假设接收者 $\mathcal{R}^*$ 已经执行了该协议多次，并将来自模拟器Sim的所有消息记录为 $\left(\tau_j, e_1^{j'}, e_3^{j'}, e_5^{j'}, e_6^{j'}=\varphi_{\tau_j}'\left(-\alpha_{\tau_j}'\right)\right)$，其中，$j=1,2,\cdots,\mathrm{poly}(N)$。与恶意发送者的能力类似，其还能够查询预言机 $\mathrm{DEC}_{\left(f_R, f_{Rp}\right)}(\cdot,\cdot)$ 并将所有答案存储为 $\left(\gamma_{j'}', \mu_{j'}\right)=\mathrm{DEC}_{\left(f_S, f_{Sp}\right)}\left(e_{j'}'\right)$，其中，$j'=1,2,\cdots,\mathrm{poly}(N)$。

(2) 从模拟器接收到 $e_1'=\mathrm{ENC}_{h_S}\left(r_{S1}',\overline{\alpha}'\right)$ 之后，$\mathcal{R}^*$ 自适应地选择一个向量 $r_{R1}'\in\mathbb{Z}_q^N$ 并根据任意索引 τ' 计算 $e_2'=\overline{\tau}'(e_1'+\overline{\tau}')+r_{R1}'$ 作为响应。显然有

$$\sum_{j=1}^{\mathrm{poly}(N)}\Pr\left[\mu_{j'}=\overline{\alpha}'\right]\approx\mathrm{poly}(N)/2^N \tag{2-28}$$

(3) Sim 解码 e_2' 并将随机向量 $r_{S2}'\in\mathbb{Z}_p^N$ 附加到密文 $e_3'=\mathrm{DEC}_{\left(f_S, f_{Sp}\right)}\left(e_2'\right)+\sigma'+r_{S2}'(\bmod p)$ 之中，然后将结果发送回接收者。

(4) 由于 r_{S2}' 是随机选择的，并且 e_3' 在统计上独立于任何一项记录的 $e_3^{j'}$，所以接收者对有关 $\tau'\left(\overline{\alpha}'+\overline{\tau}'\right)+\sigma'$ 的任何信息都不清楚。但是，接收者可以去除掉混淆矢量 r_{R1}' 并根据任何 $r_{R2}'\in\mathcal{T}(d,d)$ 计算 $e_4'=\mathrm{ENC}_{h_R}\left(r_{R2}', e_3'-r_{R1}'\right)(\bmod q)$ 来作为其响应。

(5) 模拟器计算 $e_5'=\beta'\left(e_4'-r_{S2}'\right)(\bmod q)$ 并送回接收者。

(6) $\mathcal{R}^*$ 利用 e_5' 与向量 $\overline{\varphi}_{\tau'}'$ 进行卷积运算，并计算 $H(\mathrm{DEC}_{\left(f_R, f_{Rp}\right)}\ (\overline{\varphi}_{\tau'}' e_5'(\bmod q)))$

作为解密 $c'_{\tau'}$ 的密钥。注意，接收者无法直接解密 e'_5，这是因为 $\beta' r'_{R2} g_R$ 中的元素足够大，无法保证解密过程的正确性。此外，尽管 $\mathcal{R}^*$ 知道所有的 $\varphi'_{\tau_j}\left(-\alpha'_{\tau_j}\right)$ 和 $\varphi'_{\tau'}\left(-\alpha'_{\tau'}\right)$，但任何 $\overline{\varphi'_i}$ 都是不可逆的，因此其无法推导出它们对应的 α'_i 和 φ'_i，也就是说，接收者无法获得其尚未检索到的任何对称密钥。

可见，在恶意接收者存在时，真实世界和理想世界的视图与式(2-26)完全相同。因此，若接收者是恶意的，则可以确保协议的可模拟性。

正如 2.2.2 节所述，目前已知最有效的 1 - out - n 不经意传输协议来自文献[17]。然而，其中的群元素必须由每个接收者分别在不同的会话中进行采样，因此无法重复使用任何已加密的消息。也就是说，发送者必须重新计算对称密钥并为每次检索重新加密所有 n 条数据，这会导致大量通信以及发送者一方的计算开销。此外，由于在扭曲 Edwards 曲线上需进行昂贵的幂数计算，Chou 等协议中采用的加密原语效率低下。与椭圆曲线密码体系(elliptic curve cryptography，ECC)相比，NTRU 算法仅需使用简单的多项式乘法和较小的系统参数，这使其在计算负荷和内存占用方面更具竞争力，尤其是在资源受限的环境中。

为了公平比较上述车联网不经意传输协议与 Chou 等协议之间的性能，本书利用 Python 语言和式(2-1)中的安全参数对两类协议进行了重新实现[20]。Chou 等协议中使用的群 G 与 $\mathbb{Z}_p\mathbb{Z}_8$ 同构，因此将 NTRU 算法的参数设置为表 2-1 的标准级别。在密码分组链模式下，哈希函数和对称密码系统分别采用 SHA512 和 AES128。

图 2-1 对该协议和 Chou 等协议在初始化方面的计算开销进行了比较。在 Chou 等协议中可以看出，发送者的初始化时间可以忽略不计，因为除了生成扭

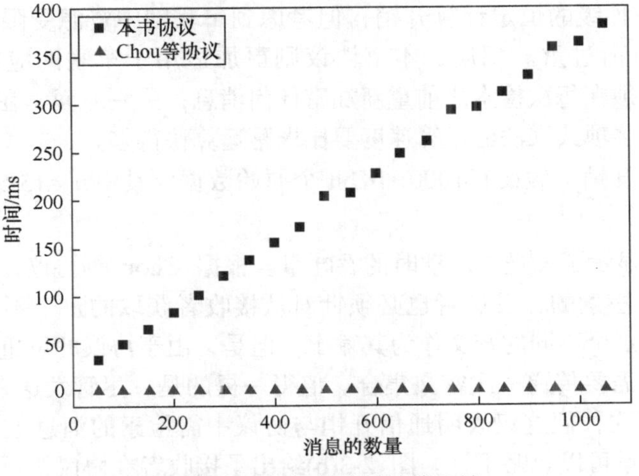

图 2-1　服务初始化的计算开销

曲 Edwards 曲线外，没有其余任何操作。尽管本书协议的服务初始化时间随消息的数量呈线性增长趋势，但作者认为这是它的一个优点。具体而言，为保持所有密文的可重用性，本书协议将消息加密过程置于初始化阶段，将显著降低发送者的计算开销，因为任何已有的或新增的消息只需编码一次。

此外，这也更适合云及物联网应用，因为它使离线的消息预处理成为可能，并且能够实现分布式的多备份数据检索。

发送者和接收者的密钥交换及检索阶段的计算开销如图 2-2 所示。

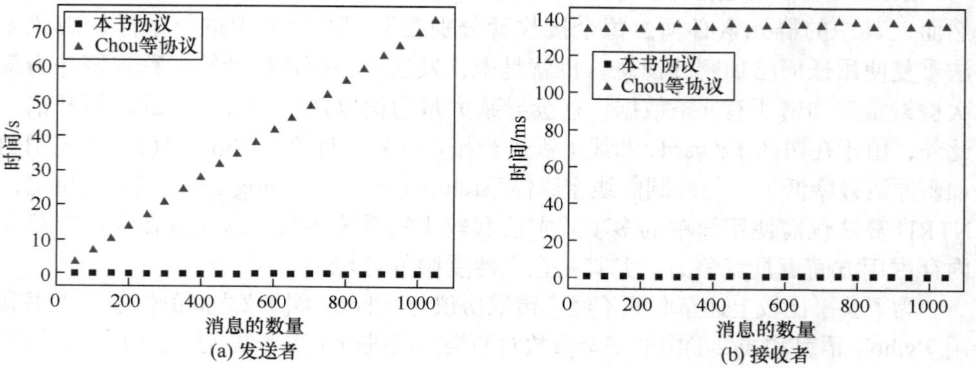

图 2-2　发送者和接收者的密钥交换及检索阶段的计算开销

根据图 2-2(a)，Chou 等协议中发送者必须花费很长时间才能生成所有 n 个对称密钥，并使用它们对每条消息逐一进行加密以隐藏数据。因此，Chou 等协议对接收者请求的答复将会因巨大的计算负荷而严重延迟。虽然 Chou 等协议中接收者只承担毫秒级的恒定计算开销，但考虑到车联网中资源受限的设备，因此也应被视为负荷过重。相反，本书协议则更加适用于车联网应用环境：一方面，发送者无须在每次检索之前重新加密任何消息；另一方面，在扭曲 Edwards 曲线上，卷积多项式乘法的运算速度要比求幂运算快得多。

关于通信开销，假设有1000×1Kbit 个原始数据，其中 $n'\in[5,50]$ 条数据被接收者检索。

图 2-3(a)显示了发送者启动时的吞吐量。根据 Chou 等协议，即使所有 n' 条消息都是并行检索的，发送者也必须针对从接收者获取的 n' 个不同的伪随机元素 R 找出 $1000n'$ 个不同的密文作为其输出。但是，由于协议的可重用性，本书协议的发送者只需要传递一次密文集合。值得一提的是，尽管发送者还应发送 $3n'$ 个额外的多项式，但这仅表明通信开销与协议中需检索的消息数之间呈线性关系，而这种增量可以忽略不计。图 2-3(b)给出了接收者在协议执行过程中的通信开销，尽管在 Chou 等协议中接收者发出的通信流量似乎要小得多，但在绝对数量上相较于本书协议并不明显，这是因为除了需接收的发送者公钥外，本书协

议只需额外传输 $2n'$ 个多项式。

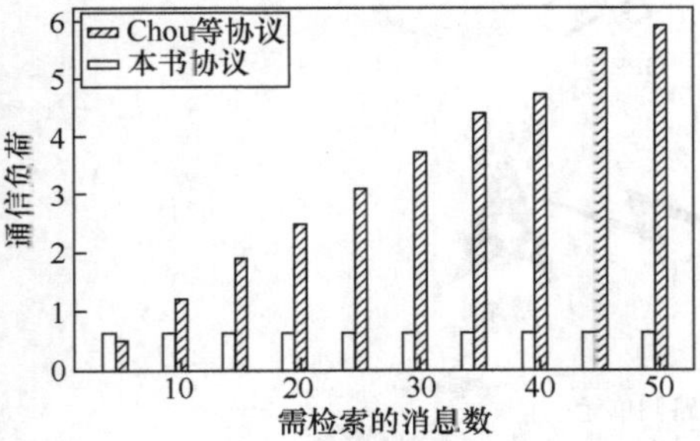

(a) 发送者

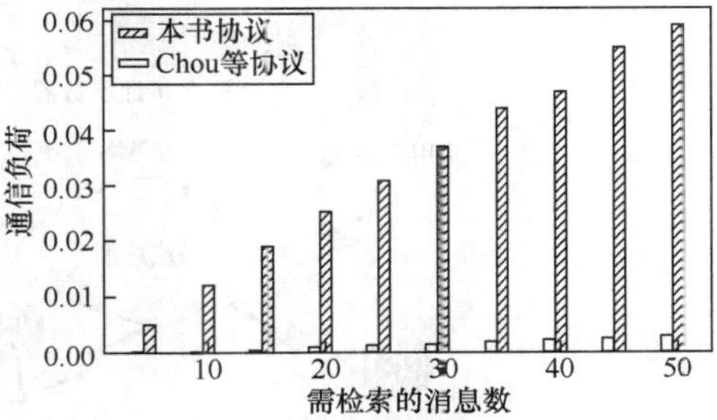

(b) 接收者

图 2-3　发送者和接收者的通信开销

综上所述，本书针对文献[17]中已知最快的 OT 实现中所存在的安全及性能缺陷，利用 NTRU 原语，提出了一种轻量级的后量子1-out-n 不经意传输协议。在技术参数约定的基础上该协议可保证其正确性，并在通用可组合框架下证明了其具备抗自适应攻击能力。此外，本书协议不仅具有较高的安全性，而且在计算和通信效率方面总体上优于 Chou 等协议。特别是，由于所有编码的消息都可复用于多次检索，该方案也更适用于异构和分布式的车联网环境，亦可推广至其他物联网或云服务领域。

2.3　基于 NTRU 不经意传输协议的高效 LBS 隐私保护方案

随着车载单元(on-board unit，OBU)在汽车上的普及，无线通信、传感、GPS、控制等各种技术可集成在一起，实现大量的车联网应用。例如，当出现异常情况时，可以及时发出安全警报，避免次生灾害的发生；管理部门能够收集交通信息，优化匝道信号，规范驾驶员行为；通过 RSU 或基站访问互联网，驾驶员和乘客还可以体验多种娱乐服务或规划前往目的地的路线。基于 VANET 标准和 TCP/IP 套件，无处不在的通信链接可使车联网服务得到广泛部署，如图 2-4 所示。

在众多车联网服务中，基于地理位置的服务(location-based service，LBS)通过对 GPS、Wi-Fi 定位等技术进行探索和开发，极大地拓展了车联网应用的前沿。然而，这些应用程序也可能危及驾驶员的行驶安全或个人隐私。以导航服务为例，恶意信息可能会将乘客带到危险地点，导致抢劫、碰撞等恶劣后果；而对应用服务器或通信通道的攻击可能会泄露乘客的敏感信息，如就医、预

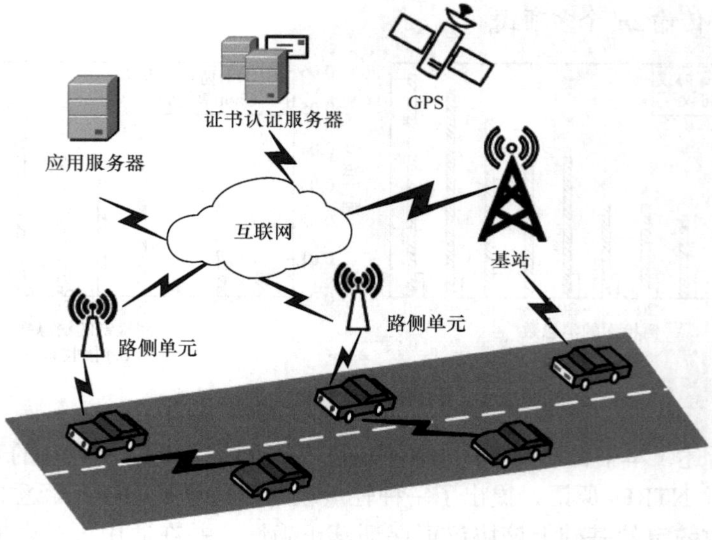

图 2-4 车载网络通信体系结构

订酒店等。不难想象，一旦泄露了乘客的位置，攻击者就可以跟踪和预测用户身份及日常活动，从而可能导致行为轨迹跟踪、经济损失、非法劫持等严重后果[21]。为了解决上述问题，诸多学者相继提出了大量位置信息保护方案，可以为 LBS 提供不同程度的隐私保护和服务质量保证。一般而言，可以将已提出的位置隐私保护方案分为以下五大类别。

(1) 位置混淆。为保护用户的真实位置信息，可以将多个虚假位置与真实位置[22]数据一起发送给服务器进行处理。然而，在交通环境中，很难伪造出与真实位置无法区分的虚假位置数据。为了增强其可行性，Shankar 等[23]提出了 SybilQuery 方法，该方法在历史交通数据库中选取虚假位置信息来混淆真实位置数据。

(2) 匿名和假名。由于加密本身无法实现身份验证、完整性和不可否认性等安全目标，所以位置隐私保护方案[17]需建立在签名协议的基础之上。为实现匿名及假名服务，每辆车都将预装大量的数字证书，并在使用后的短时间内将其报废。然而，匿名和假名方案仅在半诚实的安全模型中具有鲁棒性，这是因为恶意节点可能不会根据协议的要求丢弃或更新其证书。

(3) 混淆区和沉默期。混淆区的概念最初由 Beresford 等[17]提出，通过在传输间隙保持沉默，并随机更新车辆的假名，从而将车辆的身份与同一区域内的所有其他车辆进行模糊化处理。Gruteser 等[24]所提出的 k-anonymity 思想在本质上是匿名(pseudonym)区和沉默期(silent period)技术的结合实现。在此基础上，为了使特定车辆无法与其他 k-anonymity 对象进行区分，Molina-Gil[25]利用了空间和时间的区间优势来隐身计算 k-anonymity 集，与此同时，如果收到相关恶意节点的大量投诉，跟踪算法也将进一步防止其带来的损害。针对 Sybil 攻击，Feng 等[26]进一步将有界 k-anonymity 思想和声誉方案结合在一起，从而有效抑制了虚假消息的传播，同时保护了位置隐私。

(4) 位置共享。将位置信息在一组不受信任的服务器上进行共享，只有在服务器数量达到共享的阈值条件时，才能够准确恢复车辆的位置数据。在 Dürr 等[27]提出位置共享的概念后不久，一些学者关注了这一研究方向。例如，Skvortsov 等[28]考虑了地图知识的坐标结构，可以防止攻击者通过分析地图上的坐标关系来获得精确位置。随后在 2017 年，他们进一步改进了协议，根据服务器的可信任关系优化了密码份额的分配，并引入一种更新协议来最小化通信负载[29]。值得注意的是，位置共享方案通常与模糊处理、坐标变换相结合以生成共享信息[30]，但出于对方案安全性的考虑，加密共享方案更加可取。

(5) 基于密码学的方法。密码学原语被认为是最适用于位置隐私保护方案的工具。环签名协议或群签名协议可将所有位置服务查询者混淆为一个车辆集合，因而任何窃听者都无法找到特定查询者的真实身份[30]。使用 PIR 技术，服务器可以正确回答查询而不需要了解或透露关于查询的任何其他信息[31,32]。同态密码系统的可计算性也被用于防止位置信息在同一区域内泄露[33,34]。

然而，上述技术简单地忽略了服务器数据库的安全性，这可能会严重侵犯服务提供者甚至是政府的数据所有权。为此，Paulet 等[34]提出了一种基于 ElGamal 加密的 1-out-n 不经意传输协议，该协议能够查询到服务器上 n 条盲消息中的特定项。然而，Jannati 等[31]指出，Paulet 等的方案无法保护 LBS 服务器的数据所有权，接收者只需执行一次不经意传输协议就可以获得所有 n 条数据。为此，他们对上述方案进行了改进，以克服所有权泄露漏洞，但需要 9 次模幂运算和 7 次模乘法运算而使服务器的计算效率显著降低。

众所周知，模幂运算是一项耗时的操作，其计算复杂度与安全参数 κ 呈对数关系。作为 1996 年开发的相对较新的公钥密码系统，NTRUEncrypt 加密算法[32]仅使用简单的多项式乘法，使运算量得到优化。对移动设备或智能卡等资源受限的计算设备而言，NTRUEncrypt 加密算法明显更具有竞争优势。2017 年，人们发现可以引入新的参数来抵御 NTRUEncrypt 加密算法可能遭受的已知攻击并提高其计算能力。因此，作者将其作为 LBS 隐私保护方案的基本构建模块。

虽然不经意传输协议最初是由 Rabin[3]为两方协议而提出的，但现在安全程序中使用的版本是不同的原语，即 1-out-n 不经意传输协议、k-out-n 不经意传输协议(OT_n^k) 等。在协议的具体实现方面，接收者 R 有权从发送者持有的 n 条消息中获取 1 条或多条消息，而不能学习知晓其他任何消息，发送者也不知道接收者选择了哪些消息。类似于 2.2.1 节中的定义，OT_n^1 协议可形式化描述为算法 2-1。

算法 2-1　OT_n^1 范例

OT_n^1 范例

$\mathrm{OT}_n^1(m_0,m_1,\cdots,m_{n-1},\delta)$。

输入：发送者 S 输入 n 个 N 位二进制串 $m_0,m_1,\cdots,m_{n-1}$，接收者 R 输入数据下标 δ。

输出：发送者 S 无法获取任何消息，接收者 R 获得 m_δ 但不知道 m_i 的任何消息，其中 m_i 代表第 $i(i\neq\delta)$ 条消息。

为优化不经意传输协议的性能，可以对其进行一些改进。例如，文献[33]允许以较小的代价并行执行多个 OT_n^1 过程以实现 OT_n^k，还能够使用伪随机数生成器将长字符串的遗忘传输转化为短字符串的传递。

本书中的1-out-n 不经意传输协议将利用基于格上最短向量问题的 NTRU 加密算法来实现。它利用的是具有卷积乘法的截断多项式环 $R=\mathbb{Z}[x]/\left(x^N-1\right)$，其环中的所有多项式均采用整系数且阶数最多为 $N-1$：

$$f(x)=a_0+a_1x+a_2x^2+\cdots+a_{N-1}x^{N-1} \tag{2-29}$$

对于每个具体的系统，可以用三个整数参数 (N,p,q) 予以指定，其中 N 表示多项式的最大阶数为 $N-1$，而 q 和 p 是互质的两个质数，并且 q 远大于 p。为了将一个秘密消息发送到接收者，两个关键多项式 f 和 g 必须提前生成。其中，多项式 f 的系数取自集合 $\{-1,0,1\}$，且需要同时存在 f_q 和 f_p 以满足 $ff_q=1\bmod q$ 及 $ff_p=1\bmod p$。随后，接收者将保留 f 和 f_p 作为解密密钥，而将 $h=pf_qg$ 作为公钥进行分发。

为加密消息 m，可将其表示为二进制或三元字符串，从而能够以 $N-1$ 阶多项式进行表示，显然该多项式的系数也属于集合 $\{-1,0,1\}$。然后，选择一个小系数随机多项式 r 计算密文为

$$c=rh+m(\bmod q) \tag{2-30}$$

在解密过程中，接收者首先将加密的消息 c 与其私钥中的 f 相乘，从而得到

$$\begin{aligned} a&=fc(\bmod q)\\ &=prg+fm \end{aligned} \tag{2-31}$$

其系数在 $[-q/2,q/2]$ 区间。由于多项式 r、g、f、m 的系数和质数 p 都比 q 小，所以发送者能够计算

$$b = a(\bmod p) \\ = fm \tag{2-32}$$

及

$$m = f_p b(\bmod p) \\ = ff_p m \tag{2-33}$$

来恢复明文。值得注意的是，如果将多项式 m 的系数限制在 $[-p/2, p/2]$ 范围内，则根据同余的基本运算，明文也可以被很好地恢复。

在基于 NTRU 不经意传输协议的高效 LBS 隐私保护方案实现过程中，本书将考虑如何维护车联网的安全、出行者的隐私以及服务器的数据所有权等多个方面，为此 LBS 服务必须实现以下四个目标。

(1) 具有主动适应能力的攻击者无法获得或有效地修改通信中的任何信息。

(2) 半诚实的概率多项式时间用户无法获得除所查询消息之外的任何服务器数据资源。

(3) 半诚实的概率多项式时间服务器不能知道关于查询的任何条目信息。

(4) 该协议必须在移动车载设备和服务器上都可执行，以满足低计算量和低通信负载要求。

2.3.1　基于 NTRUEncrypt 的 1-out-*n* 不经意传输协议

NTRUEncrypt 算法可规约到量子计算机无法破解的格上最短向量问题，本节将利用其良好的效率和安全性预先构造一个车联网环境下可行的1-out-*n* 不经意传输协议。实际上，NTRUEncrypt 依赖的安全性假设是，在一个被截断的多项式环中，将一个多项式分解成两个阶数较小的不可规约多项式是困难的。因此，破解密码系统等价于某些格基的约简。

根据 1-out-*n* 不经意传输协议的安全性要求，假设 LBS 服务器拥有 n 条消息 $m_0, m_1, \cdots, m_{n-1}$，查询者希望在不向任何人透露其服务查询下标 δ 的情况下获取数据 m_δ，而服务器也希望将拥有的其他数据 $m_{\delta'}$ 隐藏起来，其中 $\delta' \neq \delta$。下面将对 NTRUEncrypt 算法的 1-out-*n* 不经意传输协议进行具体实现。

1. 故障定义及维护

服务器和查询者均按照 NTRUEncrypt 算法构造其公私钥对。为了清晰起见，这里将服务器 S 的密钥表示为 $\mathrm{sk}_S = \left(f_S, f_{qS}\right)$ 和 $\mathrm{pk}_S = h_S$，而查询者 D 的密钥则表示为 $\mathrm{sk}_D = \left(f_D, f_{qD}\right)$ 及 $\mathrm{pk}_D = h_D$。

2. 不经意传输阶段

服务器随机抽样小系数多项式 $r_0, r_1, \cdots, r_{n-1}$，并将 $m_0, m_1, \cdots, m_{n-1}$ 加密为

$$c_i = r_i h_S + m_i (\bmod q), \quad i \in \mathbb{Z}_n \tag{2-34}$$

然后发送给查询者。

查询者在接收到全部 c_i 后，选择 c_δ 并根据随机多项式 r' 计算

$$c'_\delta = r' h_D + c_i (\bmod q) \tag{2-35}$$

随后将其发送回服务器。

服务器计算

$$c''_i = c'_\delta - r_i h_S (\bmod q) \tag{2-36}$$

作为对查询者的回答。

查询者可利用自己的私钥 pk_D 选择 c''_δ 并最终对其进行解密，从而获得查询的信息 m_δ。上述过程如算法 2-2 所示。

算法 2-2　基于 NTRUEncrypt 算法的 OT_n^1 不经意传输协议

基于 NTRUEncrypt 算法的 OT_n^1 不经意传输协议

$\mathrm{NTRU\_OT}_n^1(m_0, m_1, \cdots, m_{n-1}, \delta)$。

输入：服务器输入持有的 n 条消息 $m_i \in \{0,1\}^N$，$i \in \mathbb{Z}_n$，查询者输入查询标签 δ，$\delta \in \mathbb{Z}_n$。

输出：查询者获得 m_δ。

生成密钥

服务器端：$(q, p, f_S, f_{qS}, f_{pS}, g_S) \leftarrow \mathrm{KeyGen}(\kappa)$；

$\mathrm{sk}_S = (f_S, f_{qS})$，$\mathrm{pk}_S = h_S$。

查询者端：$(q, p, f_D, f_{qD}, f_{pD}, g_D) \leftarrow \mathrm{KeyGen}(\kappa)$；

$\mathrm{sk}_D = (f_D, f_{qD})$，$\mathrm{pk}_D = h_D$。

不经意传输

服务器端：对于所有 $i \in \mathbb{Z}_n$，有

$r_i \leftarrow_R (\mathbb{Z}/q\mathbb{Z})[x]/(x^N - 1)$；

$c_i = r_i h_S + m_i (\bmod q)$；

发送所有 c_i 给查询者。

查询者端：$r' \leftarrow_R (\mathbb{Z}/q\mathbb{Z})[x]/(x^N - 1)$；

$c'_\delta = r' h_D + c_i (\bmod q)$；

发送 c'_δ 到 $c''_i = c'_\delta - r_i h_S (\bmod q)$ 回服务器。

解密

服务器端：对所有 $i \in \mathbb{Z}_n$，

发送所有 c_i 给查询者。

查询者端：$m_\delta = \mathrm{Dec}_{\mathrm{sk}_D}(c''_\delta)$。

1-out-n 不经意传输协议的正确性取决于截断多项式环中多项式的计算，如引理 2-2 所述。

引理 2-2 查询者可以正确获取消息 m_δ。

证明 从 $c_i''=c_\delta'-r_ih_S(\bmod q)$ 开始，到 $c_\delta'=r'h_D+r_ih_S+m_i(\bmod q)$，通过解密 $c_\delta''=c_\delta'-r_\delta h_S=r'h_D+m_i(\bmod q)$，查询者可以得到期望的准确消息 m_δ。

2.3.2 基于 1-out-n 不经意传输协议的车联网安全 LBS 方案

传输系统被定义为一个 LBS 服务器和一系列车辆，其中任何车辆都可以通过 GPS 或 Wi-Fi 等定位设备获取其当前位置坐标。

1. 初始化阶段

LBS 服务器首先生成其公私钥对，并将地理区域划分为具有 V 行和 W 列的公共网格 G。对于网格的第 $v\times w$ 个单元格，发送者将其中的所有数据打包为消息 d_i，满足 $i=w+vW$，其中，$0\leqslant v\leqslant V-1$、$0\leqslant w\leqslant W-1$，并分别为每一行和每一列指定一个对称键 (k_v,k_w)。在计算获得所有会话密钥 $m_i=k_wk_v(\bmod q)$ 后，LBS 服务器根据对称密码算法 $E(\cdot)$ 将所有数据加密为 $d_i'=E_{m_i}\left(d_i\right)$，并将其存储在一个公共数据库(public database，PDB)中。

2. 检索阶段

车辆通过与服务器执行前面所提出的 1-out-n 不经意传输协议获得 m_δ 作为与对应坐标相一致的密钥。随后，车辆检索公共数据库中的所有消息，并计算 $d_\delta=D_{m_\delta}\left(d_\delta'\right)$ 从而恢复出期望获取的数据。值得注意的是，服务器可以对随机多项式 r_v、r_w 进行抽样 $v+w$ 次并计算 $r_i=r_v+r_w$，以减少其计算和存储负担。

上述过程如算法 2-3 所示。

算法 2-3 安全 LBS 方案

安全 LBS 方案

$\mathrm{LBS}(d_i,m_\delta)$。

输入：服务器输入持有的 $V\times W$ 条消息 d_i，$i=w+vW\in\mathbb{Z}_{V\times W}$；查询者输入查询范围标签 (v_δ,w_δ)，$v_\delta\in\mathbb{Z}_V,w_\delta\in\mathbb{Z}_W$。

输出：查询者获得 d_δ。

初始化

服务器端：$(\mathrm{sk}_S,\mathrm{pk}_S)\leftarrow\mathrm{KeyGen}(\kappa)$，

$G\leftarrow$ 地理位置信息，G 为 $V\times W$ 的网格；

对于所有 $v\in\mathbb{Z}_V$、$w\in\mathbb{Z}_W$，有

$k_v,k_w\leftarrow_R\{0,1\}^{\log_2\kappa'}$；

$m_i = k_w \oplus k_v (\bmod q)(\mathrm{sk}_D, \mathrm{pk}_D) \leftarrow \mathrm{KeyGen}(\kappa) \in \mathbb{Z}_{V\times W}$；

$d_i' = E_{m_i}(d_i)$。

查询者端：存储 d_i' 到公共数据库 PDB。

查询阶段

查询者从 PDB 中下载所有 d_i'；

计算 $\delta = w_\delta + v_\delta W$ ， $\delta \in \mathbb{Z}_{V\times W}$；

服务器基于多项式 $r_i = r_v + r_w$ 与车辆共同执行 2.3.1 节中的 OT_n^1 协议，其中， $r_v, r_w \in (\mathbb{Z}/q\mathbb{Z})[x]/(x^N - 1)$；

查询者 $\leftarrow m_\delta = \mathrm{OT}_n^1(m_0, m_1, \cdots, m_{n-1}, \delta)$；

查询者计算 $d_\delta = D_{m_\delta}(d_\delta')$。

由于所有与单元格 $v_\delta w_\delta$ 相关的数据都是以密文 d_δ 的形式进行存储的，所以一旦车辆获得了密文 m_δ ，发送者就可以简单地恢复出该区域中所有的信息 $d_\delta = E_{m_\delta}(d_\delta')$。因此，2.3.1 节中不经意传输协议是正确的，上述安全 LBS 查询方案是完备的。

2.3.3 车联网安全 LBS 方案的性能分析

下面首先证明服务器数据所有权的安全性及车辆位置信息的隐私性，随后对比分析该协议的计算负载和通信量。

1. 安全性分析

引理 2-3 服务器无法获取关于车辆位置 δ 的任何信息。

证明 服务器能够获取 $c_\delta' = r_\delta h_S + r' h_D + m_\delta (\bmod q)$ 但不知道车辆的密钥 sk_D。幸运的话，服务器计算出的所有多项式系数均在 $[-p/2, p/2]$ 范围内，但通过与其他消息 δ' 进行比较，服务器仍然无法恢复出 m_δ。这个结论也是由于 r' 和 δ 的均匀分布满足

$$\Pr\left[r' g h_D\right] = \Pr\left[r' g h_D + (m_\delta - m_i)\right] m_i \in \mathbb{Z}_{V\times W} \tag{2-37}$$

服务器的数据所有权保护由引理 2-4 给出。

引理 2-4 对于任何 $i \neq \delta$ ，车辆无法获取关于 m_i 的任何信息。

证明 车辆能够下载到所有 $i \in \mathbb{Z}_{V\times W}$ 所对应的 $c_i = r_i h_S + m_i (\bmod q)$ 及 $c_i'' = c_\delta' - r_i h_S (\bmod q)$ ，但不知道服务器的私钥，无法直接通过 c_i 恢复出 m_i 的值。对 c_i'' 而言，因为 $c_i'' = (r_\delta - r_i) h_S + r' h_D + m_\delta (\bmod q)$ 且 $(r_\delta - r_i) \neq 0$ ，所以即使车辆计算出 $(r_\delta - r_i) h_S = c_i'' - (r' h_D + m_\delta)(\bmod q)$ ，也无法恢复 r_i。因此，对于任意 $i \neq \delta$ ，车辆无法从 c_i 恢复出 m_i。

2. 效率评估

由于 NTRUEncrypt 算法的加解密过程只使用简单的多项式乘法，其运算速度与 RSA、ElGamal 和椭圆曲线等其他非对称加密方案相比更加高效。根据最新研究，文献[35]中的参数被认为是安全的，如表 2-3 所示。

表 2-3　NTRUEncrypt 安全参数

安全级别	N	q	p
一般安全	167	128	3
标准安全	251	128	3
高安全	347	128	3
最高安全	503	256	3

如表 2-3 所示，NTRUEncrypt 加密算法中使用的模数与 DH 密码学原语相比较小，考虑到 DH 方案的幂计算复杂度与模数呈对数关系，尤其突显 NTRUEncrypt 密码系统的快速和高效。与此同时，模多项式乘法本身比大模数下的指数运算更快，即使是相同数量级的模运算，此方案也仍然能够展现出良好的计算效率。表 2-4 首先给出了本书所实现的车联网安全 LBS 方案与 Jannati 等方案在计算复杂度及通信复杂度方面的对比。

表 2-4　计算复杂度及通信复杂度比较

计算复杂度及通信复杂度	服务器端		车辆端	
	Jannati 等方案	本书方案	Jannati 等方案	本书方案
模指数	$3(V+W+1)$	0	9	0
模多项式乘法	$2(V+W)+1$	$2(V+W)$	7	3
需生成随机数(多项式)	$V+W+2$	$V+W$	2	1
私钥	2	1	2	1
公钥	2	1	0	1
通信负荷(多项式)	$2(V+W)+1$	$2(V+W)$	2	1

与 Jannati 等[31]方案相比，在不考虑模数大小的情况下，本书方案的计算效率明显更高。特别是考虑到 OBU 中计算资源的限制，本书方案在车辆端只需要 3 个模多项式乘法，表明其在嵌入式环境中具有更大的应用价值。尽管服务器端必须向车辆端发送 $2VW$ 条消息，但接收者可以简单地忽略除 c_δ 和 c''_δ 之外的其他任何消息。

考虑到 NTRUEncrypt 算法的高效性和抗量子攻击特性，本节提出一种新的车联网安全 LBS 传输协议。基于 NTRUEncrypt 算法所构建的1-out-n不经意传输协议，作者对车联网安全 LBS 传输协议进行了设计与实现，并分别对服务器端和车辆端的安全性需求进行了验证、分析。与 Jannati 等所提出的协议相比，车联网安全 LBS 传输协议在车联网安全领域也具有较高的效率和实用性。虽然服务器端需要向车辆端发送$2VW$条加密数据，但需接收的数据实际上只有2条。在进一步的工作中，作者希望将交互轮数从 3 轮降到 2 轮，并尽可能地减少服务器的通信负荷。

2.4 车联网数据同态安全处理技术

2.4.1 车联网数据处理过程中的隐私安全问题

随着人工智能技术的不断发展，数据因具有挖掘价值而成为宝贵资源。然而，数据中蕴含着大量的私人敏感信息，可能会被滥用而危害个人隐私、商业机密甚至是国家安全，例如，一旦某人的病历暴露给保险公司，他有可能永远无法购买某种特定疾病的医疗保险。同样，在许多基于机器学习的应用程序中也发现了大量侵犯隐私的行为，如财务分析、产品定制或舆论监督[36]。另外，任何数据驱动机制都严格依赖信息获取的数量和质量，这必然导致数据可用性和机密性之间发生难以调和的矛盾。幸运的是，安全多方计算(secure multi-party computation，SMC)[37,38]和全同态加密(fully homomorphic encryption，FHE)[39]提供了以隐蔽方式处理数据的强大工具。因此，将 SMC 和 FHE 作为基本工具为解决面向机器学习的车联网密码系统提供了契机，但如何降低基础协议的存储和计算开销是亟待解决的关键问题。

作为面向去中心化应用的密码技术，安全多方计算旨在为分布式参与者提供数据隐私计算的服务。在现实世界中，各方可能需要根据共同的意愿来计算一个公共函数，但同时也担心自身数据的泄露，这时安全多方计算无疑是最为可行的选择。基于这种密码系统，Çatak[40]提出了一种具有隐私保护能力的机器学习算法，该算法的基本思想是：将各方数据进行垂直分割后，再进行发布和使用。然而，这些数据只是部分共享而非隐藏，因此作为未加密数据，其语义安全性是无法保障的。Cock 等[41]提出第一种可证明安全机器学习(machine learning，ML)协议用于文本分类。但是，他们的研究只关注数据分类过程的隐私性，而学习过程仍需通过明文实现。

面向云计算等集中式系统应用，同态加密(homomorphic encryption，HE)是实现隐私机器学习的另一种方法，它能够在数据被加密的条件下进行特定操作。自 2016 年同态计算得到重大创新以来，在机器学习和有限元应用中的数据隐私保护技术得到迅速发展。Aono 等[42]将同态加密应用于异步随机梯度下降算法，使加法同态与深度学习相结合，从而在一定程度上解决了机器学习系统功能和数据隐私之间的矛盾。Bourse 等[43]改进了 Chillotti 等[35]所采用的 FHE 结构，提出了一种同态神经网络评估框架，即 FHE-DINN。它的复杂度对于网络深度是严格线性的，但是模型必须预先定义参数。Cheon 等[44]基于 FHE 方案的多密钥变种提供了一套用于安全机器学习的接口，采用了 Bootstrapping 技术实现对任意电路的评估。事实上，几乎所有现有的 FHE 机器学习算法都基于格代数结构。因此，该算法具有一个共同的缺点，即由于噪声的增长，解密存在失败的可能。尽管 Bootstrapping 技术被认为是控制噪声的有效工具，但其额外的计算负担令人难以接受。Li 等[45]发现了一种替代工具，称为共轭搜索问题(conjugacy search problem，CSP)，它可以实现完全同态而没有噪声干扰。Li 等将这种密码系统用于隐私数据训练，其准确度与使用明文训练时的准确度相同。

尽管 Li 等的方案比基于格的安全机器学习更容易理解和有效实现，但只能用于单个数据提供者的场景。然而，单个数据提供者往往只能提供少量数据，这可能会导致模型过拟合。为确保机器学习的泛化能力，应针对特定的学习任务从不同来源收集数据。然而，在多方隐私机器学习情况下，每个数据提供者都需要利用自身的密钥隐藏其消息。因此，本节将研究在异构(通过不同密钥加密)密文上计算的联合训练框架。另外，在实际的业务操作中，系统模型参数也应被认为是训练者所持有的数字资产。因此，在具体实现过程中，还应确保隐藏机器学习所生成的模型，即使这个模型还没有彻底完成训练。

2.4.2　面向车联网应用的同态加密神经网络模型

典型的神经网络(neural network，NN)包含三层或更多层，如果隐藏层有多个，则可将其称为深度学习模型。NN 的工作原理基于以下事实：众多神经元可以自动地逐层提取输入特征。除神经网络的拓扑结构外，定义神经网络的最重要因素是分配给每个链接及神经元的权重和偏差。对学习过程而言，本质上是如何借助迭代通过前向/反向传播的训练数据调整权重和偏差等参数。

为正确训练神经网络模型并保证数据的隐私性，应同态评估以下函数。

前向传播(如 sigmoid)：

$$f_{\mathrm{fw}} = \mathrm{sigmoid}\left(a_i, w_i + b_i\right) \tag{2-38}$$

其中，a_i 和 w_i 分别是神经元主动连接的输入向量和权重向量；b_i 是神经元 i 上的偏差。

反向传播：损失函数(如二次损失函数)可通过式(2-39)进行定义。

$$f_{\mathrm{bw\_loss}} = L\left(Y|f\left(X\right)\right) = \sum_{n}\left(t_n - o_n\right)^2 \tag{2-39}$$

其中，t_n 是目标值；o_n 是实际值。

参数调整(如梯度下降)如下：

$$f_{\mathrm{bw\_adj}} = \mathrm{old}w_{j,k} - \Delta w_{j,k} \tag{2-40}$$

$$\nabla w_{j,k} = \alpha \cdot E_k \cdot O_k\left(1 - O_k\right) \cdot O_j^{\mathrm{T}} \tag{2-41}$$

其中，$\mathrm{old}w_{j,k}$ 是前一个 j 层到 k 层的权重值；E_k 是目标值和实际值之间的误差矢量；O_j^{T} 是当前层节点输出的转置；O_k 是下一层节点的输出。

在本书的安全模型中，功能强大的训练者希望获得一个拓扑结构已预先定义的神经网络。为了确保所得模型的泛化能力，训练者可以要求多方提供数据以进行训练。尽管数据提供者有强烈的合作意愿，但他们也担心隐私信息被泄露。与此同时，训练者也不愿意将系统参数暴露给他人，从而损害训练者自身的知识产权。因此，既应当保护所有参与者的数据隐私，又应当保证机器学习的功能实现和训练者合法的模型所有权。此外，将训练好的神经网络作为某种服务，用户也极有可能希望向服务器请求某种分类/回归任务，并同时规避其数据被滥用的风险。

基于车联网的实际应用场景，可以假设训练者和所有数据提供者在整个过程中都是诚实但好奇的，也就是说，他们将完全遵循协议以避免不必要的纠纷，但可能会对数据中包含的隐私信息感兴趣。此外，还应当合理地假设训练者和数据提供者都具有概率多项式时间的计算能力。但是，训练者往往能够获取比数据提供者更优的设备资源，因此假设训练者甚至能够使用量子计算机进行数据处理。为形式化描述数据隐私攻击模型，将借助对称密码系统中选择明文攻击下不可区分性(indistinguishability under chosen-plaintext attack，IND-CPA)的定义。

对于可查询加密预言机 $\mathrm{HE.Enc}_k(\cdot)$ 的任意多项式时间攻击者 $\mathcal{A}$，将同态对称密码体制定义为三元组 $\mathrm{HE} = \left(\mathrm{HE.KeyGen}, \mathrm{HE.Enc}, \mathrm{HE.Dec}\right)$，挑战者与攻击者之间的博弈如下：

$$\mathrm{Exp}_{\mathrm{HE},\mathcal{A}}^{\mathrm{CPA}}\left(\kappa\right): \tag{2-42}$$

$$k \leftarrow \mathrm{HE.KeyGen}\left(\kappa\right) \tag{2-43}$$

$$\left(M_0, M_1\right) \leftarrow \mathcal{A}^{\mathrm{HE.Enc}_k(\cdot)}\left(\cdot\right) \tag{2-44}$$

其中，$\left|M_0\right| = \left|M_1\right|$。

$$\gamma \leftarrow_R \{0,1\}, \quad C^* = \mathrm{HE.Dec}(M_\gamma) \tag{2-45}$$

$$\gamma' = \mathcal{A}(C^*) \tag{2-46}$$

如果$\gamma = \gamma'$，则输出 1，否则，输出 0。

因此，攻击者的优势可以表示为

$$\mathrm{Adv}_{\mathrm{HE},\mathcal{A}}^{\mathrm{CPA}}(\kappa) = \left|\Pr\left[\mathrm{Exp}_{\mathrm{HE},\mathcal{A}}^{\mathrm{CPA}}(\lambda) = 1\right] - 1/2\right| \tag{2-47}$$

如果密码系统 HE 满足$\mathrm{Adv}_{\mathrm{HE},\mathcal{A}}^{\mathrm{CPA}}(\kappa) < \epsilon(\kappa)$，则称其为 IND-CPA 安全，其中$\epsilon(\kappa)$代表关于安全参数$\kappa$的可忽略函数。

1. 同态加密算法的构造

根据系统模型中所提出的安全目标，下面将构建基本的密码学模块。在这一部分中，首先探讨共轭搜索问题的同态性，以支持对单密钥同态密文进行训练的功能。随后，本节提出一种密钥交换技术，从而将由某一密钥加密的密文转化为可以被另一个密钥解密的密文。

共轭搜索问题是群分解问题(group factorization problem，GFP)的一种特殊形式，定义如下：

给定$(C,M) \in \Psi \times \Psi$，在非阿贝尔李代数的结构上，解决$\Psi H \in \Psi C = HMH^{-1}$是困难的。

Çetin 等[46]证明了当$d \geqslant 4$时，CSP 对一般线性群$\mathrm{GL}_d(\mathbb{R})$($\mathbb{R}$表示实数域)是抵抗量子攻击的。因此，为保证系统的安全性，应该将消息编码为一个维度大于 4 的方阵。

为保护数据提供者的隐私而又不影响训练的准确性，本节将基于 CSP 构造同态加密算法，该加密算法能够安全地实现前向/反向传播过程，并随后整合为基于 CSP 的语义且具有同态计算能力的神经网络训练方法。值得注意的是，共轭搜索问题可以抵抗量子攻击，即使训练者的设备再先进，数据提供者也不用再担心隐私泄露问题。

2. 基于 CSP 的全同态加密算法

一个典型的同态加密算法可以记为四元组 HE = (HE. KeyGen, HE. Enc, HE. Dec, HE. Eval)，分别代表密钥生成、加密、解密和同态计算的函数。对于消息空间上的任意数据，首先将其编码为上三角矩阵且$m \in \mathbb{R}^{6\times 6}$。

1) 消息编码方式

将消息转换为三对随机数，即(a_1,a_2)、(a_3,a_4)和(a_5,a_6)，满足$a_1 + a_2 = m$、

$a_3+a_4=a_5+a_6=r$ 且 $(a_3^2-a_4^2)(a_5^2-a_6^2)=1$，其中 r 是系统的恒定随机数。因此，可以构造以下矩阵：

$$M_1=\begin{bmatrix} a_1 & a_2 \\ a_2 & a_1 \end{bmatrix},\quad M_2=\begin{bmatrix} a_3 & a_4 \\ a_4 & a_3 \end{bmatrix},\quad M_3=\begin{bmatrix} a_5 & a_6 \\ a_6 & a_5 \end{bmatrix} \tag{2-48}$$

综合以上矩阵，消息 m 被最终编码为

$$M=\begin{bmatrix} M_1 & R_1 & R_2 \\ 0 & M_2 & R_3 \\ 0 & 0 & M_3 \end{bmatrix} \tag{2-49}$$

其中，0 代表 2×2 全零矩阵；$R_i, i=1,2,3$ 代表随机均匀采样于 $\mathbb{R}^{2\times2}$ 的实数矩阵。

为清楚起见，这里将编码后消息的空间表示为 Γ 。Γ 自然地构成了一个乘法循环群(不包括行列式为零的元素)，它与 $\mathbb{R}$ 满足同态映射关系，即 $\mathbb{R}\sim\Gamma$ 。此外，众所周知，所有具有相同尺寸的方阵都构成一个环。尽管对 $\Gamma\subseteq\mathbb{R}^{6\times6}$ 而言，其元素对乘法来说是可交换的，但是从 $\mathbb{R}^{6\times6}$ 中均匀采样的矩阵 P 却与编码消息 M 之间不具有交换性。因此，可以实现如下基于 CSP 的全同态加密算法。

2) 密钥生成 HE.KeyGen(1^κ)

从 $\mathbb{R}^{6\times6}$ 中均匀随机采样一个矩阵，该矩阵可表示为九个 2×2 随机矩阵的组合，即

$$P=\begin{bmatrix} P_1 & P_2 & P_3 \\ P_4 & P_5 & P_6 \\ P_7 & P_8 & P_9 \end{bmatrix} \tag{2-50}$$

其中，$P_i=\begin{bmatrix} p_{i1} & p_{i2} \\ p_{i3} & p_{i4} \end{bmatrix}, i=1,2,\cdots,9$ 。

由于随机性，Γ 中的元素与 P 中元素完全相同的概率可以忽略不计，所以可将 $k=P$ 作为 CSP 密码系统的对称密钥。

3) 加密 HE.Enc(P,M)

输出

$$C=PMP^{-1}=P\begin{bmatrix} M_1 & R_1 & R_2 \\ 0 & M_2 & R_3 \\ 0 & 0 & M_3 \end{bmatrix}P^{-1} \tag{2-51}$$

为消息 m (编码为矩阵 M)的密文。

4) 解密 HE.Dec(P,C)

计算

$$M = P^{-1}CP \tag{2-52}$$

获得

$$m_1 = \begin{bmatrix} a_1 & a_2 \\ a_2 & a_1 \end{bmatrix} \tag{2-53}$$

然后通过反向计算 $m = a_1 + a_2$ 来恢复明文。

基于式(2-39)～式(2-40)的基本代数结构，可以构造适用于机器学习的同态计算方法。假设 C_1 和 C_2 是 m_1 和 m_2 这两个明文在相同密钥下所对应的密文，则可以通过式(2-54)和式(2-58)来实现封装后的加法和乘法运算，这两个操作通过简单组合实现反向传播的功能。但是，由于不能直接通过同态加法和乘法来实现超越函数的计算，所以这里将求助于特定的近似转换，将前向传播的激活函数(如sigmod 函数)用多项式的形式表示，即用

$$\operatorname{sigmod}(x) = \begin{cases} 0.000734x^4 + 0.014222x^3 + 0.108706x^2 \\ +0.392773x + 0.571859, & -\infty < x \leqslant -1.5 \\ 0.002083x^5 + 0.020833x^3 + 0.25x + 0.5, & -1.5 < x \leqslant 1.5 \\ -0.000734x^4 + 0.014222x^3 - 0.108706x^2 \\ +0.3922773x + 0.428141, & 1.5 < x < \infty \end{cases} \tag{2-54}$$

来取代

$$\operatorname{sigmod}(x) = \frac{1}{1 + \mathrm{e}^{-x}} \tag{2-55}$$

注意，上述公式可理解为分段函数。因此，为判定应该同态地执行哪个子函数，需要对 -1.5 和 1.5 进行加密并与 x 的密文进行同态比较，从而实现分支计算。

为了实现分段函数的同态评估，Li 等[47]提出了一种同态处理算法，该算法能够秘密地比较两个密文之间的大小。尽管与本书方案类似[47]，但值得注意的是 Li 等[47]所设计的密码系统不是语义安全的，这是因为其方案中要求 $a_{2i-1} + a_{2i} = m$ 和 a_{2i-1} 总是比 a_{2i} 大，其中 $i = 1,2,3$。下面首先对文献[47]中密码系统的安全缺陷进行分析。

通过计算

$$\det\left(C^* - TC'\right) = \det(P)\det\left\{\begin{bmatrix} M_1^* - tM_1' & R_1^* & R_2^* \\ 0 & M_2^* - tM_2' & R_3^* \\ 0 & 0 & M_2^* + tM_2' \end{bmatrix}\right\}\det\left(P^{-1}\right) \tag{2-56}$$

其中，T 与 $R_i^*(i = 1,2,3)$ 都均匀采样于 $\mathbb{R}^{2\times2}$，记为

$$T=\begin{bmatrix} t & R_1 & R_2 \\ 0 & t & R_3 \\ 0 & 0 & t \end{bmatrix} \tag{2-57}$$

且

$$t=\begin{bmatrix} 0 & 1 \\ 1 & 0 \end{bmatrix} \tag{2-58}$$

那么敌手可进行选择明文攻击，如下所示：

$$\mathrm{Exp}_{\mathrm{HE},\mathcal{A}}^{\mathrm{CPA}}(\kappa) \tag{2-59}$$

$$k \leftarrow \mathrm{HE.KeyGen}(\kappa) \tag{2-60}$$

$$(M_0, M_1, C') \leftarrow \mathcal{A}^{\mathrm{HE.Enc}_k(\cdot)}(\cdot) \tag{2-61}$$

其中，$|M_0|=|M_1|$；$C'=\mathrm{HE.Enc}_k(M')$，$M_0<M'<M_1$。

$$\gamma \leftarrow_R \{0,1\},\quad C^*=\mathrm{HE.Dec}(M_\gamma) \tag{2-62}$$

如果 $\det(C^*-TC')<0$，则 $\gamma'=0$，否则，$\gamma'=1$；如果 $\gamma=\gamma'$，则输出 1，否则，输出 0。

考虑到

$$\begin{aligned} &\det(C^*-TC') \\ &=\det(P)\det(M_1^*-tM_1')\det(M_2^*-tM_2')\det(M_3^*-tM_3')\det(P^{-1}) \end{aligned} \tag{2-63}$$

其中，

$$\begin{aligned} \det(M_i^*-tM_i') &= (a_{2i-1}^*-a_{2i}')^2-(a_{2i}^*-a_{2i-1}')^2 \\ &= (m^*-m')\left[(a_{2i-1}^*-a_{2i}^*)+(a_{2i-1}'-a_{2i}')\right] \end{aligned} \tag{2-64}$$

从而根据 Li 等[45]的整个方案中均需满足的 $a_{2i-1}>a_{2i}$ 条件，可知 $(a_{2i-1}^*-a_{2i}^*)+(a_{2i-1}'-a_{2i}')>0$。显然，$\det(P)\det(P^{-1})=1$。因此，攻击者可以很容易地检查 $\det(C^*-TC')$ 的符号来确定是 $m^*=m_0$ 或是 $m^*=m_1$，也就是说

$$\mathrm{Adv}_{\mathrm{HE},\mathcal{A}}^{\mathrm{CPA}}(\kappa)=\left|\Pr\left[\mathrm{Exp}_{\mathrm{HE},\mathcal{A}}^{\mathrm{CPA}}(\kappa)=1\right]-1/2\right|=1 \tag{2-65}$$

Li 等[45]的方案之所以不安全，主要是因为未能有效解决分段函数评估与 IND-CPA 定义之间的矛盾。

为解决文献[47]中存在的安全性问题，本节引入一种特定形式的密文，该密文用于加密指定的数字并将其与任何其他普通密文进行同态比较，构造如下。

车联网数据提供者随机选择一个非零数字 $k \in \mathbb{R}$ ，并将 M' 加密为

$$C' = PM'P^{-1} = P\begin{bmatrix} kM_1' & R_1 & R_2 \\ 0 & kM_2' & R_3 \\ 0 & 0 & kM_3' \end{bmatrix} P^{-1} \tag{2-66}$$

其中，

$$M_i' = \begin{bmatrix} a_{i1}' & a_{i2}' \\ a_{i3}' & a_{i4}' \end{bmatrix}, \quad i = 1,2,3 \tag{2-67}$$

式(2-67)需满足

$$\begin{cases} a_{i1}' + a_{i4}' = k \neq 0, & i = 1,2,3 \\ a_{i2}' + a_{i3}' = -k \neq 0, & i = 1,2,3 \\ a_{i1}'a_{i4}' - a_{i2}a_{i3}' = m', & i = 1 \\ a_{i1}a_{i4}' - a_{i2}a_{i3}' = r, & i = 2,3 \end{cases} \tag{2-68}$$

为了在不解密的情况下将其与任意密文进行比较，需计算

$$\Delta = \frac{\det\left(C^*C'\right)}{\det\left(C'\right)} - \det\left(C^* - C'\right) = k^2\left(m^* - m'\right) \tag{2-69}$$

从而有

$$C_{\text{comp}} = \begin{cases} m^* > m', & \nabla > 0 \\ m^* = m', & \nabla = 0 \\ m^* < m', & \nabla < 0 \end{cases} \tag{2-70}$$

也即在不解密的情况下完成特定密文 C' 和任意密文 C^* 之间大小的比较。

3. 正确性分析

加密算法和解密算法的正确性不言而喻，因此本书只关注同态计算的正确性。

任意密文间的同态加法如下：

$$\begin{aligned} C_{\text{add}} = C_1 + C_2 &= P^{-1}\begin{bmatrix} M_{11} & R_{11} & R_{12} \\ 0 & M_{12} & R_{13} \\ 0 & 0 & M_{13} \end{bmatrix} P + P^{-1}\begin{bmatrix} M_{21} & R_{21} & R_{22} \\ 0 & M_{22} & R_{23} \\ 0 & 0 & M_{23} \end{bmatrix} P \\ &= P^{-1}\begin{bmatrix} M_{11}+M_{21} & R_{11}-R_{21} & R_{12}+R_{22} \\ 0 & M_{12}+M_{22} & R_{13}+R_{23} \\ 0 & 0 & M_{13}+M_{23} \end{bmatrix} P \end{aligned} \tag{2-71}$$

可将其解密为

$$M_{\text{add}} = P\left(C_1 + C_2\right)P^{-1} = \begin{bmatrix} M_{11} + M_{21} & R_{11} + R_{21} & R_{12} + R_{22} \\ 0 & M_{12} + M_{22} & R_{13} + R_{23} \\ 0 & 0 & M_{13} + M_{23} \end{bmatrix} \tag{2-72}$$

由于

$$M_{11} + M_{21} = \begin{bmatrix} a_{11} + a_{21} & a_{12} + a_{22} \\ a_{12} + a_{22} & a_{11} + a_{21} \end{bmatrix} \tag{2-73}$$

m_1 和 m_2 的加法结果可解密为

$$m_{\text{add}} = a_{11} + a_{21} + a_{12} + a_{22} = m_1 + m_2 \tag{2-74}$$

任意密文间的同态乘法如下：

因为

$$\begin{aligned} C_{\text{mul}} &= C_1 C_2 \\ &= P^{-1}\begin{bmatrix} M_{11} & R_{11} & R_{12} \\ 0 & M_{12} & R_{13} \\ 0 & 0 & M_{13} \end{bmatrix}\begin{bmatrix} M_{21} & R_{21} & R_{22} \\ 0 & M_{22} & R_{23} \\ 0 & 0 & M_{23} \end{bmatrix} n \\ &= P^{-1}\begin{bmatrix} M_{11}M_{21} & R_1^* & R_2^* \\ 0 & M_{12}M_{22} & R_3^* \\ 0 & 0 & M_{13}M_{23} \end{bmatrix} P \end{aligned} \tag{2-75}$$

且有

$$M_{11}M_{21} = \begin{bmatrix} a_{11}a_{21} + a_{12}a_{22} & a_{11}a_{22} + a_{12}a_{21} \\ a_{12}a_{21} + a_{11}a_{22} & a_{12}a_{22} + a_{11}a_{21} \end{bmatrix} \tag{2-76}$$

所以可以推断出

$$\left(a_{11}a_{21} + a_{12}a_{22}\right) + \left(a_{11}a_{22} + a_{12}a_{21}\right) = \left(a_{11} + a_{12}\right)\left(a_{21} + a_{22}\right) = m_1 m_2 \tag{2-77}$$

即为明文 m_1 和 m_2 相乘的结果。

特定密文和任意密文之间的同态比较方法如下：

在 $\det(P)\det\left(P^{-1}\right) = 1$ 的前提下，可以看出

$$\begin{aligned} \varDelta &= \frac{\det\left(C^* C'\right)}{\det\left(C'\right)} - \det\left(C^* - C'\right) = \frac{\det\left(M^* M'\right)}{\det\left(M'\right)} - \det\left(M^* - M'\right) \\ &= \prod_{i=1}^{3} \frac{\det\left(M_i^* k M_i'\right)}{\det\left(k M_i'\right)} - \prod_{i=1}^{3} \det\left(M_i^* - k M_i'\right) \end{aligned} \tag{2-78}$$

根据式(2-64)，有

$$\frac{\det\left(M_i^* k M_i'\right)}{\det\left(kM_i'\right)} = a_{2i-1}^{*2} - a_{2i}^{*2} \tag{2-79}$$

和

$$\det\left(M_i^* - M_i'\right) = \left(a_{2i-1}^{*\,2} - a_{2i}^{*\,2}\right) - k^2\left[a_{2i-1}^* + a_{2i}^* - \det\left(M_i'\right)\right], \quad i = 1,2,3 \tag{2-80}$$

在 $i=1$ 时，有 $a_{2i-1}^* + a_{2i}^* = m^*$ 及 $a_{i1}'a_{i4}' - a_{i2}'a_{i3}' = m'$，而在 $i=2,3$ 时，式(2-80)满足 $a_{2i-1}^* + a_{2i}^* = a_{i1}'a_{i4}' - a_{i2}'a_{i3}' = r$，因此根据条件 $(a_3^2 - a_4^2)(a_5^2 - a_6^2) = 1$，可以将式(2-78)简化为

$$\Delta = k^2\left(m^* - m'\right) \tag{2-81}$$

很明显，Δ 和 $m^* - m'$ 的符号因 $k^2 > 0$ 而完全相同，它决定了消息 m^* 和 m' 之间的大小关系。

4. 安全性分析

基于共轭搜索问题的困难性，攻击者必须找到满足 $P^{-1}CP = M$ 的密钥 P 才能恢复明文。对上述同态方案的语义安全性而言，可以看出，由于 a_{2i-1} 和 a_{2i} 之间的任意关系，公式 $(a_{2i-1}^* - a_{2i}^*) - (a_{2i-1}' - a_{2i}')$ 并不总是正的。因此，当攻击者执行如上所述的选择明文攻击时，其优势是可忽略的。值得注意的是，任何普通密文都可以与经加密的特定消息进行比较，但普通密文之间的大小关系确实难以判定。因此，数据提供者可以完全保护自己的隐私，仅在必要时才允许进行某些数值的比较。

将上述结构用于机器学习，在每次训练后，数据提供者的密钥都会使神经网络系数被隐藏。当多个数据提供者参与训练时，这些被加密的参数也应在后续数据持有者的密钥下重新加密，以进行同态计算。因此，考虑到车联网中多个数据提供者同时存在的情况以及服务器本身的数据资产，下面进一步设计一种对机器模型系数进行解密和重加密的方法，并保证其不会暴露给数据提供者。这种密文变换方法主要基于离散对数问题(discrete logarithm problem，DLP)的困难性假设。

2.4.3 交互式模型参数重加密方法

在开放式环境中，车联网各节点期望利用多源数据对机器学习模型进行联合训练，将模型参数重新加密为其余参与者密钥下的密文形式。为交互性地实现该功能，可采用如下离散对数问题的困难性假设和拉格朗日定理。

离散对数问题的困难性假设描述如下。

给定任意一个循环群 G，一个生成元 $g \in G$ 和一个随机元素 $h \in G$，很难找到 $a \in \mathbb{Z}_{|G|}$ 满足 $g^a = h$。这也意味着，如果攻击者获得了密文 $y = h^b = g^{ab} \in G$，则由于 ab 的机密性，其很难恢复出 h。然而，根据拉格朗日定理[48]，在知道 b 的逆元时，可以很容易地使 y 反转为 h。

拉格朗日定理描述如下：

H 表示有限子集 G，满足 $|H|\,\big|\,|G|$，其中 $|H|$ 和 $|G|$ 分别为 H 和 G 的阶数。对于任意 $h \in G$，通过 $H = \left\{h^a \middle| a \in \mathbb{Z}\right\}$ 生成子群 $H \subseteq G$，那么可以得出结论：$h^{|G|} = e$，其中 e 为群 G 的单位元。

基于上述数学工具，可构造开放式车联网节点间的密钥转换方案为三元组 $\text{KS} = (\text{KS.KeyGen}, \text{KS.CSPtoDLP}, \text{KS.DLPtoCSP})$。在不失一般性的前提下，将 $k_t = (b, s)$、$k_A = P_A$ 和 $k_B = P_B$ 分别用于表示训练者 T 以及两个数据提供者 A 和 B 的密钥。在具体应用场景中，KS.KeyGen 可用于生成训练者的加密/解密密钥对，而 KS.CSPtoDLP 则用于将 A 加密的密文 C_A 转换为训练者 T 可解密的密文，并利用 k_t 和 KS.CSPtoDLP 转换为密钥 k_B 所对应的密文 C_B。

开放式车联网的密码系统具体实现方案如下。

(1) 密钥生成 $\text{KS.KeyGen}(1^\kappa)$。

将编码消息的空间标记为 Γ，假设 CSP 同态方案中矩阵元素的精度为 l 位，其中，整数部分为 m 位，小数部分为 n 位，则可以将任何编码为 $M \in \mathbb{Z}_{2^n}$ 的明文乘以 $\mathbb{Z}_{2^l}^{6\times 6}$ 转换为整数元素表示的形式，从而消息空间被映射为阶数为 6 的循环组循环群 Γ'。此外，对于矩阵对角线上形如 $2^n M_i$ 的元素，其属于一个满足 $|\Gamma_i'| = 2^l - 1$ 的群 Γ_i'。随后统一采样一个奇数 $b \in \mathbb{Z}_{2^l-1}$ 并选取 $s \in \mathbb{Z}_{2^l-1}$，满足 $s \cdot b = 1 \bmod (2^l - 1)$，输出 $k_t = (b, s)$ 作为训练者的私钥。

(2) 用 $\text{KS.CSPtoDLP}(C_A)$ 将 C_A 转换为 C_t。

训练者 T 将加密的模型参数 C_A 提升为 $C_A' = 2^n C_A (\bmod 2^l) \in \mathbb{Z}_{2^l}^{6\times 6}$ 并发送 $C_{At} = (C_A')^b \bmod 2^l$ 给数据提供者 A。

在收到 C_{At} 后，A 将计算 $C_t = P_A^{-1} C_{At} P_A (\bmod 2^l)$ 作为其响应。

(3) 用 $\text{KS.DLPtoCSP}(C_t)$ 将 C_t 转换为 C_B。

从训练者 T 收到 C_t 的数据后，数据提供者 B 将计算 $C_{tB} = P_B C_t P_B^{-1} (\bmod 2^l)$ 作为其回复。

随后，训练者 T 可以用密钥 k_t 还原出 $C_B' = (C_{tB})^s (\bmod 2^l)$，然后将其中的所

有元素右移 n 位，从而将 C_{tB} 转换为 $C_B = P_B M P_B^{-1}$。

(4) 正确性分析。

由于

$$C'_A = P_A (2^n M)^b (\bmod 2^l)$$

所以

$$C'_A = P_A \left(2^n M\right) P_A^{-1} (\bmod 2^l)$$

及

$$C_{At} = \underbrace{P_A\left(2^n M\right)P_A^{-1} P_A\left(2^n M\right)P_A^{-1} \cdots P_A\left(2^n M\right)P_A^{-1}}_{b\text{个}} = P_A\left(2^n M\right)^b P_A^{-1} (\bmod 2^l) \tag{2-82}$$

因此，$C_t = P_A^{-1} P_A \left(2^n M\right)^b P_A^{-1} P_A = \left(2^n M\right)^b (\bmod 2^l)$。

同样，因为 $C_{tB} = P_B\left(2^n M\right)^b P_B^{-1} (\bmod 2^l)$，所以有

$$\begin{aligned} C'_B &= P_B\left(2^n M\right)^{b\cdot s} P_B^{-1} (\bmod 2^l) \\ &= P_B \begin{bmatrix} \left(2^n M_1\right)^{1+k_1\left(2^l-1\right)} & R_1^* & R_2^* \\ 0 & \left(2^n M_2\right)^{1+k_2\left(2^l-1\right)} & R_3^* \\ 0 & 0 & \left(2^n M_3\right)^{1+k_3\left(2^l-1\right)} \end{bmatrix} P_B^{-1} \end{aligned} \tag{2-83}$$

其中，k_i 是整数，$i = 1,2,3$。

在 CSP 同态计算方案的编码过程中，很容易选择 a_{2i-1} 使得 $2^n a_{2i-1} \neq 0 (\bmod 2^l)$。考虑到 $a_1 + a_2 = m$ 及 $a_{2i-1} + a_{2i} = r(i = 1,2)$，$2^n M_i$ 所属空间必须是阶数为 $|\Gamma'_i| = 2^l - 1$ 的循环群 Γ'_i。根据拉格朗日定理可以看出，$\left(2^n M_i\right)^{1+k_i\left(2^l-1\right)} = 2^n M_i (\bmod 2^l)$，因此 $C'_B = P_B\left(2^n M\right)P_B^{-1}$。通过将 C'_B 右移 n 位，即可获得 $C_B = P_B M P_B^{-1}$。

(5) 安全性分析。

在收到消息 C_{At} 后，训练者 T 可以轻易地计算 $M = (C_t^s (\bmod 2^l)) / 2^n$ 以恢复消息。但是，模型参数是其知识产权，因此这种操作不会与本书的安全目标相冲突。与此同时，数据提供者只能看见明文的指数形式，即 $C_t = \left(2^n M\right)^b (\bmod 2^l)$。由于 DLP 的困难性，所以消息 M 不会被暴露。

2.4.4　面向车联网应用的隐私保护机器学习算法

面向车联网应用的机器学习系统往往由数据量不足导致过拟合。尽管利用多方数据进行训练能够有效解决这一问题，但这也带来了敏感数据泄露的隐患。为了保护机器学习的隐私性，在单个数据提供者的场景中出现了许多基于密码学技术的训练和分类/回归方法。然而在车联网应用场景中，从多个数据提供者那里获取信息以训练模型的方法并不多见。因此，本节提出一种具有联合训练能力的安全机器学习机制，该机制同时考虑了在分类或回归过程中保护数据及模型参数的私密性。

基于 2.4.2 节和 2.4.3 节的同态加密神经网络模型及交互式模型参数重加密方法，本书对面向车联网应用的隐私保护机器学习算法进行如下构造。

1. 初始化阶段

在初始化阶段，训练者 T 计算 $k_t \leftarrow \text{KS.KeyGen}\left(1^{\kappa}\right)$ 用于密文切换，每个数据提供者 i 生成各自的密钥 $k_i \leftarrow \text{HE.KeyGen}\left(1^{\kappa}\right)$ 用来进行加密同态训练。

将数据提供者 i 拥有的编码训练数据表示为 M_i，将系统参数表示为 M_t。服务器首先将初始化的系统系数(可能包含一些私有的知识产权信息)加密为 $C_t = \left(2^n M_t\right)^b \pmod{2^l}$，而第一个数据提供者相应地加密 M_1 为 $C_1 \leftarrow \text{HE.Enc}\left(k_1, M_1\right)$ 并与训练者一起计算出模型参数的输入 $\tilde{C}_1 \leftarrow \text{KS.DLPtoCSP}\left(C_t\right)$。在密文 C_1 和 $\tilde{C}_1$ 数据的基础上，根据其对应的密钥 k_1，训练者就能实现神经网络的训练，即 $\bar{C}_1 \leftarrow \text{HE.Eval}\left(f_{\text{training}}, \tilde{C}_1\right)$。值得注意的是，$\bar{C}_1$ 是可以通过 k_1 解密的系统参数。该过程的形式化描述如算法 2-4 所示。

算法 2-4　初始化和首次训练

初始化和首次训练

Trian1(1^{κ} , M_1 , M_t)。

输入：输入参数 1^{κ}，数据提供者 1 将自己的数据编码为 M_1 输入，系统参数编码为 M_t 输入。

输出：训练好的系统参数 $\bar{C}_1$。

密钥生成

　数据提供者：$k_i \leftarrow \text{HE.KeyGen}\left(1^{\kappa}\right)$。

　训练者：$k_t \leftarrow \text{KS.KeyGen}\left(1^{\kappa}\right)$。

训练

　训练者：$C_t = \left(2^n M_t\right)^b \pmod{2^l}$。

　数据提供者：$\tilde{C}_1 \leftarrow \text{KS.DLPtoCSP}\left(C_t\right)$；

$C_1 \leftarrow \text{HE.Enc}(k_1, M_1)$。

训练者：$\bar{C}_1 \leftarrow \text{HE.Eval}\left(f_{\text{training}}, \tilde{C}_1\right)$。

注意，KS.DLPtoCSP$(\cdot)$是一个应由数据提供者和训练者双方共同执行的密文变换协议。

2. 训练集模型解密过程

为了使更新的模型参数与后续提供者加密的数据之间进行同态计算，将利用密文切换协议对其进行重新加密。不失一般性地，将 k_i 加密的模型参数表示为 $\bar{C}_i$，借助 $C_t \leftarrow \text{KS.CSPtoDLP}\left(\bar{C}_i\right)$ 及 $\tilde{C}_{i+1} \leftarrow \text{KS.DLPtoCSP}\left(C_t\right)$，训练者能够在后续数据提供者的帮助下获得重新加密的模型参数 $\tilde{C}_{i+1}$。从下一个数据提供者那里接收到 C_{i+1} 后，两个密文均由 k_{i+1} 加密，因此其可以计算 $\bar{C}_{i+1} \leftarrow \text{HE.Eval}\left(f_{\text{training}}, C_{i+1}, \tilde{C}_{i+1}\right)$，从而进行进一步的训练。在得到加密后的最终参数 $\bar{C}_N$ 后，训练者还需要与最后一个数据提供者一起执行 $C_t \leftarrow \text{KS.CSPtoDLP}\left(\bar{C}_N\right)$，然后计算 $M = (C_t^s (\bmod 2^l)) / 2^n$，以恢复出模型参数的明文信息。

后续的训练及模型参数解密过程如算法 2-5 所示。

算法 2-5　后续的训练及模型参数解密过程

后续的训练及模型参数解密过程

Train2($\bar{C}_i$)。

输入：训练者输入训练好的系统参数 $\bar{C}_i$ 。

输出：解密的模型参数 M_t 。

后续训练

数据提供者 i：$C_t \leftarrow \text{KS.CSPtoDLP}\left(\bar{C}_i\right)$。

数据提供者 $i+1$：$\tilde{C}_{i+1} \leftarrow \text{KS.DLPtoCSP}(C_t)$；

$C_{i+1} \leftarrow \text{HE.Enc}(k_{i+1}, M_{i+1})$。

训练者：$\bar{C}_{i+1} \leftarrow \text{HE.Eval}\left(f_{\text{training}}, C_{i+1}, \tilde{C}_{i+1}\right)$。

模型参数解密

数据提供者 N：$C_t \leftarrow \text{KS.CSPtoDLP}\left(\bar{C}_N\right)$。

训练者：$M_t = (C_t^s (\bmod 2^l)) / 2^n$。

---

3. 分类/回归过程

分类/回归过程相对比较简单，模型持有者可以将加密的数据 $C_u \leftarrow \text{HE.Enc}\left(k_u, M_u\right)$ 和关于 $C_t = \left(2^n M_t\right)^b (\bmod 2^l)$ 的模型参数 $\tilde{C}_u \leftarrow \text{KS.DLPtoCSP}\left(C_t\right)$

作为输入，然后同态计算 $\bar{C}_u \leftarrow \text{HE.Eval}\left(f_{\text{cla/reg}}, C_u, \tilde{C}_u\right)$。在数据持有者接收到加密的信息 $\bar{C}_u$ 后，便可通过解密获得分类/回归的结果，即计算 $M_{\text{cla/reg}} \leftarrow \text{HE.Dec}\left(k_u, \bar{C}_u\right)$。该过程如算法 2-6 所示。

算法 2-6　分类/回归过程

分类/回归过程

Cla/Reg($M_t, M_{\text{cla/reg}}$)。

输入：模型持有者输入 M_t。

输出：分类/回归结果 $M_{\text{cla/reg}}$。

模型持有者：$C_t = \left(2^n M_t\right)^b \pmod{2^l}$。

数据持有者：$\tilde{C}_u \leftarrow \text{KS.DLPtoCSP}(C_t)$；

$C_u \leftarrow \text{HE.Enc}\left(k_u, M_u\right)$。

模型持有者：$\bar{C}_u \leftarrow \text{HE.Eval}\left(f_{\text{cla/reg}}, C_u, \tilde{C}_u\right)$。

数据持有者：$M_{\text{cla/reg}} \leftarrow \text{HE.Dec}\left(k_u, \bar{C}_u\right)$。

2.4.5　车联网隐私保护机器学习算法的实验验证

本节利用 2015 年 5 月 4 日～10 日重庆某路段上获取的交通数据对上述方法的有效性进行分析，还通过连续 4 天采样的 96 个历史数据验证短期交通流预测模型的准确性和模型训练效率。尽管训练及回归方法与原始机器学习模型[49]完全相同，但原始机器学习模型没有考虑数据隐私问题。

实验环境如表 2-5 所示。

表 2-5　实验环境

中央处理器	操作系统	内存	程序语言
i5-10210U 1.60GHz	Windows10 64 位	16GB	Python

为模拟多方机器学习的情况，本节将数据分为三个部分，并实现了与 FHE 中三个不同密钥相对应的训练过程。为了证明上述方法不会对训练模型的准确性产生影响，本节通过原始机器学习模型(不保留隐私)直接获得的预测结果与隐私保护方案所得到的模型进行比较，图 2-5 说明两个结果是完全一致的。

训练和预测的效率如表 2-6 所示，本节模型的训练时间和预测时间是未加密模型的 73578 倍和 12000 倍。然而，服务器始终具有强大的计算能力，并且数据提供者仅需进行少量的矩阵乘法运算，加之矩阵规模只有 6×6 大小，因此该方案在云环境中是可行的。此外，如果准确性是可以容忍的，那么甚至可以缩短密文以使其更加高效。

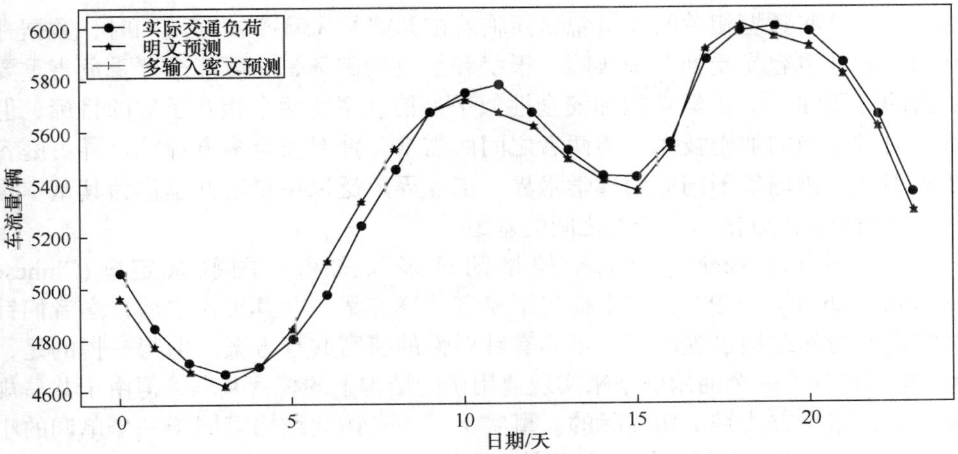

图 2-5　预测结果比较

表 2-6　训练和预测的效率

模型	训练时间	预测时间
未加密模型	0.19s	∠ms
本节模型	233.33min	48s

在通信开销方面，用于训练或待预测的加密数据比普通数据大 18 倍。在每次迭代中，训练者还应与两个相继的数据提供者交换模型参数的密文，而这些数据也是明文模型参数的 18 倍。考虑到数据的增长倍数不大且系统参数相当有限，通信开销几乎不会导致性能下降。

本节提出了一种可利用多个数据提供者进行隐私保护联合机器学习的方法。由于共轭搜索问题的困难性，可以对同一个密文加密的数据进行同态处理以进行训练或分类/回归。值得一提的是，通过对允许比较的数据进行特殊编码，解决了 Li 等方案中 IND-CPA 安全性与同态比较(不解密)之间的内在冲突。为支持多个数据提供者之间的联合训练，该方法还利用了离散对数问题的困难性假设和拉格朗日定理，提出了一种高效的密钥变换技术，从而避免了多密钥同态计算的必要性。实验表明，该方案的隐私保护能力不会影响机器学习的准确性。

2.5　无交互的车联网秘密共享数据处理方法

2.5.1　秘密共享机制的基本原理

随着车联网大数据时代的到来，海量交通信息被全程收集、访问和操作。

然而，与这些数据相关的大量隐私面临着被暴露的风险[50]。与此同时，数据存储的可靠性也容易受到系统故障、干扰和篡改的破坏，这可能会严重危害重要数据的可用性[51]。虽然功能和安全性似乎是信息系统两个相互矛盾的目标，但可以通过适当的加密技术平衡两者之间的需求。针对安全多方计算、拜占庭容错和不经意传输等不同应用，学术界、工业界广泛采用秘密共享作为其基本构件，以缩小系统性能与安全性之间的差距[52]。

Shamir[53]和 Blakley[54]基于拉格朗日多项式和中国剩余定理(Chinese remainder theory，CRT)，首次提出了秘密共享方案。在其工作之后，学者们针对特定的访问结构也提出了一系列有针对性的秘密共享方案。值得一提的是，Ito 等[52]设计了一个通用框架来实现通用访问结构上的秘密共享，但由于共享规模过大，这个方法是不切实际的。事实上，一旦访问结构等同于一个单调的小规模块程序，就可以很容易地实现高效的秘密共享机制[55,56]。

这方面研究的另一个关注点是通信负载和秘密份额规模之间的关系。Csirmaz[51]证明，在 n 方构成的网络中共享一个 ℓ 位的秘密，全体共享份额大小的下界为 $\ell\Omega\left(\ell n/\log_2 n\right)$。虽然最著名方案[48,57]中的共享份额规模远大于这样的基准，但数据的规模实际上可以通过线性秘密共享逼近 $n^{\Omega(\log_2 n)}$ 的数量级。为保证共享秘密在结合运算时的机密性，同态可计算性也被认为是秘密共享的一个重要需求[48]。为最小化流量开销，线性秘密共享方案可以利用非交互的加法和线性乘法[57,58]进行计算。然而，当两个共享的秘密相乘时，如何减少甚至消除不必要的通信仍然是一个开放问题[59]。Gennaro 等[55]提出了一种用于线性秘密共享的同构乘法方案，采用的是 L 比特1轮通信，当算术电路深度较大时，同构乘法会造成严重的时延。事实上，Boyle 等[60]证明，一旦超过 1/3 的参与者是诚实的，任何电路都可以通过一个 2 轮秘密共享协议进行秘密评估，也就是说，避免同态乘法的通信是可行的。随后，Barkol 等[56]提出了另一种乘法方案，使所有参与者能够秘密地将不同共享份额转换为其共享份额的加法同态操作，而可验证版本随后由 Jackson 等[59]提出。然而，由于电路深度受参与者数量和安全级别的严格限制，其方案无法实现完全同态计算。为解决这一问题，Watanabe 等[57]设计了一个 FHE 方案，代价是每个秘密增加 $2n$ 个份额。Blackburn 等[61]在递归构造的基础上提出了一种高效的乘法共享方案，该方案中共享的规模会随着网络规模的增大而略微增大。随后，Wang 等[62]指出，上述方案仅在相互信任的权威(mutual trusted authority，MTA)环境[63]中可行，并同时解决了在同一密钥上冗余操作的问题。利用离散对数[60]、格[49]和交换码[64]等不同代数结构，其他学者也相继提出了众多特定的秘密共享方案。

由于 Shamir 秘密共享具有线性特性和 Q_2 访问结构，被广泛用作隐私保护的基本构建模块。而且，由于 Shamir 的方案是理想的，共享秘密的大小仅有 $L\times n$

位且均匀分布在 n 个参与者上，从而非常接近理论下界。为实现同态计算，其线性特性避免了加法和乘法运算的交互需求。然而，即使利用了目前最佳的乘法秘密共享方案，也会由于一系列通信而产生不可忽略的延迟。

考虑到乘法电路在大多数实际应用中是不可避免的，为满足车联网的实时性需求，必须在乘法运算中同样实现具有低通信量和快速计算特性的秘密份额计算方法。为此，本节提出一种非交互乘法方案来实现 Shamir 秘密共享。其主要思想是，一旦所有参与者的恒等式得到合理调整，多项式卷积就可以在消除乘法运算造成的高阶系数方面发挥作用。

2.5.2　Shamir 秘密共享及其线性计算方法

下面首先给出 Shamir 秘密共享的定义及基本代数结构。

基于 Q_2 访问结构，Shamir 秘密共享往往被公认为一种 (k,n) 门限方案，也就是说至少需要 n 个秘密份额中的 k 个方可恢复出共享信息。该阈值方案的基本思想是，任何 k 阶多项式均可以通过拉格朗日插值法用 k 个点(秘密份额)唯一表示。因此，任一秘密 s 可以根据一个随机多项式被划分为一系列的份额 $(x_i, f_s(x_i))$，$i=1,2,\cdots,n$，其中，

$$f_s(x_i) = s + a_1 x_i + a_2 x_i^2 + \cdots + a_{k-1} x_i^{k-1} \tag{2-84}$$

在不失一般性的前提下，可假设多项式系数为 a_j，$j=1,2,\cdots,k-1$，从而能够独立且均匀地从有限域 F_p 中进行采样以实现精确计算，其中 p 是一个奇素数。

在此基础上，可以进一步定义作用于任何秘密 $s \in F_p$ 之上的 Shamir 秘密共享线性计算方法。

定义 2-1　Shamir 秘密共享线性计算方法是一个工作在 Q_2 访问结构上的三元函数组，即 $\Pi = (\text{DIT}, \text{EVL}, \text{REC})$。

秘密持有者首先根据上述公式计算 $\{(x_i, f_s(x_i))\} \overset{\$}{\leftarrow} \text{DIT}(s)$，并通过认证通道和保密信道将其分发给对应的接收者。用 A 表示所有攻击者组合结构的集合，当 $T=\{1,2,\cdots,n\}$ 时，如果存在任何的 $C \in A$ 且 $T \setminus C \notin A$，则有如下关系：

$$\Pr[A([s]_C) = s] = 1/p \tag{2-85}$$

其中，$[s]_C$ 表示被攻击者 A 劫持的部分秘密份额集合。对任意常数 c_1、c_2 和一对共享秘密 $[s_1]_T$、$[s_2]_T$，可以用常规的加法和乘法来非交互地快速计算 $[c_1 s_1 + c_2 s_2]_T \leftarrow \text{EVL}([s_1]_T, [s_2]_T, c_1, c_2)$。而对于 $[s_1 s_2]_T \leftarrow \text{EVL}([s_1]_T, [s_2]_T)$ 函数，交互式的同态方法也同样存在。为保证机密性，显而易见，在执行 EVL(·)函数时需要满足

$$\Pr[A([\cdot]_C\,\mathrm{Com}_T)=s,s\in S]=1/p \tag{2-86}$$

及

$$\Pr[A([\cdot]_C,\mathrm{Com}_T)=\mathrm{REC}(\mathrm{EVL}([S]_T))]=1/p \tag{2-87}$$

其中，S代表原始秘密；而$[\cdot]_C$代表被劫持的秘密份额集合；Com_T则用于标记获得的所有通信。

在Q_2访问结构中，恢复函数$\mathrm{REC}(\cdot)$能够被用于恢复所共享的密文，即

$$\Pr[\mathrm{REC}([s]_{\bar{C}})=s]=1 \tag{2-88}$$

值得注意的是，仅当$n\geqslant 2k-1$时，文献[65]中提出的交互式秘密共享乘法是可行的。尽管 Barkol 等[56]实现了局部进行倍乘操作的非交互式秘密共享方案，但仍应满足$n>dk$的辅助条件。类似地，在 Watanabe 等[57]所提出的方法中，即使只有k个共享份额可用，该方法也能进行乘法运算，但每个共享份额的大小必须是 Shamir 原方案的3倍。因此，其大小为$4ek$ bit 且必须向每个参与者收集消息才能够实现共享份额的乘法运算。综上所述，现有的乘法秘密共享方案都无法做到避免交互，并且存在着参数限制，这就是下面研究的切入点。

2.5.3　车联网无交互秘密共享乘法方案

面向车联网系统中拓扑迅速变换、信道易于拥塞以及计算资源受限的实际情况，本节提出一种与实际应用相匹配的无交互秘密共享乘法方案，其功能定义及实现方法如下。

两个共享份额之所以不能简单地相乘，主要是因为多项式的阶数呈指数显著增加。例如，当两个共享份额$(x_i,f_a(x_i))$和$(x_i,f_b(x_i))$被参与者i直接进行乘法运算时，其结果为$(x_i,f_a(x_i)f_b(x_i))$，其中$f_a(x_i)f_b(x_i)$可以写成如下形式：

$$f_a(x_i)f_b(x_i)=ab+r_1x_i+r_2x_i^2+\cdots+r_{2k-2}x_i^{2k-2} \tag{2-89}$$

可见，直接相乘的结果将原方案变为$(2k-1,n)$门限的秘密共享范文结构。借助多项式卷积，能够减小乘法结果的阶数，从而将多项式的阶反转为k以保持其原始阈值，而且不用进行交互。

设多项式$f_a(x_i)$和$f_b(x_i)$为下述公式：

$$f_a(x_i)=[a,a_1,a_2,\cdots,a_{k-1}][x_i^0,x_i^1,x_i^2,\cdots,x_i^{k-1}]^{\mathrm{T}} \tag{2-90}$$

$$f_b(x_i)=[b,b_1,b_2,\cdots,b_{k-1}][x_i^0,x_i^1,x_i^2,\cdots,x_i^{k-1}]^{\mathrm{T}} \tag{2-91}$$

其中，$f_a(x_i)f_b(x_i)$等于$\alpha+\beta$且有

$$\alpha=\left[ab,ab_1+ba_1,\cdots,\sum_{\sigma+\tau=\mu}a_\sigma b_\tau,\cdots,\sum_{\sigma+\tau=k-1}a_\sigma b_\tau\right]\left[x_i^0,x_i^1,\cdots,x_i^\mu,\cdots,x_i^{k-1}\right]^{\mathrm{T}}(\operatorname{mod} p) \tag{2-92}$$

$$\beta=\left[\sum_{\sigma+\tau=\mu}a_\sigma b_\tau,\cdots,\sum_{\sigma+\tau=\omega}a_\sigma b_\tau,\cdots,\sum\sigma+\tau,a_{k-2}b_{k-1}+a_{k-1}b_{k-2},a_{k-1}b_{k-1}\right]$$
$$\cdot\left[x_i^{k-1},x_i^1,\cdots,x_i^{k+1},\cdots,x_i^{k-2},x_i^{k-1}\right]^{\mathrm{T}}(\operatorname{mod} p) \tag{2-93}$$

及 $a_0=a$，$b_0=b$。注意，多项式 a 的阶数为 k，其首项系数正好是 ab，所以如果能够计算出 β，那么参与者 i 所持有的 ab 份额就可以通过 $f_a(x_i)f_b(x_i)$ 减去 β 得到。基于上述观察，本书将构造秘密共享乘法方案如下。

1. 分配秘密份额 $\left\{\left(x_i,f_s(x_i)\right)\right\}\overset{\$}{\leftarrow}\mathrm{DIT}(s)$

定义 $p<x_i<q$，根据上述公式对 $\left(x_i^k-1\right)$ 取模，并计算出 $f_s(x_i)$ 将其作为秘密 s 的份额分配给 i。

2. 非线性乘法运算 $[ab]_T\leftarrow\mathrm{EVL}\left([a]_T,[b]_T\right)$

参与者 i 在本地计算

$$f_{ab}(x_i)=f_a(x_i)f_b(x_i)-\left(\left(x_i^{-k}-1\right)^{-1}\left\{\left[f_a(x_i)f_b(x_i)\operatorname{mod}\left(x_i^k-1\right)\right]\right\}-f_a(x_i)f_b(x_i)\right) \tag{2-94}$$

从而通过模 x_i^k-1 运算获得 ab 在 i 上的秘密份额。

3. 正确性证明

由于参与者 i 拥有 $f_a(x_i)$、$f_b(x_i)$ 及 x_i 的所有消息，所以不需要进行交互就可以计算式(2-89)。为完整地证明协议的正确性，预先给出一个引理。

引理 2-5　对于 $\theta\in\{0,1,\cdots,k-1\}$，当 $\left\|\sum_{\sigma+\tau=\theta}a_\theta b_\tau(\operatorname{mod} k)\right\|_\infty<x_i-1$ 时，有

$$\alpha+x_i^{-k}\beta<x_i^k-1 \tag{2-95}$$

证明　因为 α 是 k 阶多项式，可以写成 $\sum_{\theta=0}^{k-1}\left(\sum_{\sigma+\tau=\theta}a_\sigma b_\tau(\operatorname{mod} k)\right)x_i^\theta$，从而有

$$0\leqslant\alpha+x_i^{-k}\beta\leqslant\left\|\sum_{\sigma+\tau=\theta}a_\sigma b_\tau(\operatorname{mod} k)\right\|_\infty\left(x_i^0+x_i^1+\cdots+x_i^\theta+\cdots+x_i^{k-1}\right) \tag{2-96}$$

当$\left\|\sum\limits_{\sigma+\tau=\theta} a_{\theta} b_{\tau} (\bmod k)\right\|_{\infty} < x_i - 1$时，由于

$$\alpha + x_i^{-k}\beta < \left(x_i - 1\right)\left(x_i^0 + x_i^1 + \cdots + x_i^{\theta} + \cdots + x_i^{k-1}\right) \tag{2-97}$$

所以式(2-95)成立。

接下来，将根据下面的定理进一步证明秘密共享乘法方案的有效性。

定理 2-5 如果$x > p$，则任何参与者i都能够以非交互方式进行非线性乘法并保留秘密份额的(k,n)门限属性。

证明 根据多项式卷积运算法则，公式$f_a(x_i) f_b(x_i) \bmod (x_i^k - 1)$可以用某个正整数$t$表示为$\alpha + x_i^{-k}\beta + t\left(x_i^k - 1\right)$，一旦条件$\sum\limits_{\sigma+\tau=\theta (\bmod k)} a_{\sigma} b_{\tau\infty} < x_i - 1$成立，则

$$f_a(x_i) f_b(x_i) \bmod (x_i^k - 1) = \alpha + x_i^{-k}\beta \tag{2-98}$$

根据引理 2-4，可将$\varphi(x_i)$表示为

$$\begin{aligned}\varphi(x_i) &= f_a(x_i) f_b(x_i) \bmod (x_i^k - 1) - f_a(x_i) f_b(x_i) \\ &= \left[r_0', r_1', \cdots, r_{k-2}', 0, -r_0', -r_1', \cdots, -r_{k-2}'\right]\left[x_i^0, x_i^1, \cdots, x_i^{k-2}, x_i^{k-1}, x_i^k, x_i^{k+1}, \cdots, x_i^{2k-2}\right]^{\mathrm{T}}\end{aligned} \tag{2-99}$$

对于任意$\delta = \{0,1,\cdots,k-2\}$，根据$r_{\delta}' = \sum\limits_{\sigma=\delta+1}^{k-1} a_{\sigma} b_{\tau=k-\sigma+\delta}$可以很容易地看出

$$\beta = (x_i^{-k} - 1)^{-1}\varphi(x_i) \tag{2-100}$$

即$\alpha + \beta$的第二项。注意，由于$\left\|\sum\limits_{\sigma+\tau=\theta} a_{\sigma} b_{\tau} (\bmod k)\right\|_{\infty} = (p-1)(\bmod p)$，所以如果$x_i > p$，协议就是正确的。

4. 安全性及性能分析

多项式的系数是从有限域F_p中独立且均匀采样的，因此当秘密份额数量小于k时，s是无条件安全的。为清楚起见，将此属性用引理 2-6 进行形式化描述。

引理 2-6 Shamir 秘密共享方案是无条件安全的，其中任何门限内的攻击者恢复秘密s的优势是$\mathcal{A}$。

$$\begin{aligned}\mathrm{Adv}_{f_s}^{\mathrm{sr}}(\mathcal{A}) &= \Pr\left[\mathcal{A}\left([s]_C\right) = s, s \in \mathbb{F}_P\right] \\ &= 1/p\end{aligned} \tag{2-101}$$

证明 如果对任意$C \in A$和$T = \{1,2,\cdots,n\}$都有$T \setminus C \notin A$成立，那么所有秘密

份额都是独立均匀分布的，攻击者仅能以$1/p$的概率猜测秘密份额。

很明显，由于$f_a(x_i)$与$f_b(x_i)$相乘的过程中不与其他份额持有者交换任何信息，根据引理 2-4，秘密a和b仍然是无条件安全的，具体证明如下。

为了证明$[ab]_C$的信息论安全特性，进一步设计如下博弈，其中攻击者将$\mathcal{A}$作为子程序进行运行来破解乘法秘密结果ab。

$$\mathrm{Exp}_{f_{ab}}^{\mathrm{sr}}(\mathcal{B}) \tag{2-102}$$

$$[a]_T \xleftarrow{\$} \mathrm{DIT}(a),\quad [b]_T \xleftarrow{\$} \mathrm{DIT}(b) \tag{2-103}$$

$$[ab]_T \leftarrow \mathrm{EVL}([a]_T,[b]_T) \tag{2-104}$$

$$b \leftarrow \mathrm{REC}([b]_{\bar{C}}) \tag{2-105}$$

$$a' \leftarrow \mathcal{A}([a]_C) \tag{2-106}$$

$$s = a'b \tag{2-107}$$

如果$s=ab$，则返回1，否则，返回 0

由于 Shamir 秘密共享方案是无条件安全的，所以可得到如下定理。

定理 2-6　本节所提出的乘法方案是信息理论安全的，其中任何门限内的攻击者恢复ab的优势是

$$\begin{aligned}\mathrm{Adv}_{f_{ab}}^{\mathrm{sr}}(\mathcal{B}) &= \Pr\left[\mathcal{B}([ab]_C)=ab, ab\in F_p\right]\\ &=1/p\end{aligned} \tag{2-108}$$

其中，对于任何$C\in A$，有$T\setminus C\notin A$，$T=\{1,2,\cdots,n\}$。

证明　证明是显而易见的，这是因为如果$\mathrm{Adv}_{f_{ab}}^{\mathrm{sr}}(\mathcal{B})>1/p$，那么当$s=ab$时，攻击者$\mathcal{B}$解密$s$的概率将大于$1/p$。既然$b$对其来说是显而易见的，这就意味着$\mathcal{A}$也可以以$\mathrm{Adv}_{f_s}^{\mathrm{sr}}(\mathcal{A})>1/p$的优势进行攻击，这与引理 2-4 是矛盾的。

下面进一步将该方案与其他秘密共享乘法方案进行对比。三种线性秘密共享乘法方案[55,66,67]与本书方案的比较结果如表 2-7 所示。

表 2-7　本书方案与文献[55]、[66]和[67]中方案的比较

基准	秘密共享乘法方案			
	文献[55]	文献[66]	文献[67]	本书方案
秘密份额大小	$n\log_2 p$	$2n\log_2 p$	$3n\log_2 p$	$kn\log_2 q$

续表

基准	秘密共享乘法方案			
	文献[55]	文献[66]	文献[67]	本书方案
参数约束	$n > 2k-2$	$n > dk$	—	—
通信量	$(2k-1)^2 \log_2 p$	0	$4k^2 \log_2 p$	0
乘法轮数	1	0	1	0

从表 2-7 可以看出，方案中每个秘密份额都是$kn\log_2 q$位的。尽管秘密份额大小中q需要满足条件$q > p+n$且与阈值k相关，但阈值参数k和n相对于p来说是微不足道的，这就意味着本书方案的秘密份额大小与文献[55]、[66]和[67]方案的份额大小呈亚线性比例关系，符合车联网应用的实际需求。关于非线性乘法的参与人数，文献[55]和文献[67]方案均需要较多的参与者，即至少需要$2k-1$和$dk+1$个参与者。虽然文献[66]方案可以在k个参与者的情况下进行共享秘密的乘法运算，但大规模的通信是不可避免的，这是因为每个参与者都需要收集至少$4k^2\log_2 p$位的信息才能够正确操作。而对于本书方案，虽然$n \geqslant k$的条件必须用来满足以实现Q_2的访问结构，但是由于乘法在本地执行而不需要交互，所以可以消除计算机过程对阈值参数的限制，使每个秘密份额只与每个参与者相关联。

结果表明，本书方案在参数约束、共享份额大小和通信负荷等方面都取得了较大的提升。由于计算操作简单，本书方案的计算性能也得到了很大提升。值得注意的是，因为每个参与者都被提供了唯一的身份x_i，所以它可以进行预处理并仅对$\left(x_i^k-1\right)\left(x_i^{-k}-1\right)^{-1}$进行一次性计算。也就是说，当秘密地将两个共享份额相乘时，只需要执行两对整数乘法和减法以及一个取模操作。

为实现无交互的车联网秘密共享同态计算，本节提出一种基于(k,n)门限的 Shamir 秘密共享非线性乘法方案。该方案背后的主要思想是，可以巧妙地运用卷积消除两个秘密份额相乘后多项式的溢出项。本节也证明了该方案能够正确地将秘密份额的乘积恢复为具有无条件安全性的k阶多项式的首项系数。与其他方法相比，该方法不需要通信和严格的系统参数约束，具有较高的可实用性。

2.6　基于 NTRUSign 的车联网 PoW 共识证明方案

2.6.1　区块链中的 PoW 共识证明方案

因其不可篡改的优势，区块链已成为当今电子货币、交通管理、数字政务的重要载体。目前，比特币(bit coin，BTC)所采用的工作量证明(proof of work，PoW)仍然是确保区块链节点达成一致性共识最为安全可靠的技术。在 BTC 中使用的 PoW 安全性主要基于哈希碰撞的困难程度。然而，Wang 等[62]分别实现了哈希函数中 MD5 和 SHA-1 算法的快速碰撞，目前并不知道是否存在类似于随机预言机的哈希函数，这为 PoW 的安全性带来巨大隐患。为此，本书将基于近似最近向量问题(approximate closest vector problem，appr-CVP)[68]以数字签名的方法构造一种替代的 PoW 方案。事实上，appr-CVP 具有抵抗量子攻击的特点，并且在区块链应用中可以对问题的安全参数进行实时更改以控制区块的打包速度。

对存储空间的利用率而言，在 Nakamoto 所提出的 BTC[69]中，每个区块的大小保持在 1Mbit 左右，以保证其效率和安全性。在其 PoW 机制中，每个获得构建中心块权力的节点都需要将其奖励写入中心块中。当区块规模很小时，必然会造成存储空间的浪费。为此，Xiao 等[70]提出了一种用竞赛来代替哈希谜题以解决可满足性问题(satisfiability problem，SAT)的方法，Liu 等[71]也针对类似问题设计出一种基于椭圆曲线离散对数问题(elliptic curve discrete logarithm problem，ECDLP)的 PoW 证明方案。值得一提的是，Shahriar 等[72]提出了一种基于并行挖掘而不是独立挖掘的工作量证明方法，以同时解决打包的时间和空间效率问题。

考虑到车联网系统中 PoW 机制的动态性需求和计算资源的保护问题，本节将基于 NTRUSign[73]数字签名方案构造一种概率性工作量证明协议。该协议的优势在于，生成区块时签名和竞争是并行完成的，一方面可以节省将奖励记录书写至区块的额外空间；另一方面也能够对签名进行批量验证以快速检验多个区块的真实性，而无须沿着整条区块链进行溯源。

在原有的 NTRUSign 方案中，作者只估计了方案签名成功的期望值，并没有详细描述签名成功的具体概率函数。在该方案的基础上，作者将细致分析签名结果的分布，并利用这种分布构造了一种以签名替代哈希谜题的 PoW 共识方案。在推导过程中为计算方便，将利用多个独立指数分布的联合分布代替签名后的参数分布，从而通过伽马函数族中的 Burr 分布[73-75]来拟合参数。最后，也将阐述如何利用 Burr 分布的累积概率函数选择满足相应工作量需求的系统参数并进行合理的实验验证。

2.6.2　BTC 及 NTRUSign 系统

Nakamoto[69]所提出的比特币使用 PoW 技术保证分布式系统在不稳定环境(公共网络)下的数据一致性。如图 2-6 所示，比特币区块主要依赖 Merkle 树[75]确保消息的完整性，其中需要包含交易内容的哈希值，也需要包含随机数、父节点哈希值及时间戳等其他一些参数。

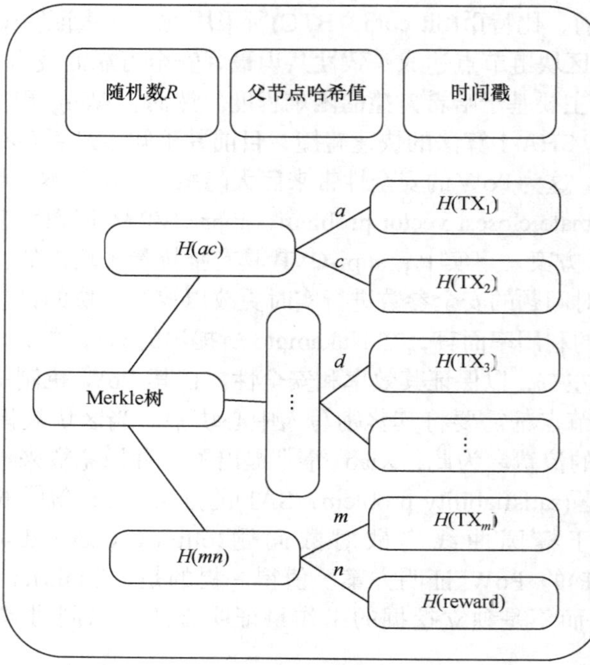

图 2-6　区块结构

为按照协议对区块进行打包，每个节点会在区块中添加一个随机数并计算完整数据的哈希值。当生成的哈希值小于某个特定阈值时，打包即可完成。在打包过程中，哈希函数的输出结果分布均匀，可以通过控制一个阈值来调整打包难度，从而控制区块的生成速度。

在区块的生成过程中选择哈希难题(通过改变随机数生成特定的哈希值)的主要原因在于哈希函数在压缩数据的同时具有良好的不可逆性和抗碰撞性。其防碰撞特性主要体现在：对于消息内容 A，哈希操作会得到$a \leftarrow H(A)$，对于不同的消息内容 B，哈希值相同的概率为$P(H(A)=H(B) \mid A \neq B) \approx 1/2^{256}$。因此，为了得到一个特定的哈希值，只能通过常量进行枚举。在 BTC 中，哈希函数的上述特性解决了块生成权限的争夺问题。假设需要使用 sha-256 生成前n位为 0 的哈希值以生成下一个有效块，则每个节点将不断尝试随机数以生成相应的数值。因为成功的概率为$1/2^n$，所以两个节点很难同时完成请求并竞争到块写入许可。

NTRUSign 签名方案是由 Hoffstein 等[49]提出的，签名方案的主要思想是基于 appr-CVP 的。一般的流程是将消息内容在 $2n$ 维空间映射为一个随机点，解决 appr-CVP 即找到了最近的格点，从而将格点作为签名结果，而验证方将验证签名结果与映射消息点之间的距离并将其作为可靠性的判据。

在 Hoffstein 等[49]的方案中签名方持有格上的最短向量基，从而可以得到消息摘要并在该基构成的格空间中找到最近格点，而验证方所拥有的是由最短向量基经过初等变换后生成的 Hadamard 比率小于 0.1 的劣质基。基于这种正交性很差的基，攻击者很难解决 appr-CVP，因此，验证者可以快速验证签名是否正确，而攻击者却无法正确伪造签名。Hoffstein 等[49]给出了不同情况下 NTRUSign 签名算法的安全性证明。

在生成签名的过程中，需要首先通过舍入的方法映射字段上面的消息摘要，以获得一个近似的格点。利用欧几里得中心范数表示舍入误差，即可检测签名是否在有效的距离范围之内。在具体的求解过程中，本书方案将丢弃了这部分误差，从而使整体的实际分布能够用伽马分布予以近似。

正如签名所看到的，NTRU 工作在商环 $R=\mathbb{Z}[X]/\left(X^N-1\right)$ 之上，$R/(qR)$ 用于表示其在 $\begin{cases} a'_{i1}+a'_{i4}=k\neq 0, & i=1,2,3 \\ a'_{i2}+a'_{i3}=-k\neq 0, & i=1,2,3 \\ a'_{i1}a'_{i4}-a_{i2}a'_{i3}=m', & i=1 \\ a_{i1}a'_{i4}-a_{i2}a'_{i3}=r, & i=2,3 \end{cases}$ 下的子环。$f\in R$ 及 $g\in R$ 为两个最高次数不超过 N 的多项式，定义它们之间的卷积运算为

$$f*g=\sum_{k=0}^{N-1}(f\odot g)_k X^k \tag{2-109}$$

由于 $(f\odot g)_k=\sum_{i+j\equiv k(\bmod N)} f_i g_j\left(0\leqslant k\leqslant N\right)$，所以 $f*g\in R$。

对任意 $q\in\mathbb{Z}$ 及 $h\in R$，集合 $M_{h,q}=\left\{(u,v)\in R^2 \mid v\equiv u*h(\bmod q)\right\}$ 代表模 q 下的某一二元组集合(注意 $M_{h,q}$ 是一个 $2N$ 维格)。其中，R 的每个元素都可以表示为多项式 $f=\sum_{i=0}^{N-1} r_i X^i f=\sum_{i=0}^{N-1} r_i X^i$，而 R 中一个自然度量的大小相应地就是系数向量的欧几里得中心范数 $\| f\|=\sqrt{\sum_{i=0}^{N-1} r_i^2-\left(\frac{1}{N}\right)\left(\sum_{i=0}^{N-1} r_i^2\right)^2}$。对 $M_{h,q}$ 上的元素而言，$(u,v)\in R^2$ 上的欧几里得中心范数服从条件 $\|(u,v)\|^2=\|u\|^2+\|v\|^2$，可以发现 $\| f \|=\frac{1}{N}\sum_{i<j}\left(f_i-f_j\right)^2$。

将多项式 f 中的 d_f 个系数设置为 1，其余系数设置为 0。因此，有范数 $\| f \|=\sqrt{d_f\left(1-d_f/N\right)}\ \| f \|=\sqrt{d_f\left(1-\frac{d_f}{N}\right)}$。其中，范数 $\|\cdot\|$ 被定义如下。

定义 2-2　R^n下的范数$\|\cdot\|$需满足以下三点要求。

(1) 确定性：$\|x\| \geqslant 0$且仅当$x=0$时，$\|x\|=0$。

(2) 同质性：对于任一$k \in R$，都有$\|kx\|=|k| \cdot \|x\|$。

(3) 三角不等式：$\|x+y\| \leqslant \|x\|+\|y\|$。

对此，可以使用一些基本的概率分布来分析近似最短向量的欧几里得中心范数$X \sim \text{Exponential}(\lambda)$，其中$\sum_{i=1}^{N} X_i \sim \text{Gamma}(c,k)$，而广义 Gamma-Burr 分布的概率密度函数为

$$f(x;c,k)=ck\frac{x^{c-1}}{(1+x^c)^{k+1}} \tag{2-110}$$

将其变形到 Burr 分布，可以得到

$$f(x;c,k,\lambda)=\frac{ck}{\lambda}\left(\frac{x}{\lambda}\right)^{c-1}\left[1+\left(\frac{x}{\lambda}\right)^2\right]^{-k-1} \tag{2-111}$$

与此对应的累积分布函数为

$$F(x;c,k,\lambda)=1-\left[1+\left(\frac{x}{\lambda}\right)^c\right]^{-k} \tag{2-112}$$

2.6.3 面向车联网应用的区块链 PoW 共识证明方案

NTRUSign 中的基本运算在多项式环上进行加法及乘法，因此该算法非常高效。同时，由于建立在格上困难问题的基础之上，它也被认为是一种抗量子干扰的概率签名方案。本节将基于 NTRUSign 构建用以替代哈希难题的区块链工作量证明方式。

1. NTRUSign 数字签名

首先，对消息的哈希值进行四舍五入，即对于任意$a \in \mathbb{Q}$，设$[a]$表示对a进行四舍五入，并定义$\{a\}=a-[a]$。当f是多项式时，$[f]$和$\{f\}$分别表示对多项式的系数执行上述操作。

算法流程主要分为三个阶段。

1) 密钥生成$(\text{pk},\text{sk}) \leftarrow \text{KeyGen}(N,q,d_f,f_g,S,t)$

(1) 输入整数$N,q,d_f,f_g,S \geqslant 0$以及状态$t=$ “standard” 或 “transpose”。

(2) 生成S个私有格基和一个公共格基。

(3) 令$i=S$且$i \geqslant 0$，执行如下迭代操作。

① 随机选择 f 和 $g \in R$，这两个多项式中1的个数分别为 d_f 和 f_g；

② 找到一对小系数多项式 $F, G \in R$，使其满足 $fG - Fg = q$；

③ 当 $t =$ "standard" 时，令 $f_i = f$、$f_i' = F$，当 $t =$ "transpose" 时，令 $f_i = f$、$f_i' = g$，设 $h_i \equiv f_i f_i' (\bmod q)$；

④ $i = i - 1$。

(4) 公钥 pk：$h = h_0 \equiv f_0' f_0^{-1} (\bmod q)$。

(5) 私钥 sk：$\{f_i, f_i', h_i\}$，$i = 0,1,\cdots,S$。

2) 签名 $(D,s) \leftarrow \text{Sign}(\text{sk},\text{pk},D,N)$

(1) 令 $s = 0$，$i = S$，$m = D$。

(2) 使用私钥sk签名进行如下签名。

① 当 $i \geqslant 0$ 时，令 $x = -\dfrac{1}{q} m f_i'$，$y = \dfrac{1}{q} m f_i$，$s_i = x f_i + y f_i'$；

② 当 $i \geqslant 1$ 时，令 $m = s_i (h_i - h_{i-1}) (\bmod q)$；

③ $s = s + s_i$，$i = i - 1$。

(3) 验证签名的有效性如下。

① $b = \| (s, sh - m(\bmod q)) \|$；

② 如果 $b \geqslant N$，则重新产生签名 D。

(4) 如果签名正确，则返回 (D,s)。

3) 签名验证 1 或 0 $\leftarrow \text{Ver}(D,s,\text{pk})$

(1) $m = D$，$b = \| s,\ sh - m(\bmod q) \|$。

(2) 如果 $b \leqslant N$，则签名有效并返回 1，否则，返回 0。

由上述签名过程可以看出，签名成功的概率与欧几里得中心范数 $(s, sh - m(\bmod q))$ 有关。因此，接下来将分析该范数的分布。

2. NTRUSign 的累积概率函数性分析

在签名过程中，需要找到一个近似向量的集合 $(x,y) \in R$，使得 $x(f,g) + y(F,G) \approx (0,m)$，其中，$m \in R/(qR)$。利用私有格基，可以得到

$$[x', y'] = [0, m] \begin{bmatrix} f & g \\ F & G \end{bmatrix}^{-1} = \frac{1}{q} [0, m] \begin{bmatrix} G & -g \\ -F & f \end{bmatrix} = \left[-\frac{mF}{q}, \frac{mf}{q} \right] \tag{2-113}$$

此时，令 $x = [x']$、$y = [y']$，则有

$$s = \left(-\frac{1}{q} mF \right) f + \left(\frac{1}{q} mf \right) F \approx (0,0) \tag{2-114}$$

至此，可得到如下定理。

定理 2-7　若 $fG-gF=q$，令 $h=f^{-1}g$，则有 $s(g,\ G)\equiv sh(\bmod q)$。

证明　由于

$$
\begin{aligned}
s*h&=\left\{\left(-\frac{1}{q}mF\right)f+\left(\frac{1}{q}mf\right)F\right\}f^{-1}g(\bmod q)\\
&\equiv\left(-\frac{1}{q}mF\right)g+\left(\frac{1}{q}mf\right)Ff^{-1}g+q\left(\frac{1}{q}mf\right)f^{-1}(\bmod q)\\
&=\left(-\frac{1}{q}mF\right)g+\left(\frac{1}{q}mf\right)f^{-1}G(\bmod q)
\end{aligned}
\tag{2-115}
$$

所以 $m\approx s(g,G)\equiv sh(\bmod q)$。

从而可以得到

$$
\begin{aligned}
&\left\|(0,\ m)-(s,\ sh(\bmod q))\right\|^2\\
&=\left\|\{x\}f+\{y\}F\right\|^2+\left\|\{x\}g+\{y\}f^{-1}G\right\|^2
\end{aligned}
\tag{2-116}
$$

此时，因为 X、Y 在 $(-B,B)$ 之间均匀分布，所以式(2-116)可以近似表示为

$$
\begin{aligned}
&\|f\|\left[\sum_{i=0}^{N}X_i^2-\frac{1}{N}\left(\sum_{i=0}^{N}X_i\right)^2+\sum_{i=0}^{N}Y_i^2-\frac{1}{N}\left(\sum_{i=0}^{N}Y_i\right)^2\right]\\
&+\|g\|\left[\sum_{i=0}^{N}X_i^2-\frac{1}{N}\left(\sum_{i=0}^{N}X_i\right)^2+\sum_{i=0}^{N}Y_i^2-\frac{1}{N}\left(\sum_{i=0}^{N}Y_i\right)^2\right]
\end{aligned}
\tag{2-117}
$$

根据定理 2-7，式(2-116)可以表示为 $(1/N)\|a\|\sum_{\substack{i<j\\ j<N}}(X_i-X_j)^2$，其中 a 为常数。由于 X 在 $(-B,B)$ 之间均匀分布，所以令 $R=X_i-X_j$，则 R 的概率分布函数为

$$
f_R(r)=\begin{cases}\dfrac{\sqrt{2}(r+B)}{B^2}, & -B<r<0\\[2ex] \dfrac{\sqrt{2}(B-r)}{B^2}, & 0\leqslant r<B\end{cases}
\tag{2-118}
$$

从而可以得到 $\mathbb{Z}=R^2$ 的分布为

$$f_Z(z)=\begin{cases}\dfrac{2\sqrt{2}}{B}-\dfrac{2\sqrt{2z}}{B^2}, & 0<z<B^2\\ 0, & 其他\end{cases} \tag{2-119}$$

从图 2-7 中可以看到 R 的分布与指数分布

$$f\left(x;\frac{2\sqrt{2}}{B}\right)=\begin{cases}\dfrac{2\sqrt{2}}{B}\mathrm{e}^{-\frac{2\sqrt{2}}{B}x}, & x\geqslant 0\\ 0, & x<0\end{cases} \tag{2-120}$$

并无明显区别，因此可用其来近似代替 R 原来的分布函数。

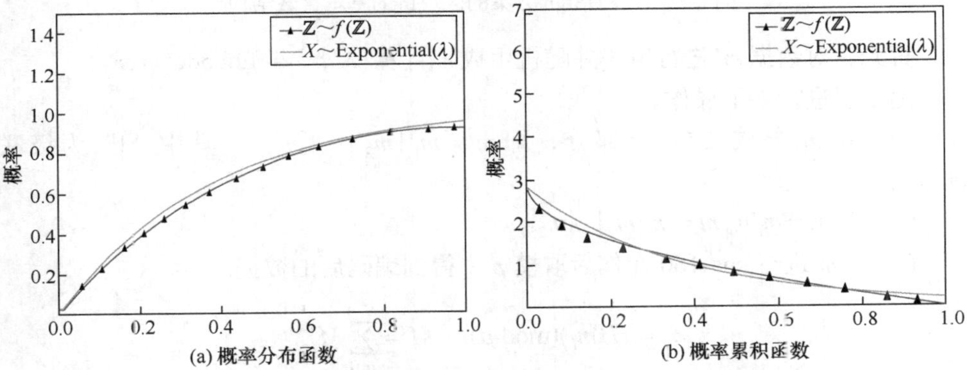

图 2-7　R 和指数分布的概率分布函数和概率累积函数对比

据此，可以将 $\|(0,m)-(s,sh(\bmod q))\|^2$ 近似看成多个独立(不同参数的)指数分布相加的结果，而该结果可视为伽马分布族中的一类，由此利用韦布尔分布来拟合该分布函数。

3. 该方案在车联网区块链中的应用

车联网数据抗篡改和及时保存的需求可以通过区块链生成相应块得到有效解决，同时也需要使用签名来确保交易账本、违章证据等消息的有效性。图 2-8 给出了车联网区块链的基本代数结构。可见，在采用了基于 NTRUSign 的区块链 PoW 共识方案后，区块链中不再需要记录奖励信息。

根据区块链的基本工作原理，在计算账本时，需要验证区块签名是否有效，当该区块签名有效时，区块将自行产生奖励记录(签名者为被奖励方)，然后将相关记录与之结合共同生成总账本。争夺区块链生成权的过程如下。

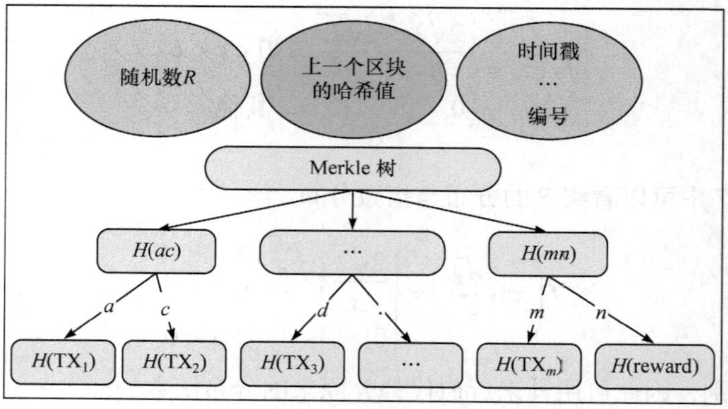

图 2-8　NTRUSign 方案的区块链的基本代数结构

首先，对数据 m' 进行编码并随机生成 r ,计算 $(M,r)\leftarrow \text{Encode}(m',r)$。

随后，进行如下操作。

(1) 把 m' 分成 251 个部分，即 $m'=m_1'|m_2'|\cdots|m_{251}'$，其中“|”为级联符号。

(2) 令 $m_i=m_i'|r; m=m_1|m_2|\cdots|m_{251}$。

(3) 对 m 进行 sha-160 操作后取模 p，得到编码后的数据。

$$M_i'=H(m_i)(\text{mod}\,p),\quad M=\sum_{i=0}^{N-1}M_i'X^i$$

之后，利用对 M 的签名进行 PoW 共识并计算出 $(m',r,s)\leftarrow \text{Sign}(n,P,M,r)$，过程如下。

(1) $(\text{pk},\text{sk})\leftarrow \text{KeyGen}(N,q,d_f,f_g,S,t)$。

(2) 得到 $1/2^n=P=1-\left[1+(N^2/62000)^{22.4179}\right]^{-0.0799}$，从而计算出 N。

(3) 计算 $(M,s)\leftarrow \text{Sign}(\text{sk},\text{pk},M,N)$。

(4) 如果签名成功，则返回 (m',r,s)，否则，重新编码 m'。

2.6.4　车联网 PoW 共识证明方案的性能分析

本节对基于 NTRUSign 的车联网 PoW 共识签名方案进行仿真，其参数设置为 $N=251$、$q=128$、$d_f=73$、$f_g=71$、$S=0$、$t=$“standard”。同时，对重庆市某路网区块链上的 600 万组数据逐一产生了共识并计算了签名的欧几里得距离 $\left\|(0,m)-(s,sh(\text{mod}\,q))\right\|^2$。随后，将得到的 Burr 分布与实际实验数据的分布图进行对比，如图 2-9 所示。

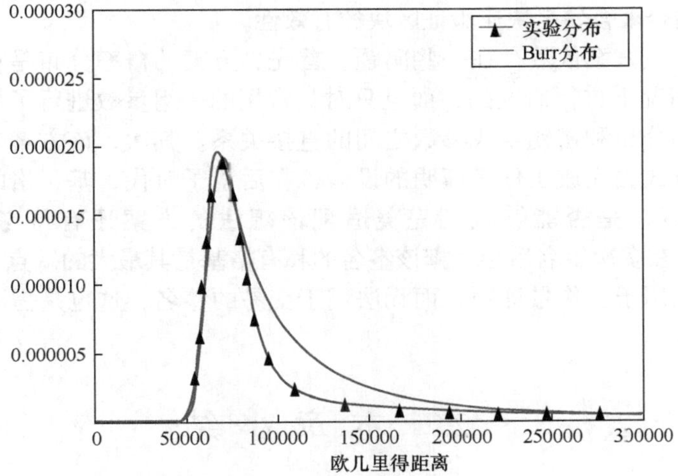

图 2-9　Burr 分布与实验分布得到的概率分布比较

从实验数据可以看出，Burr 分布和实验分布比较相似。但当欧几里得距离值低于某一阈值时，Burr 分布与实验分布尤为接近。为验证签名成功概率与参数之间的关系，本节再次对 500000 组数据进行验证分析，并计算出由概率 $P=1/2^n$ 得到的理论值 N，统计实验结果中 N 的次数，如表 2-8 所示。

表 2-8　实验数据

P	理论上 (N^2) 边界	小于 N^2 边界
$1/2^6$	57969	4655
$1/2^7$	56083	1706
$1/2^8$	54326	637
$1/2^9$	52655	194
$1/2^{10}$	51051	63
$1/2^{11}$	49503	24
$1/2^{12}$	48005	5
$1/2^{13}$	46555	1

从前面的实验结果可以看出，实验中的理论概率略大于实际概率，但两者的变化规律是相同的，因此在设计签名时是可行的。

事实证明，本节所提出的 NTRUSign 工作签名共识方案能够替代哈希函数并满足车联网需求。不仅如此，利用签名方案还能够实现快速的区块验证，在理论上可以结合聚合签名快速验证区块的有效性。

然而，该方案依然存在一些问题。首先，方案的概率分布是在未考虑扰动 ($S=0$) 的情况下进行研究的，而且只对其常用的一组参数进行了概率估计，并未得出概率分布和密钥生成参数之间的直接关系。其次，该方案未实现利用聚合签名的方式去完成工作量证明的设计，在后量子时代，基于格的概率签名方案越来越多，是否能够找到完美适配该想法的方案还有待考究。最后，NTRUSign 在多次签名后会暴露该签名的私有格基是其最大的缺点，因此该方案的密钥只能用于工作量证明，而无法用于交易的签名，这也是需要解决的问题之一。

2.7 本章小结

本章对车联网隐私数据的传输处理方法进行了详细介绍，针对 Chou 等协议存在的抗选择明文攻击、计算性能不足和容易受到量子攻击等缺陷，利用 NTRU 加密算法设计了一种更为高效、更加安全的1-out-n 不经意传输协议，实现更好的计算开销。同时，所提出的方案保护了发送者和接收者双方的隐私，以抵御 UC 框架下的自适应选择密文攻击，并据此构建了一种更加有效、实用且安全的 LBS 方案。针对车联网数据处理过程中的隐私安全问题，介绍了一种可利用多个数据提供者进行隐私保护联合机器学习的方法：基于 CSP 同态隐私保护的训练方法，消除了数据隐私和可计算性之间的冲突。介绍了一种非交互乘法方案实现 Shamir 秘密共享，在乘法计算中同样实现具有低通信量和快速计算特性的秘密份额计算，满足了车联网的实时性需求。最后在车联网中结合区块链技术，介绍了一种基于 NTRUSign 构建以替代哈希难题的区块链工作量证明方式，车联网中数据抗篡改和及时保存的需求可以通过区块链生成相应块得到有效解决，同时方案在签名成功时给出作为正确答案的证明，并且可以使用签名验证代替需要写入区块奖励记录的第一个答案，有限节省了区块空间。

参考文献

[1] Wiesner S. Conjugate coding[J]. SIGACT News, 1983, 15(1):78-88.

[2] Ahlswede R. Hiding Data - Selected Topics [M]. Berlin: Springer, 2016.

[3] Rabin M O. How to exchange secrets with oblivious transfer[R]. Boston: Harvard University, 1981.

[4] Green M, Hohenberger S. Universally composable adaptive oblivious transfer[C]. International Conference on the Theory and Application of Cryptology and Information Security: Advances in Cryptology, 2008:179-197.

[5] Kurosawa K, Nojima R. Simple adaptive oblivious transfer without random oracle[C]. International Conference on the Theory and Application of Cryptology and Information Security,

2009:334-346.

[6] Green M, Hohenberger S. Practical adaptive oblivious transfer from a simple assumption[C]. Conference on Theory of Cryptography, 2010:347-363.

[7] Cao Z, Liu L. Improvement of green-hohenberger adaptive oblivious transfer: A review[J]. International Journal of Network Security, 2015, 17(4):454-462.

[8] Blazy O, Chevalier C, Germouty P. Adaptive Oblivious Transfer and Generalization[M]. Berlin: Springer, 2016.

[9] Ajtai M. Generating hard instances of lattice problems[C]. The 28th ACM Symposium on Theory of Computing, 1996:99-108.

[10] Peikert C. A decade of lattice cryptography[J]. Foundations and Trends in Theoretical Computer Science, 2014, 10(4): 283-424.

[11] Li Z, Zhang Y, Zhang F, et al. Ideal lattice-based oblivious transfer protocol of provably secure[J]. Application Research of Computers, 2017, 34(1):242-245.

[12] Micciancio D, Peikert C. Trapdoors for Lattices: Simpler, Tighter, Faster, Smaller[M]. Berlin: Springer, 2012.

[13] Libert B, Ling S, Mouhartem F, et al. Adaptive oblivious transfer with access control from lattice assumptions[C]. International Conference on the Theory and Application of Cryptology and Information Security, 2017: 533-563.

[14] Liu M M, Krämer J, Yu-Pu H U, et al. Quantum security analysis of a lattice-based oblivious transfer protocol[J]. Frontiers of Information Technology & Electronic Engineering, 2017, 18(9):1348-1369.

[15] Chou T, Orlandi C. The simplest protocol for oblivious transfer[C]. International Conference on Cryptology and Information Security in Latin America, 2015: 40-58.

[16] Micciancio D, Tessaro S. An equational approach to secure multi-party computation[C]. Conference on Innovations in Theoretical Computer Science, 2013:355-372.

[17] Beresford A R, Stajano F. Mix zones: User privacy in location-aware services[C]. IEEE Annual Conference on Pervasive Computing and Communications Workshops, 2004: 127-131.

[18] Dachman-Soled D. On Black-Box Complexity and Adaptive, Universal Composability of Cryptographic Tasks[M]. New York: Columbia University Press, 2011.

[19] Hermans J, Vercauteren F, Preneel B. Speed records for NTRU[C]. Cryptographers' Track at the RSA Conference, 2010:73-88.

[20] SchilitB, Hong J, Gruteser M. Wireless location privacy protection [J]. Computer, 2003,36(12): 135-137.

[21] Raya M, Hubaux J P. Securing vehicular ad-hoc networks[J]. Journal of Computer Security, 2007, 15(1): 39-68.

[22] Kido H, Yanagisawa Y, Satoh T. An anonymous communication technique using dummies for location-based services[C]. International Conference on Pervasive Services, 2005: 88-97.

[23] Shankar P, Ganapathy V, Iftode L. Privately querying location-based services with Sybil query[C]. Proceedings of the 11th International Conference on Ubiquitous Computing, 2009: 31-40.

[24] Gruteser M, Grunwald D. Anonymous usage of location-based services through spatial and

temporal cloaking[C]. Proceedings of the 1st International Conference on Mobile Systems, Applications and Services, 2003: 31-42.

[25] Molina-Gil J. Providing k-anonymity and revocation in ubiquitous VANETs[J]. Ad Hoc Networks, 2015, 36(P2):482-494.

[26] Feng X, Li C Y, Chen D X, et al. A method for defensing against multi-source Sybil attacks in VANET[J]. Peer-to-Peer Networking and Applications, 2017, 10(2):305-314.

[27] Dürr F, Skvortsov P, Rothermel K. Position sharing for location privacy in non-trusted systems[C]. 2011 IEEE International Conference on Pervasive Computing and Communications, 2011: 189-196.

[28] Skvortsov P, Dürr F, Rothermel K. Map-aware position sharing for location privacy in non-trusted systems[C]. International Conference on Pervasive Computing, 2012: 388-405.

[29] Skvortsov P, Schembera B, Dürr F, et al. Position sharing for location privacy in non-trusted Systems [D]. Stuttgart: University Stuttgart, 2015.

[30] Haney R D. Techniques for sharing relative position between mobile devices: U.S. Patent 9,736,618[P]. 2017-8-15.

[31] Jannati H, Bahrak B. An oblivious transfer protocol based on elgamal encryption for preserving location privacy[J]. Wireless Personal Communications, 2017,(3):1-11.

[32] Hoffstein J, Pipher J, Silverman J H. NTRU: A ring-based public key cryptosystem[C]. International Algorithmic Number Theory Symposium, 1998: 267-288.

[33] Schoenmakers B. Oblivious Transfer[M].Berlin: Springer, 2005.

[34] Paulet R, Kaosar M G, Yi X, et al. Privacy-preserving and content-protecting location based queries[J]. IEEE Transactions on Knowledge and Data Engineering, 2013, 26(5): 1200-1210.

[35] Chillotti I, Gama N, Georgieva M, et al. Faster fully homomorphic encryption: Bootstrapping in less than 0.1 seconds[C]. International Conference on the Theory and Application of Cryptology and Information Security, 2016: 3-33.

[36] Yadav S S, Jadhav S M. Deep convolutional neural network based medical image classification for disease diagnosis[J]. Journal of Big Data, 2019, 6(1): 1-18.

[37] Gilad-Bachrach R, Dowlin N, Laine K, et al. Cryptonets: Applying neural networks to encrypted data with high throughput and accuracy[C]. International Conference on Machine Learning, 2016: 201-210.

[38] Chen H, Dai W, Kim M, et al. Efficient multi-key homomorphic encryption with packed ciphertexts with application to oblivious neural network inference[C]. Proceedings of the 2019 ACM Sigsac Conference on Computer and Communications Security, 2019: 395-412.

[39] Brakerski Z. Fully homomorphic encryption without modulus switching from classical GapSVP[C]. Annual Cryptology Conference, 2012: 868-886.

[40] Çatak F Ö. Secure multi-party computation based privacy preserving extreme learning machine algorithm over vertically distributed data[C]. International Conference on Neural Information Processing, 2015: 337-345.

[41] Cock D M, Nascimento A C, Reich D, et al. Privacy-preserving classification of personal text messages with secure multi-party computation[C]. Advances in Neural Information Processing

Systems, 2019: 3752-3764.

[42] Aono Y, Hayashi T, Wang L, et al. Privacy-preserving deep learning via additively homomorphic encryption[J]. IEEE Transactions on Information Forensics and Security, 2017, 13(5): 1333-1345.

[43] Bourse F, Minelli M, Minihold M, et al. Fast homomorphic evaluation of deep discretized neural networks[C]. Annual International Cryptology Conference, 2018: 483-512.

[44] Cheon J H, Kim A, Kim M, et al. Homomorphic encryption for arithmetic of approximate numbers[C]. International Conference on the Theory and Application of Cryptology and Information Security,2017: 409-437.

[45] Li J, Kuang X, Lin S, et al. Privacy preservation for machine learning training and classification based on homomorphic encryption schemes[J]. Information Sciences, 2020, 526(1): 166-179.

[46] Çetin O, Temurtaş F, Gülgönül Ş. An application of multilayer neural network on hepatitis disease diagnosis using approximations of sigmoid activation function[J]. Dicle Tip Dergisi, 2015, 42(2): 150-157.

[47] Li B, Micciancio D. Equational security proofs of oblivious transfer protocols[C].IACR International Workshop on Public Key Cryptography, 2018: 527-553.

[48] Yoshida M, Obana S. Verifiably multiplicative secret sharing[J]. IEEE Transactions on Information Theory, 2018, 65(5): 3233-3245.

[49] Hoffstein J, Howgrave-Graham N, Pipher J, et al. Ntrusign: Digital signatures using the NTRU lattice[C]. Cryptographers' Track at the RSA Conference, 2003:122-140.

[50] Meena S, Daniel E, Vasanthi N A. Survey on various data integrity attacks in cloud environment and the solutions[C]. 2013 International Conference on Circuits, Power and Computing Technologies, 2013: 1076-1081.

[51] Csirmaz L. The size of a share must be large[J]. Journal of Cryptology, 1997, 10(4): 223-231.

[52] Ito M, Saito A, Nishizeki T. Secret sharing scheme realizing general access structure[J]. Electronics and Communications in Japan, 1989, 72(9): 56-64.

[53] Shamir A. How to share a secret[J]. Communications of the ACM, 1979, 22(11): 612-613.

[54] Blakley G R. Safeguarding cryptographic keys[C]. International Workshop on IEEE Computer Society, 1979: 313.

[55] Gennaro R, Rabin M O, Rabin T. Simplified VSS and fast-track multiparty computations with applications to threshold cryptography[C]. Proceedings of the 17th Annual ACM Symposium on Principles of Distributed Computing,1998: 101-111.

[56] Barkol O, Ishai Y, Weinreb E. On d-multiplicative secret sharing[J]. Journal of Cryptology, 2010, 23(4):580-593.

[57] Watanabe T, Iwamura K, Kaneda K. Secrecy Multiplication Based on A (K, N)-Threshold Secret-Sharing Scheme Using Only K Servers[M]. Berlin: Springer, 2015.

[58] Wang H, Lam K Y, Xiao G Z, et al. On multiplicative secret sharing schemes[C]. Australasian Conference on Information Security and Privacy, 2000: 342-351.

[59] Jackson W A, Martin K M, O'Keefe C M. Mutually trusted authority-free secret sharing schemes[J]. Journal of Cryptology, 1997, 10(4): 261-289.

[60] Boyle E, Gilboa N, Ishai Y. Group-based secure computation: Optimizing rounds,

communication, and computation[C]. Annual International Conference on the Theory and Applications of Cryptographic Techniques, 2017: 163-193.

[61] Blackburn S R, Burmester M, Desmedt Y, et al. Efficient multiplicative sharing schemes[C].International Conference on the Theory and Applications of Cryptographic Techniques, 1996: 107-118.

[62] Wang X, Feng D, Lai X, et al. Collisions for Hash functions MD4, MD5, HAVAL-128 and RIPEMD[J]. IACR Cryptology ePrint Archive, 2004, (2004): 199-203.

[63] Shi M, Guan Y, Solé P. Two new families of two-weight codes[J]. IEEE Transactions on Information Theory, 2017, 63(10): 6240-6246.

[64] Ding K, Ding C. A class of two-weight and three-weight codes and their applications in secret sharing[J]. IEEE Transactions on Information Theory, 2015, 61(11): 5835-5842.

[65] Pilaram H, Eghlidos T. An efficient lattice based multi-stage secret sharing scheme[J]. IEEE Transactions on Dependable and Secure Computing, 2015, 14(1): 2-8.

[66] Ishai Y, Kushilevitz E. Randomizing polynomials: A new representation with applications to round-efficient secure computation[C]. Proceedings 41st Annual Symposium on Foundations of Computer Science, 2000: 294-304.

[67] Ishai Y, Kushilevitz E, Meldgaard S, et al. On the power of correlated randomness in secure computation[C]. Theory of Cryptography Conference, 2013: 600-620.

[68] Bhatti F A, Hamedani G G, Korkmaz M Ç, et al. On the modified Burr XII-power distribution: Development, properties, characterizations and applications[J]. Pakistan Journal of Statistics and Operation Research, 2019,15(1): 61-85.

[69] Nakamoto S. Bitcoin: A peer-to-peer electronic cash system[J]. Decentralized Business Review, 2008, (2008): 21260-21269 .

[70] Xiao Z, Tang Y. Useful workload proof consensus mechanism based on satisfiability problems[J]. Software Guide, 2020, 19(8): 72-75.

[71] Liu Z, Zhang F, Tian H. ECDLP-based proof of work scheme design[J]. Chinese Journal of Cryptography, 2020, 7(4): 511-521.

[72] Shahriar H S, Mahmoud Q H. Improving transaction speed and scalability of blockchain systems via parallel proof of work[J]. Future Internet, 2020, 12(8): 125.

[73] Kehinde O, Osebi A, Ganiyu D. A new class of generalized Burr III distribution for lifetime data[J]. International Journal of Statistical Distributions and Applications, 2018, 4(1): 6-21.

[74] Burr I W. Cumulative frequency functions[J]. The Annals of Mathematical Statistics, 1942, 13(2): 215-232.

[75] Merkle R C. A digital signature based on a conventional encryption function[C]. Conference on the Theory and Application of Cryptographic Techniques, 1987: 369-378.

第 3 章　车联网云隐私数据去重方法

3.1　车联网云隐私数据去重的性能及安全需求

服务于车联网的云计算作为一种蓬勃发展的服务模式，采用负载均衡、分布式计算等技术，为远程车联网用户提供便捷的计算功能和存储服务，从而节省了本地资源，提高了工作效率。然而，如果车联网服务提供商不适当地将用户数据外包给云，那么大量重复数据可能会造成严重的存储问题。文献[1]中的研究表明，由于数据冗余，约50%的云存储资源被浪费，这导致用于管理重复数据的预算比源数据维护的预算提高了 8 倍[2,3]。考虑到当前数据正逐步呈爆炸式增长，无论是巨大的存储需求还是过高的管理费用都必然给云服务提供商带来巨大的经济压力和技术压力。因此，如何经济、有效地存储和管理数据已成为云服务提供商面临的严峻挑战。

为降低数据冗余带来的不必要成本，数据去重技术已被云服务提供商广泛使用[3]。在数据去重技术中，数据查重和所有权证明是两个核心问题。目前，如何平衡数据可比性和机密性之间冲突的问题仍未得到有效解决[4]。与此同时，考虑到数据查询匹配机制的复杂性，以及下载证书可能被滥用而导致各种攻击发生的情况，如何有效地验证数据访问权限并灵活地实现复杂的访问结构亟须完整的解决方案。

3.2　基于多密钥全同态计算的车联网数据安全聚合协议

随着时代的发展，城市车辆的数量出现爆发式增长，出现了许多道路安全问题，如交通拥塞、交通碰撞事故频发等。这些潜在的安全隐患以及日益增长的服务需求，促进了新技术的发展，智能交通系统这一新兴事物应运而生。该系统建立了基本通信环节，即车辆、路边单元及基础设施之间的通信架构，并由此产生了车联网技术。近年来，关于车联网的研究不断深入与发展，相关技术也逐渐分类为车间、车与基础设施两个方向。在目前常用的车联网服务中，包含如 GPS、车位查询、道路选择等，逐渐成为生活中必备的服务模式。

在目前车联网架构中，车辆装备了通信用设备(车载单元)，路边设施也装备了通信用设备(路边单元)，凭借此类设备的专用性功能，可以保证车辆和路边设施，甚至更多类型网络结构的通信。由此，构成了目前较为常见的车载自组织网络。同时，该网络在一般结构的自组织网络上加入车辆自身的特性，即高动态特性。在高动态特性下，与其他常见的网络结构相比，车载自组织网络具有网络拓扑结构更新速度快、成员组成多样化、对通信时延要求高等特点。

与一般大数据网络服务的模式相同，车载自组织网络的各类型服务需要从末端车辆的传感网络中获取相应的共享数据信息，满足相应的需求。然而由于车载自组织网络中车辆数量众多，且数据结构多样化，为了满足其网络结构所产生的特定需求，需要将多个车辆节点中由自身传感设备产生的数据进行聚合，以避免通信带宽的浪费。该类型操作称为数据聚合，其将多个数据值进行统计度量，用统计学方法对某个集合进行一致化描述，由此降低数据中的冗余信息。虽然在数据聚合中会损失部分测量精度，但是从整体而言，数据聚合降低了整个网络结构的传输负载，提高了传输速度，保证了相应服务的质量。

车载自组织网络数据聚合机制能够降低网络传输的负载，提高车载自组织网络提供服务的质量，但是数据在传输过程中缺少完整性和可靠性保证，而且在一般情况下数据都带有相应车辆的隐私性信息，而数据聚合会使聚合者得到其他参与者的信息，进而造成隐私泄露。因此，在数据聚合过程中，往往伴随多种安全问题。为了解决上述安全问题，研究相关的安全保护机制是必需的。

针对数据来源的可靠性和数据的完整性，以及数据的不可抵赖性等需求，研究在车载自组织网络中的数字签名方案已经成为数据聚合中的必然要求，具有现实意义。另外，针对数据聚合过程中的隐私保护问题，研究如何在同态加密下实现对节点数据的聚合，也具有研究价值和实用价值。因此，作者针对车载自组织网络中的身份认证和动态安全聚合两个方面进行深入探讨。

本节将讨论基于同态加密的车载自组织网络安全数据聚合方案，同时提出在车载自组织网络上构建同态加密计算的框架结构，以满足全同态加密的基本定义和相关的构造条件。其中，涉及全同态加密的基本概念、构造定义和安全性定义等，同时还涉及车载自组织网络的具体通信模式及其面对的安全威胁和相应的安全需求。更进一步地，本节的体系还包括车载自组织网络数据聚合的方式以及在聚合过程中可能存在的安全问题。

3.2.1 基于格的全同态加密模型

全同态加密是指可以使用密文直接进行计算，将相应的计算效应传递给明文结构，即对于任意有效的函数 f 以及明文 m，有性质 $f(\mathrm{Enc}(m)) = \mathrm{Enc}(f(m))$。Gentry[5]给出了相关的定义，但是随着研究的深入和应用层面的扩大，为了适应不同结构上的需求，其定义得到不断完善和扩展。

定义 3-1 (同态加密) 一个同态加密方案包含了 4 个计算函数，该方案可以用 4 元组进行表示，为 $E=(\text{KeyGen},\text{Encrypt},\text{Decrypt},\text{Evaluate})$，其中每个函数有如下定义。

(1) $(\text{sk},\text{pk})\leftarrow\text{KeyGen}\left(1^\lambda,1^\tau\right)$：给定安全参数 λ 以及电路深度参数 τ，输出公私钥对 (sk,pk)。

(2) $c\leftarrow\text{Encrypt}(\text{pk},b)$：给定公钥 pk 与明文比特 b，输出密文 c。

(3) $b\leftarrow\text{Decrypt}(\text{sk},c)$：给定私钥 sk 与密文 c，输出明文比特 b。

(4) $c'\leftarrow\text{Evaluate}(\text{pk},\Pi,c)$：输入公钥 pk，电路 Π 和密文串 $c=c_1,c_2,\cdots,c_t$，输出另外的密文串 c'。

通常，由函数 $\text{Encrypt}(\text{pk},b)$ 生成的密文未经过同态处理，因此将其称为新鲜密文；由函数 $\text{Evaluate}(\text{pk},\Pi,c)$ 生成的密文经过了同态处理，在噪声和密文结构上发生了改变，因此将其称为评估密文。由此产生的结果需要满足正确性条件，同态加密正确性条件如以下定义所示。

定义 3-2 (正确性定义)　令 $E=(\text{KeyGen},\text{Encrypt},\text{Decrypt},\text{Evaluate})$ 为一个同态加密方案，$C=\{C_\tau\}_{\tau\in N}$ 为一个电路集合。如果解密函数 $\text{Decrypt}(\cdot)$ 能够正确地解密新鲜密文和评估密文，即满足以下两个条件。

对于任意明文比特 $b\in\{0,1\}$，满足以下条件：

$$\Pr[\text{Decrypt}(\text{sk},c)=b:(\text{sk},\text{pk})\leftarrow\text{KeyGen}\left(1^\lambda,1^\tau\right),c\leftarrow\text{Encrypt}(\text{pk},b)]=1 \tag{3-1}$$

对于任意电路 $\Pi\in C_\tau$ 以及明文比特组 $b=(b_1,\cdots,b_t)\in\{0,1\}^t$，满足以下条件：

$$\Pr\left[\text{Decrypt}(\text{sk},c')=\Pi(b):\begin{array}{c}(\text{sk},\text{pk})\leftarrow\text{KeyGen}(1^\lambda,1^\tau),\\ c\leftarrow\text{Encrypt}(\text{pk},b),c'\leftarrow\text{Evaluate}(\text{pk},\Pi,c)\end{array}\right]=1 \tag{3-2}$$

则 E 是(完美)正确的。

定义 3-3 (语义安全)　令 $E=(\text{KeyGen},\text{Encrypt},\text{Decrypt},\text{Evaluate})$ 为一个同态加密方案，A 为攻击者，则攻击者 A 对于同态加密方案 E 的优势为

$$\begin{aligned}\text{Adv}_A^\varepsilon(\lambda)\overset{\text{def}}{=\!=}&\Pr\left[A(\text{pk},c)=1:\begin{array}{r}1^\tau\leftarrow A\left(1^\lambda\right),(\text{sk},\text{pk})\leftarrow\text{KeyGen}(1^\lambda,1^\tau)\\ c\leftarrow\text{Encrypt}(\text{pk},1)\end{array}\right]\\ &-\Pr\left[A(\text{pk},c)=1:\begin{array}{r}1^\tau\leftarrow A\left(1^\lambda\right),(\text{sk},\text{pk})\leftarrow\text{KeyGen}(1^\lambda,1^\tau)\\ c\leftarrow\text{Encrypt}(\text{pk},0)\end{array}\right]\end{aligned} \tag{3-3}$$

如果对于每个多项式概率时间攻击者，该优势 $\left|\text{Adv}_A^\varepsilon(\lambda)\right|$ 对 λ 是可以忽略的，则同态加密方案 E 是语义安全的。

可以修改最后概率变化为一个可忽略概率，进而对定义进行弱化。但是为了方便定义，使定义便于理解，从同态加密到全同态加密，需要对参与计算的

电路进行扩展，由部分电路集合转化为全电路集合，即可计算的函数由部分函数转变为任意函数，由此可得到全同态加密的定义，如定义 3-4 所示。

定义 3-4 (全同态加密)　如果 E 在全布尔电路集合下都能满足定义 3-2 中的正确性条件，则 E 是一个 FHE 方案。

全同态加密要求能够对所有的电路进行计算。对于一般的同态方案，随着同态加法和同态乘法的增多，附加在密文中的噪声也会增加，当噪声超过一定限度时，会造成解密失败。为了解决解密失败的问题，Gentry[5]提出了 Bootstrapping 技术。Bootstrapping 技术在每次进行同态计算之后，都会对密文中的噪声进行更新，将其保持到一个新鲜密文的程度。因此，无论进行了何种电路计算，最终产生的密文所附带的噪声分布都与新鲜密文相同。

Bootstrapping 技术在本质上是将解密电路进行同态化，也就是说，把解密电路按照 Evaluate 中的布尔电路对密文进行计算。在全同态加密电路集合中，首先，需要对密文及其所使用的私钥进行第二次加密；然后将得到的两个密文进行同态解密计算，最终得到的结果就是一个更新了噪声的密文。该技术在加密中对密文进行了解密，从而得到一个新的密文。同态解密基本思路如图 3-1 所示。

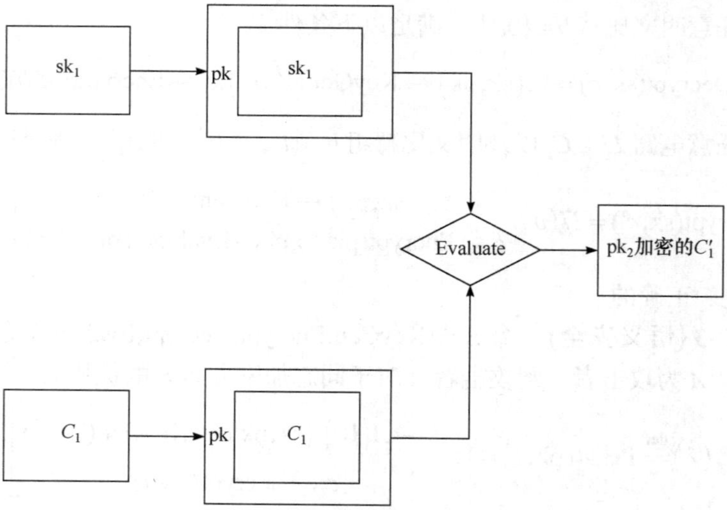

图 3-1　同态解密基本思路

使用 Bootstrapping 技术能够将一个部分同态加密方案全同态化，但前提是需要该部分同态加密方案解密电路的扩大电路属于其计算电路集合。如果扩大电路不属于该集合，则 Bootstrapping 之后的结果将会解密失败。解密扩大电路是在解密电路的基础上连接一个与非门所构成的一个新电路，其大致结构如图 3-2 所示。与非门能够组成任意的基础运算，因此也能够构成任意的计算电路，而与非门与解密电路连接之后，可以保证每次与非计算产生的结果噪声是新鲜状态的。由此，可以给出 Bootstrapping 技术的定义。

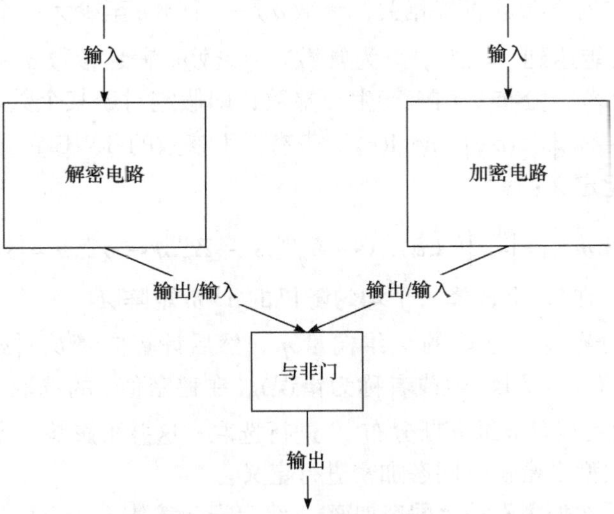

图 3-2　解密扩大电路结构

定义 3-5 (Bootstrapping 技术)　如果一个同态加密方案 E 的计算电路集合包含所有解密扩大电路，则 E 是一个 Bootstrapping 加密方案。

在每个电路层上都调用 Bootstrapping 技术虽然可以将满足条件的部分同态加密方案转换为全同态加密方案，但是电路层数的增加会大大增加解密电路的调用次数。因此，由 Bootstrapping 技术衍生出的全同态加密方案在目前的技术条件下难以达到实用标准。为了能够构建实用化的全同态加密方案，层次级全同态加密方案开始得到重视。在满足理想的全同态加密之前，很多方案都能够实现在一定条件下的加法同态操作和乘法运算，由这些确定性条件可以确定该方案能够适应的电路集合。如果这个电路集合是由深度进行约束的，则这些方案是层次级全同态加密方案。

定义 3-6 (层次级全同态加密方案)　如果 E 能够在层数最多为 d 的布尔电路集合下满足正确性条件，则 E 是一个层次级全同态加密方案。

层次级全同态加密方案使用电路层数 d 和安全参数 λ 两个约束参数对参数进行控制，由这两个参数对密文添加的噪声进行约束，从而保证在达到一定深度以前可以实现全同态加密运算。

目前，最为实用的格密码全同态加密方案主要基于 LWE 困难性假设，Regev[6]最先对该假设进行了研究并进行了相应的形式化表达，其结构基础是基于格密码学的。从高层上看，平均情况下的计算性难题考虑了含有噪声的模线性方程，并且其困难性假设描述难以在该系统问题下进行求解。

LWE 问题[7]由整数 q 、 n 、 m 以及一个在 $\mathbb{Z}_q$ 上的分布 χ 进行参数化设定。其中，参数 n 与安全参数直接相关，参数 q 是一个比 n 至少大一个多项式级别的模数(最大甚至能达到 $q=2^{n^{\varepsilon}}$ ， ε 为常数)，参数 m 满足参数 q 和 n 的渐近紧确界，即 $\theta(n\log_2 q)$ 。分布 χ 用于产生小整数，即假定对于某个数 $\alpha \ll 1$ ，有以下概率条件 $\Pr[x \leftarrow \chi : |x| > \alpha q] < \text{negl}(n)$ 。带有以上参数的 LWE 问题可以用下面的结构进行形式化定义：

$$\text{LWE}[n,m,q,\chi] \stackrel{\text{def}}{=\!=} \left\{(A,b) : A \leftarrow \mathbb{Z}_q^{n\times m}, s \leftarrow \mathbb{Z}_q^n, \eta \leftarrow \chi^m, b := [sA+\eta]\right\} \tag{3-4}$$

总而言之，在 $\mathbb{Z}_q$ 上选择一个均匀随机的 $n\times m$ 矩阵 A 、一个 n 维行向量 s 以及一个元素从分布 χ 中选取的 m 维向量 η ，然后计算向量 $b := [sA+\eta]$ 。向量 s 为相应的秘密值， η 为噪声(或者称为错误)。在秘密值 s 的选取上，Applebaum 等[8]证明了其也可以从 n 维高斯分布 χ^n 进行选取，这并不影响其安全性。

下面对层次型多密钥全同态加密进行定义。

定义 3-7 (层次型多密钥全同态加密) 给定安全参数 λ ，令 C 为一类深度为 L 的运算电路，一个层级(leveled)型多密钥全同态加密方案 $\varepsilon = (\text{Setup}, \text{KeyGen}, \text{Enc}, \text{Extend}, \text{Eval}, \text{Dec})$ 由以下算法组成。

(1) 初始化算法。 $\text{pp} \leftarrow \varepsilon \cdot \text{Setup}\left(1^{\lambda}, 1^{K}, 1^{L}\right)$ ：输入安全参数 λ ，参与计算的用户数量的上界 K ，电路深度的上界 L ，输出公共参数 pp 。

(2) 密钥生成算法。 $(\text{pk}_i, \text{sk}_i, \text{ek}_i, \text{evk}_i) \leftarrow \varepsilon \cdot \text{KeyGen}(\text{pp})$ ：输入公共参数 pp，输出每个参与方的公钥 pk_i 、私钥 sk_i 、密文扩展所需的密钥 ek_i ，以及同态运算所需的密钥 $\text{evk}_i\,(i=1,\cdots,K)$ 。

(3) 加密算法。 $c_i \leftarrow \varepsilon \cdot \text{Enc}(\text{pk}_i, m_i)$ ：以第 i 个参与方为例，输入公钥 pk_i 以及待加密的密文 m_i ，输出密文 c_i ，该密文包含了相关的私钥和电路层级信息。

下面对判定 LWE 问题和搜索 LWE 问题进行定义。

定义 3-8 (判定 LWE 问题) 从以下两种方式中随机选取一种方式生成 m 个相互独立的抽样 $[a_i, b_i] \in \mathbb{Z}_q^n \times \mathbb{Z}_q$ 。

在 $\mathbb{Z}_q^n \times \mathbb{Z}_q$ 中完全随机地进行抽样；进行上述 LWE 结构式的生成，即选择一个均匀随机的 $n\times m$ 矩阵 A ，一个 n 维行向量 s 以及一个元素从分布 χ 中选取的 m 维向量 η ，计算 $b := [sA+\eta]$ ，将 $[A,b]$ 分解为上述结构。

判定 LWE 问题，即对上述 m 个独立的抽样进行判定，决定其由哪种方式生成。

定义 3-9 (搜索 LWE 问题)　令 $[A,b]\in\mathbb{Z}_q^n\times\mathbb{Z}_q$ 为从 LWE 结构化中生成的结构，其中秘密值 s 是均匀随机选取的，则搜索 LWE 问题，即利用 $[A,b]$ 对秘密值 s 进行求解。

一般的 LWE 问题主要在整数环上进行操作，可能扩展到矩阵的形式。在一般 LWE 问题的基础上，2010 年，Lyubashevsky 等[7]提出了另一类型的 LWE 问题，即环 LWE(ring learning with errors，RLWE)问题。RLWE 问题主要在多项式环上进行操作，其基本操作为多项式环上的卷积乘法和加法。

RLWE 问题假设由在多项式环 R_q 上产生的参数 a、s、一个不可分解多项式 φ 以及一个在 R 上的分布 χ 进行参数化。其中 a、s 为从环 R_q 上均匀随机选取的多项式。下面给出 RLWE 假设的定义。

定义 3-10 (RLWE 假设)　令 $\varphi(x)\in\mathbb{Z}[x]$ 为一个 n 阶多项式，$q\in\mathbb{Z}$ 为一个素整数，多项式环 $R=\mathbb{Z}[x]/\varphi(x)$ 且 $R_q=R/(qR)$，χ 为环 R 上的分布。从环 R_q 中随机选取元素 a、s，并且从分布 χ 中随机选取元素 e，由上述参数选取可以计算以下结果 $(a,b)=(a,[a\cdot s+e]_q)\in R_q\times R_q$。

3.2.2　车联网数据安全聚合模型

从理论上来说，车载自组织网络属于整个网络结构中的一个组成部分，其由移动自组织网络进行架构，物联网技术提供其末端的技术支持。因此，从网络结构的系统架构可以将车载自组织网络划分为三层：第一层为感知层，其由底层的感知末端作为主体，主要任务是感知周边环境的数据信息，并作为车载自组织网络最主要的数据来源；第二层为通信层，其由车载自组织网络主要通信参与者——车辆、道路、路边设施作为主体，通过各种类型的网络传输方式对自身所产生的信息进行交互，此部分作为车载自组织网络信息传输的主要承担者；第三层为应用服务层，其由汽车远程服务提供商(telematics service provide，TSP)作为主体，将收到的信息进行各种加工，并将所得到的结果作为服务反馈回服务需求方。其系统结构如图 3-3 所示。在车联网中，其网络结构中的主体包含以下几个部分。

(1) 车载单元。

车载单元为车联网在车辆上安装的网络端点，该端点包含：传感器，承担数据采集任务的传感器模块；计算单元，负责整个通信过程中数据处理和存储的计算模块；收发器，按照 IEEE 802.11P 协议与其他网络组成部分进行通信的通信模块；防篡改设备，主要承担车辆信息交互过程中安全问题的安全计算。车载单元是车联网中数量最多、最重要的组成部分。

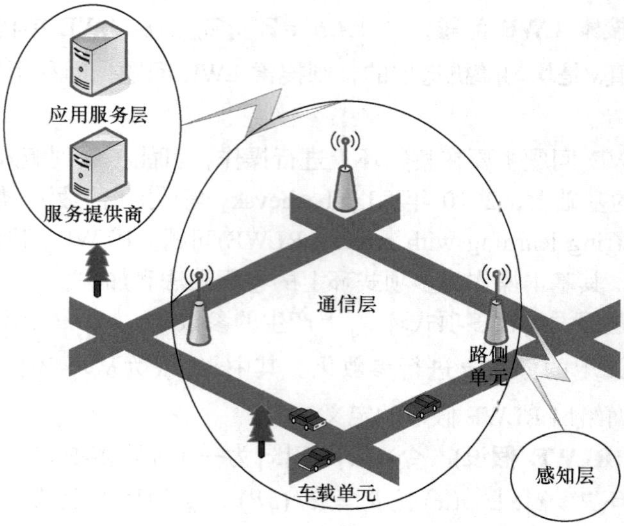

图 3-3　车联网三层架构

(2) 路侧单元。

路侧单元是沿道路进行布置的基础通信设施，具有较强的通信能力，能够保证在 300～500m 与车载单元进行通信，同时，也承担了与其他网络结构进行通信的责任，将车联网与其他形式的网络进行连接。在某些情况下，路侧单元也具备较强的计算能力，承担车辆传递信息的聚合、认证等功能。

(3) 可信权威机构。

可信权威(trusted authority，TA)机构是车联网中处于较高层次的组成部分，具有绝对的可信性，因此由其对车联网系统进行管理，在公钥密码方案中，其往往承担车辆注册、颁发证书、生成通信参数等功能。在某些环境中，也需要对车联网中的关键节点进行认证，在发生信息冲突时，也必须有可信权威机构进行冲突调解，并追溯责任。

(4) 服务提供商。

服务提供商是将车联网中的数据进行收集，在获得有效的结果之后反馈回车联网，为各个车辆节点提供相应服务的机构。其相应的服务类型包括路况检测、拥堵控制等。

在大多数车联网服务中，需要集中某一区域甚至多个区域全部车辆的数据进行整体分析才能得到正确的结果，从而可以反馈回车辆并做出正确的判断。但是车辆的数量较多，且其密度随着车辆位置的变换也会不停变换，如果对区域范围内的车辆数据进行一一采集，不仅会浪费大量的通信带宽，也会造成局部范围内的信息拥塞。为了解决这个问题，车联网数据聚合方案成为最重要的方法之一。数据聚合按照区域进行划分，将范围内的多个数据值进行统计上的合并计算，在不失去该数据集明显特征的前提下，对其进行整体化描述。数据聚合将通信过程中传递的冗余信息进行弱化甚至剔除，强化了对服务过程有用的信息数据。

针对车联网的数据聚合算法，根据其不同需求以及聚合中所使用的方法，可以大致分为以下三类。

(1) 针对数据路由的聚合。

车联网中的数据会随着某一条规划路径进行传递，该路径的规划服从车联网中的路由算法。因此，根据其路由算法，可以用节点数据在路由过程中的某个路由位置进行聚合计算。根据车联网中的路由策略，可以将聚合算法分为两种类型：无结构聚合和基于簇的聚合。无结构聚合是在路由算法中不采用明显分组结构，由车辆直接进行寻址，在该聚合类型中，当路由节点的转发数据达到一定程度时，节点会将数据进行聚合。基于簇的聚合，将分簇路由算法与聚合算法相融合，利用簇结构在簇头车辆上对簇内信息进行聚合。

(2) 针对聚合决策的聚合。

聚合决策是指大量数据集进行传递时，对众多数据集中可聚合数据集的判断准则。该判断准则对数据聚合方式以及聚合数据集的选取有直接影响，在设计判断准则的过程中，可以将聚合算法分为基于层次结构的聚合算法和基于模糊推理的聚合算法。在基于层次结构的聚合算法中，首先将数据集进行层次划分，根据数据集的不同层级分别进行聚合，然后逐层聚合。基于模糊推理的聚合算法则利用模糊规则对数据集的相似程度进行推理，根据其相似性进行聚合。

(3) 针对聚合操作的聚合。

聚合操作是指对数据进行处理的手段，具体的聚合算法根据具体使用的服务进行相关定义。一般来说，根据聚合操作所针对对象的类型，可以将其分为两类：针对连续值的聚合和针对离散值的聚合。针对连续值的聚合将该数据集中的数据进行平均或者求和，从而得到相应的聚合数据。针对离散值的聚合将离散的数据形式散列到特殊的数据结构中，利用该数据结构求得离散数据的概率近似值。

车联网数据聚合能够有效降低通信过程中的传输负载，但是在数据聚合过程中，本质上仍然是将信息传递给聚合方进行计算，因此也伴随着信息的泄露。根据数据聚合的时间顺序，聚合攻击大致包含以下三种方式。

(1) 参与前伪造。参与前伪造主要是指参与聚合的车辆将传感层所传递的数据进行修改，使所传递的数据不符合当前的实际路况。

(2) 聚合后伪造。聚合后伪造即聚合者对聚合后的数据进行替换，将其选择后的信息传递给服务者。

(3) 丢弃聚合数据。

目前针对以上三类聚合攻击，研究人员也提出了部分解决方案。

对于伪造的原子信息，由于聚合过程的大多数情况是基于位置分布实现的，所以在同一个区域的原子数据往往具有相似性，在数据聚合之前，利用其数据的分布形式对参与聚合的数据进行差异性判定，从而筛选出可能存在问题的原子数据，在聚合过程中选择性地将其抛弃或者进行特殊处理。

对于伪造的聚合数据，可以在参与聚合的原子数据上添加部分安全性信息，该安全性信息从原子数据中选择必要部分进行附加，在数据聚合完成过程中将原子数据的安全性附加消息进行散列计算并作为聚合数据的安全性附加消息进行相关传递，从而保证聚合数据的可靠性。

对于丢弃聚合数据，聚合者在某种意义上违背了聚合协议，因此从高层而言，可信权威机构和相应的服务提供商可以对违背协议者进行审计，从而判定是否存在违规过程。

3.2.3 基于格密码的车辆批验证方案

车联网的批验证方案是在参与计算方上将收到的证书进行集合验证的方案。该方案简化了验证计算的模式，因而降低了相应计算量。目前，车联网中的批验证方案大多是基于超奇异椭圆曲线而设计的，该类型方案主要在双线性对和非双线性对的基础上进行设计。在本节中，为了实现在同态数据聚合基础上的身份认证，在 NTRU 方案的思路上构造一个新类型的方案，该类型方案能够完成基于同态加法的批验证模式，同时在 LWE 困难性假设的基础上，保证了相应的安全性条件。

首先回顾在第 2 章引入的 NTRU 公钥密码系统。

令 $N \geqslant 1$，并选定模数 p 和 q，设卷积多项式环为

$$R = \frac{\mathbb{Z}[x]}{(x^N - 1)} \tag{3-5}$$

$$R_p = \frac{(\mathbb{Z}/ph)[x]}{(x^N - 1)}, \quad R_q = \frac{(\mathbb{Z}/p\mathbb{Z})[x]}{(x^N - 1)} \tag{3-6}$$

对系数进行模运算，可以将 R 中的多项式 $a(x)$ 视为 R_p 或者 R_q 中的元素；反之，则可以利用中心提升方法将 R_p 或者 R_q 中的元素提升到 R 中。

NTRU 公钥密码系统包含以下三个部分。

(1) 密钥生成。

Alice 选择公开参数 (N, p, q, d)，其中 N 和 p 是素数，且 $\gcd(N, q) =$

$\gcd(p,q)=1$ ，$q>(6d+1)p$ 。Alice 的私钥包含两个随机选取的多项式：

$$f(x)\in T(d+1,d) \tag{3-7}$$

和

$$g(x)\in T(d,d) \tag{3-8}$$

并计算逆元 $F_q(x)=f(x)^{-1}\in R_q$ ，$F_p(x)=f(x)^{-1}\in R_p$ (若两个逆元均不存在，Alice 就放弃并重新选择)。

接下来 Alice 计算公钥 $h(x)=F_q(x)g(x)\in R_q$ ，其对应的私钥为 $(f(x), F_p(x))$ 。

(2) 加密。

Bob 的明文是 R 中的多项式 $m(x)$ ，其系数均在 $\frac{1}{2}\sim\frac{1}{2}p$ ，即 $m(x)$ 是 R_q 中多项式的一个提升。Bob 随机选取多项式 $r(x)\in T(d,d)$ ，并计算密文：

$$e(x)\equiv h(x)r(x)+m(x)(\bmod q) \tag{3-9}$$

其中，密文 $e(x)$ 在环 R_q 中。

(3) 解密。

当 Alice 收到 Bob 的密文后开始解密，首先计算 $a(x)\equiv f(x)e(x)(\bmod q)$ ，将 $a(x)$ 中心提升到环 R 中，再进行模 p 运算，得到明文 $b(x)$ ：

$$b(x)\equiv F_p(x)a(x)(\bmod p) \tag{3-10}$$

基本的 NTRU 算法具备相应的同态特性，在此基础上，Lópezalt 等[9]提出了相应的 LTV(L'opezalt-Tromer-Vaikuntanathan)多密钥全同态加密方案，下面介绍 LTV 多密钥全同态加密方案。

首先需要初始化部分参数。输入安全参数 k ，产生以下参数：整数 $n=n(k)$ ，素数 $q=q(k)$ ，n 阶多项式 $\varphi(x)=\varphi_k(k)$ ，在多项式环 $R=\mathbb{Z}[x]/\varphi(x)$ 上产生的边界值 $B(k)$ ，错误分布 $\chi=\chi(k)$ 以及电路集合 C 。

该方案包含了以下四个函数。

(1) 密钥生成函数 KeyGen(1^k) 。

从错误分布 χ 中生成多项式 $f',g\leftarrow\chi$ ，并设定 $f:=2f'+1$ 使其满足 $f\equiv 1(\bmod 2)$ 。如果 f 在环 R_q 中不可逆，则重新选取 f' 。因此，产生公私钥对如下：

$$\mathrm{pk}:=h=2gf^{-1}\in R_q,\quad \mathrm{sk}:=f\in R \tag{3-11}$$

(2) 加密函数 $\mathrm{Enc}(\mathrm{pk},m)$。

从错误分布 χ 中选取多项式 $s,e \leftarrow \chi$，输出密文：

$$c := hs + 2e + m \in R_q \tag{3-12}$$

其中，所有的操作都是模 q 和模多项式 $\varphi(x)$。

(3) 同态评估函数 $\mathrm{Eval}(C,c_1,c_2,\cdots)$。

同态计算有加法子函数 $\mathrm{Add}(c_1,c_2)$ 和乘法子函数 $\mathrm{Mult}(c_1,c_2)$。

① $\mathrm{Add}(c_1,c_2)$：输出密文 $c := c_1 + c_2 \in R_q$。

② $\mathrm{Mult}(c_1,c_2)$：输出密文 $c := c_1 \times c_2 \in R_q$。

在原 LTV 方案中对乘法子函数进行了重线性化，主要是为了降低最后解密函数的复杂度，降低其与最终参与方私钥进行解密的乘法次数，但是这并非本节的重点，若读者感兴趣，则可以查阅相关文献。

(4) 解密函数 $\mathrm{Dec}(\mathrm{sk},c)$。

如果输入的密文 c 是新鲜密文，那么其解密私钥为单一加密方的私钥，并执行以下计算：

$$fc = fhs + 2fe + fm = 2gs + 2fe + fm \tag{3-13}$$

如果上述结果并没有超出 q 的系数，则可以进行模 2 运算并得到相应的解密结果：

$$fc(\mathrm{mod}\,2) = 2gs + 2fe + fm(\mathrm{mod}\,2) = fm(\mathrm{mod}\,2) = m \tag{3-14}$$

如果输入的密文 c 是同态计算之后的评估密文，那么其解密私钥为参与计算方的私钥集合 $\mathrm{sk} = f_1 f_2 \cdots$，并执行以下计算：

$$m := f_1 f_2 \cdots \times c \tag{3-15}$$

在车联网基于位置隐私保护的方案设计中，产生了相当多的假名方案，而其中的原理具备相似性，都是在车联网真实身份的基础上，利用由密钥生成中心(key generation center，KGC)所产生私钥的必要信息以及随机数，从而构造出假名信息，假名信息主要用于对传递信息的签名。其系统结构主要包括以下几个部分。

(1) 可信权威机构。其为完全可信的权威机构，能够对车辆以及 RSU 进行注册，并分发其注册的真实身份信息。

(2) 密钥生成中心。其为可信第三方，对车辆生成通信所使用的密钥，在假名方案中，生成的密钥为 TA 与 KGC 所产生的子密钥，因此便于进行追踪。

(3) 路侧单元。

(4) 车载单元。

假名通信过程如图 3-4 所示。

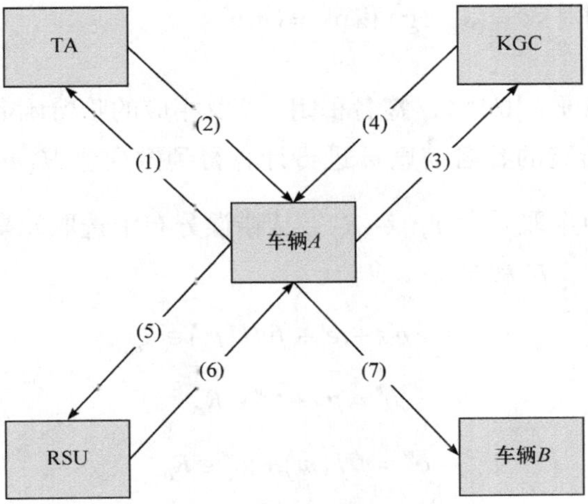

图 3-4　假名通信过程

如图 3-4 所示，从假名信息产生到使用假名签名总共包括以下七个过程。

(1) 车辆 A 向 TA 进行注册。

(2) TA 对车辆 A 进行验证，并产生相应的身份信息。

(3) 车辆 A 向 KGC 申请通信密钥。

(4) KGC 生成车辆 A 所使用的通信密钥。

(5) 车辆 A 向 RSU 申请假名信息。

(6) RSU 根据 A 的身份生成相应的假名信息。

(7) 车辆 A 利用假名信息与车辆 B 进行通信。

在此基础上，可进一步构造基于 NTRU 的同态签名方案。首先描述签名方案的定义与构造方式如下。

输入安全参数 k，产生以下参数：整数 $n=n(k)$，素数 $q=q(k)$，n 阶多项式 $\varphi(x)=\varphi_k(k)$，在多项式环 $R=Z[x]/\varphi(x)$ 上产生的边界值 $B(k)$，错误分布 $\chi=\chi(k)$，一个抗碰撞哈希函数 $H:\{0,1\}^*\to R_q$。所有的操作都在环 R_q 上进行。

签名方案由如下三个部分组成。

(1) 密钥生成算法。

给定安全参数 k，随机选取环元素 $s\overset{\$}{\leftarrow}R_q$ 以及素整数 $t\in Z_q^*$，令 s 为签名私钥 sk:=s，从错误分布 χ 中生成多项式 $f,g\leftarrow\chi$。如果 f 在环 R_q 中不可逆，则重新选取 f。计算 b 如下：

$$b=hs+te\in R_q \tag{3-16}$$

其中，$h = gf^{-1} \in R_q$；e 为从错误分布中选取 $e \leftarrow \chi$。令 $\mathrm{pk} := (h,b) \in R_q R_q$ 为公钥，则返回公私钥对 $\mathrm{sk} := (s, f, g)$ 和 $\mathrm{pk} := (h,b)$。

(2) 签名算法。

给定签名信息 $m \in \{0,1\}^*$，签名私钥 s 以及相应的哈希函数 $H:\{0,1\}^* \to R_q$。使用哈希函数对给定的签名信息 m 进行计算得到散列值 $H(m)$。为了对该信息进行签名，从环中选取元素 $h', v \leftarrow R_q$，从错误分布中选取元素 $e', e'', e''' \xleftarrow{\$} \chi$，然后进行如下计算 b'、b'' 和 b'''。

$$b' = h's + te' + fvH(m) \in R_q \tag{3-17}$$

$$b'' = gv + te'' \in R_q \tag{3-18}$$

$$b''' = fH(m) + te''' \in R_q \tag{3-19}$$

返回信息 m 的签名 $\sigma := (v, h', b', b'', b''')$。

(3) 验证。

给定签名信息的散列值 $H(m)$、签名公钥 $\mathrm{pk} := (h,b)$ 以及相应的签名 $\sigma := (v, h', b', b'', b''')$，如果能够满足下述等式：

$$[-hb' + h'b](\bmod t) = -b'' \cdot H(m)(\bmod t) \tag{3-20}$$

那么结果输出为 1，验证成功；否则，结果输出为 0，验证失败。

上述验证是对单签名条件下的验证，下面需要对多签名进行批验证。在上述系统参数设定下，假定存在 $N\sqrt{b^2 - 4ac}$ 方签名：

$$\sigma_1 := (v_1, h_1', b_1', b_1'', b_1'''), \cdots, \sigma_N := (v_N, h_N', b_N', b_N'', b_N''') \tag{3-21}$$

其中，分别对信息 $m_1, m_2, \cdots, m_N$ 进行签名，其相应的哈希函数散列值为 $H(m_1)$，$H(m_2), \cdots, H(m_N)$。该 N 方签名对应的公私钥对分别为

$$(\mathrm{pk}_1 = (h_1, b_1), \mathrm{sk}_1 = (s_1, f_1, g_1)), \cdots, (\mathrm{pk}_N = (h_N, b_N), \mathrm{sk}_N = (s_N, f_N, g_N)) \tag{3-22}$$

不失一般性地，令 $N = 2$，如果能够满足下述等式：

$$\begin{aligned}&(-h_1'h_2' \times b_1b_2 + h_1h_2 \times b_1'b_2')(\bmod t)\\&= [h_1'H(m_2)b_1b_2'' + h_2H(m_1)b_2b_1'' + H(m_1)H(m_2)b_1''b_2''](\bmod t)\end{aligned} \tag{3-23}$$

那么结果输出为 1，验证成功；否则，结果输出为 0，验证失败。由此可以推导出 $N \geqslant 2$ 的情况下，满足

$$\left(\prod_{i}^{N} hb_i' - \prod_{i}^{N} h'b_i\right)(\bmod t)$$
$$= \sum\left[\sum_{i=1}^{N} h_i'b_i \times \prod_{\substack{j=1 \\ i\neq j}}^{N} b_j''H\left(m_j\right)\right] + \prod_{j=1}^{N} b_j''H\left(m_j\right)(\bmod t) \tag{3-24}$$

(1) 正确性分析。

签名的正确性主要体现在单验证和批验证上。

对于单验证，有以下计算结果：

$$[-hb' + h'b](\bmod t) = -h\left[h's + te' + fvH\left(m\right)\right] + h'\left(hs + te\right)(\bmod t)$$
$$= -gvH\left(m\right)(\bmod t) = -b''H\left(m\right)(\bmod t) \tag{3-25}$$

由此可以得到关于单验证的正确性结果。在批验证上进行相应的改动，其等式左边的计算结果如下：

$$\left(\prod_{i}^{N} hb_i' - \prod_{i}^{N} h'b_i\right)(\bmod t)$$
$$\approx \left\{\sum_{i\neq j}\left[\prod_{i=1}^{N} h_i'h_is_i \times \prod_{j=1}^{N} g_jv_jH\left(m_j\right)\right] + \prod_{j=1}^{N} g_jv_jH\left(m_j\right)\right\}(\bmod t)$$
$$= \left\{\sum_{i\neq j}\left[\prod_{i=1}^{N} h_i'b_i \times \prod_{j=1}^{N} b_j''H\left(m_j\right)\right] + \prod_{j=1}^{N} b_j''H\left(m_j\right)\right\}(\bmod t) \tag{3-26}$$

上述约等于省略了含有因子 t 的部分结果，由此可以得到最终验证的结果，故批验证能够保证正确性结果。

(2) 安全性分析。

定理 3-1 上述批验证签名方案在 $\text{R-LWE}_{\varphi,q,\chi}^{t}\ \frac{1}{2}$ 与 DSPR 困难性假设下能够实现私钥不可恢复性安全。

证明 从签名结果来看，签名元素组 $\sigma := \left(v, h', b', b'', b'''\right)$ 包含了 5 个部分。对于签名的每个部分的构造，都是基于 RLWE 与 DSPR 直接形式的。公钥 $\text{pk} = \left(h, b\right)$ 是直接根据 $\text{R-LWE}_{\varphi,q,\chi}^{t}$ 的定义而生成的，因此服从其安全性。对于签名子结构 b'、b''、b'''，其也是构造于近似 $\text{R-LWE}_{\varphi,q,\chi}^{t}$ 问题上的。因此，整个方案都是在 $\text{R-LWE}_{\varphi,q,\chi}^{t}$ 上的实例。任意均匀随机选取于环 R_q 上的元素组 $\left(u_1, u_2\right) \xleftarrow{\$} R_q$ 满足签名方案中 $\text{R-LWE}_{\varphi,q,\chi}^{t}$ 实例的计算不可区分性。文献[7]对 RLWE 困难性假设做出了安全性规约，其安全性假设基于理想格上的近似SVP，因此本方案的安全性也

可以规约到近似 SVP 上，从而满足私钥不可恢复性安全。

定理 3-2 上述批验证签名方案在 $\text{R-LWE}^t_{\varphi,q,\chi}$ 与 DSPR 困难性假设下能够实现签名不可伪造性。

引理 3-1 在随机预言机模型下，如果存在签名伪造攻击者 A，能够在多项式次对密钥预言机(secret key oracle)的查询以及对签名预言机(signing oracle)的查询后，对上述签名方案实现私钥恢复，那么存在攻击者 B 能够解决 $\text{R-LWE}^t_{\varphi,q,\chi}$ 困难性假设。

证明 在证明过程中，将会展示攻击者 B 如何利用攻击者 A 所得到的伪造签名解决 $\text{R-LWE}^t_{\varphi,q,\chi}$ 问题，分为两个阶段：在查询阶段，攻击者 A 利用对预言机的查询生成目标信息 m' 的伪造签名；在攻击阶段，攻击者 B 利用所产生的伪造签名解决 $\text{R-LWE}^t_{\varphi,q,\chi}$ 问题。

预言机 H 当攻击者 A 执行对信息 m' 的查询时：①预言机首先查询存储的哈希表，如果在哈希表内存在 m'，则返回相应的查询值 $H(m')$，否则执行第②步；②预言机挑选一个随机值 $H(m')\in R_q$ 作为 m' 的哈希值并存在其内部的哈希表中。

预言机返回查询结果 $H(m')$。

密钥预言机 当攻击者 A 执行对签名方 P 私钥 $\text{sk}=(s,f,g)$ 查询时：①预言机首先查询相应的私钥表，如果所查询的签名方 P 在表内，则预言机找到相应元组 $\text{sk}'=(s',f',g')$ 并返回结果，否则执行第②步；②预言机随机生成相应的私钥查询结果 $\text{sk}'=(s',f',g')$，其中 s' 为随机选取环元素 $s'\xleftarrow{\$}R_q$，$f'$ 为从错误分布 χ 中生成多项式 $f'\leftarrow\chi$ 且带有乘法逆元 $(f')^{-1}$，利用 $(f')^{-1}$ 和公钥元素 h 生成 g'。

$$g':=h(f')^{-1}\in R_q \tag{3-27}$$

预言机返回查询结果 $\text{sk}'=(s',f',g')$。

签名预言机 当攻击者 A 执行对签名方 P 的信息 m' 查询签名时，产生如下签名信息。

给定签名信息 $m'\in\{0,1\}^*$。预言机执行在密钥预言机和预言机 H 上的查询操作，并得到查询私钥 $\text{sk}'=(s',f',g')$ 以及相应的哈希值 $H(m')$。如果公钥 h 存在逆元，预言机生成其逆元 $h^{-1}=f'(g')^{-1}$，并随机产生环元素值 $h'_F,v_F\xleftarrow{\$}R_q$，从错误分布中选取元素 $e'_F,e''_F,e'''_F\xleftarrow{\$}\chi$，然后进行如下计算 b'_F、b''_F 和 b'''_F：

$$b'_F = h'_F s' + te'_F + h^{-1} v_F H(m') \in R_q \tag{3-28}$$

$$b''_F = v + te'' \in R_q \tag{3-29}$$

$$b'''_F = f' H(m') + te'''_F \in R_q \tag{3-30}$$

预言机返回信息 m 的签名 $\sigma := (v_F, h'_F, b'_F, b''_F, b'''_F)$。

攻击者 B 利用攻击者 A 得到 m' 的签名信息 $\sigma := (v_F, h'_F, b'_F, b''_F, b'''_F)$ 之后，由于签名满足

$$(-hb'_F + h'_F b)(\bmod t) = -b''_F H(m')(\bmod t) \tag{3-31}$$

所以可以得到 $hh'_F \cdot (s - s')(\bmod t) = 0$，也就是说 $s - s' = kt$，通过多次伪造 $H(m')$ 的签名可以求得 s，也即解决了 $\text{R-LWE}^t_{\varphi,q,\chi}$ 问题。

基于上述密码学基本模块，下面构造基于假名的车辆批验证方案。

为了保证车辆通行过程中的匿名性并在身份认证的基础上实现位置隐私保护，加入了假名方案。如前面所阐述的，假名方案需要在 TA、KGC、RSU 的配合下实现。

基于假名的车辆批验证方案包含了以下几个部分。

(1) 系统初始化。

TA 机构和 KGC 协商构建对于 RSU 和 OBU 整个系统的参数，如下所示。

① TA 机构输入安全参数 k，产生系统参数：整数 $n = n(k)$，素数 $q = q(k)$ 和 $t = t(k)$，n 阶多项式 $\varphi(x) = \varphi_k(k)$，在多项式环 $R = \mathbb{Z}[x]/\varphi(x)$ 上产生的 $B(k)$ 界错误分布 $\chi = \chi(k)$，一个抗碰撞哈希函数 $H:\{0,1\}^* \to R_q$。所有操作都是在环 R_q 上进行的。

TA 机构根据系统参数随机选取环元素 $s_T \overset{\$}{\leftarrow} R_q$ 作为其私钥 sk_T，再根据 LWE 规则产生相应的公钥 $\text{pk}_T := (h_T, b_T)$。

② KGC 挑选随机值 $s_K \overset{\$}{\leftarrow} R_q$ 作为其私钥 sk_K，并产生相应的公钥 $\text{pk}_K := (h_K, b_K)$。

③ TA 机构 KGC 随机选取哈希函数 $H_1(\cdot): R_q \to \{0,1\}^*$、$H_2(\cdot): \{0,1\}^* \to R_q$ 以及 $H_3(\cdot): R_q \to \{0,1\}^*$，并公布系统参数 $\text{params} := \{n, q, t, \varphi(x), B, \chi\}$。

系统参数设定完成之后，车辆 V_i 的 OBU 向 TA 机构注册，TA 机构为车辆发布身份标记组 $\{\text{Token}_i, \text{Sig}(\text{Token}; s_T)\}$，$\text{Sig}(\text{Token}; s_T)$ 为 TA 机构对 Token_i 的签名，可以采用一般性质的签名方案。Token_i 是 TA 机构根据 V_i 的真实身份确定的

一个 3 元组 $\text{Token}_i = \{\text{RID}_i \oplus H_1(\beta s_T), \beta, Q_i\}$，$\beta$ 为随机选取的值 $\beta \xleftarrow{\$} R_q$，$\text{RID}_i \in \{0,1\}^*$ 为车辆的真实身份，Q_i 为使用哈希函数对真实身份所取的哈希值 $Q_i = H_2(\text{RID}_i)$。

(2) 密钥生成。

车辆 V_i 完成注册之后，向 KGC 提出私钥申请，KGC 验证其收到的 $\{\text{Token}_i, \text{Sig}(\text{Token}; s_T)\}$，并根据 Token_i 产生 V_i 的部分私钥。

① KGC 输入 Q_i，产生一个随机环因子 $r \xleftarrow{\$} R_q$，计算 V_i 的部分私钥：

$$s_i := r + s_K Q_i \tag{3-32}$$

车辆 V_i 运行部分私钥生成算法产生另一部分私钥。

② 从错误分布 χ 中生成多项式 $f, g \leftarrow \chi$。如果 f 在环 R_q 中不可逆，则重新选取 f，f 和 g 为 V_i 的另一部分私钥。

车辆 V_i 得到完整的私钥后，开始生成公钥信息，如前面所述，生成相应的公钥为 $\text{pk}_i := (h_i, b_i)$。

(3) 假名生成。

当车辆 V_i 进入某一个 RSU 的通信范围时，与该范围内的 RSU 进行通信，向其申请在该范围内的通信假名，以此保证其在多个 RSU 范围内通信身份的差异性，用来保证位置隐私。车辆 V_i 向 RSU 发送其标记组 $\{\text{Token}_i, \text{Sig}(\text{Token}; s_T)\}$，RSU 在验证标记组的真实性之后，对 RSU 生成假名：RSU 挑选随机环元素 $k \xleftarrow{\$} R_q$，将其作为假名成分 $\text{ID}_{1i} = k_i$，并计算 $\text{ID}_{2i} = \text{RID}_i \oplus H_1(\beta s_T) \oplus H_3(T_i k_i \beta)$，其中 T_i 为时间戳。由此，车辆 V_i 的假名为 $\text{ID}_i = (\text{ID}_{1i}, \text{ID}_{2i}, T_i)$。

(4) 签名生成与认证。

在得到假名信息之后，车辆 V_i 对产生的信息进行签名，所使用的签名方案与 3.2.2 节所提出的同态签名方案一致，因此所生成的签名结构也是一致的。值得一提的是，签名信息不再单纯地由传输信息所构成，其中包括相应的身份信息，因此此处对签名信息进行再定义，为 $m = \{m' \| \text{ID}_i \| \text{pk}_i\}$。验证的方式也是相似的，此处不再赘述。

签名方案的正确性在前面已经得到验证，此处需要考虑假名方案的正确性，即由假名方案生成的假名能否追溯到最初真实身份。由最后的假名 $\text{ID}_i = (\text{ID}_{1i}, \text{ID}_{2i}, T_i)$ 进行分析。

当信息发生纠纷，需要回溯真名时，签名信息 $\text{ID}_i = (\text{ID}_{1i}, \text{ID}_{2i}, T_i)$ 返回到 TA 机构处，由 TA 机构进行追溯。根据 $\text{ID}_{1i} = k_i$ 和 T_i，TA 机构由相应的 Token_i 计算

$T_i k_i \beta$ 并由哈希函数 $H_3(\cdot)$ 计算散列值，再由 TA 机构的私钥 s_T 计算 $s_T \beta$ 并由哈希函数 $H_2(\cdot)$ 计算散列值，最后一并进行 ⊕ 操作并与真实身份的哈希值进行对比，如果相等，则可以追溯到真实的车辆，如果不相等，则说明该身份是伪造的，则放弃该消息。

本小节主要介绍了一种基于 RLWE 的签名方案，该方案能够实现单验证和批验证两种模式，并且在该方案的基础上，为了实现车联网环境车辆的假名模式，进行了相应改进，得到了基于假名的车辆批验证方案。除此之外，还对该签名方案进行了正确性和安全性的验证，保证了签名的不可伪造性。本小节目前没有对其性能进行讨论，后面会结合相应的聚合方案，一并讨论其性能。

3.2.4　基于多密钥全同态计算的安全数据聚合方案

文献[10]给出在多密钥全同态(multi-key fully homomorphic encryption，MFHE)下的两回合多方计算(multi-party computation，MPC)协议，在该协议中，对 MFHE 方案的解密过程进行分解，并将解密过程分散于参与计算的各节点上，从而在保证正确解密的前提下，将各数据融合并安全地共享给参与各方。但是该方案还存在一定的局限性，在本节所讨论的车联网环境下，节点的快速移动会对参与聚合的簇内节点造成无法解密的问题。因此，在上述 Mukherjee 等[10]协议的基础上，本节使用线性秘密共享技术并结合方案自身的同态性质，设计一种基于多密钥全同态的安全数据聚合方案。

基于多密钥全同态计算的安全数据聚合方案的关键在于如何实现门限解密，下面以此为核心构造 GSW(GSW 是该方案的三个发明者，即 Craig Gentryl，Amit Sahai 和 Brent Waters)方案。

GSW 方案是基于 LWE 困难性假设所设计的全同态加密方案，从直观上来看，该方案来自线性代数中特征向量与特征值的概念。令 F 为一个域，$C \in F$ 为一个域 F 上的矩阵。如果存在向量 $s \in F^n$ 满足 $sC = su$，则 s 为矩阵 C 中带有特征值 u 的特征向量。假定有两个矩阵 C_1 和 C_2，可以得到以下运算：

$$s(C_1 \pm C_2) = s(u_1 \pm u_2) \tag{3-33}$$

$$s(C_1 \times C_2) = s(u_1 \times u_2) \tag{3-34}$$

也即是说，从特征向量的角度来说，其计算是满足同态计算的。GSW 的基本思想与此相似，其具体构造如下。

参数选择：选取安全参数 λ、电路深度 d 作为输入参数，生成格维度参数 $n = n(\lambda, d)$，B 界分布 $\chi = \chi(\lambda, d)$，模数 $q = B2^{\omega(d\lambda \log_2 \lambda)}$，矩阵维度参数 $m = n\log_2 q + \omega(\log_2 \lambda)$，随机矩阵 $B \in \mathbb{Z}_q^{n-1\times m}$，生成参数作为函数默认输入。

(1) GSW.KeyGen($1^\lambda, 1^d$)：给定安全参数 λ 和电路深度 d。抽取向量 $s \leftarrow \chi^{n-1}$ 和 $e \leftarrow \chi^m$，计算 $b := sB + e \in \mathbb{Z}_q^m$，生成公钥 pk 和私钥 sk。

$$\mathrm{sk} = t = [-s, 1] \in \mathbb{Z}_q^n, \quad \mathrm{pk} = A = \begin{bmatrix} B \\ b \end{bmatrix} \in \mathbb{Z}_q^{n\times m} \tag{3-35}$$

(2) GSW.Encrypt(pk, μ)：给定公钥 $\mathrm{pk} = A$ 和需要加密的信息 $\mu \in \{0,1\}$。随机选择一个短矩阵 $R \leftarrow \{0,1\}^{m\times m}$，输出关于信息 μ 的加密为

$$C := AR + \mu G \tag{3-36}$$

(3) GSW.Decrypt(sk, C)：给定私钥 $\mathrm{sk} = t$ 和密文 C。设定固定向量 $w \in \mathbb{Z}_q^n$ 为

$$w = [0, \cdots, 0, q/2]$$

然后计算中间结果 $v = tCG^{-1}\left(w^{\mathrm{T}}\right) \in Z_q^m$，输出解密结果 μ' 为

$$\mu' = \left|\mathrm{Round}\left(\frac{v}{q/2}\right)\right| \tag{3-37}$$

(4) GSW.Eval($C, C_1, \cdots, C_t$)：给定同态计算的电路 C 以及参与计算的密文组 $C_1, \cdots, C_t$。在任意两个输入的密文 $(C_i, C_j \in \mathbb{Z}_q^{n\times m})_{i,j\in[t]}$，定义如下的同态操作。

① Add(C_i, C_j)：输出 $C_i + C_j \in \mathbb{Z}_q^{n\times m}$。

② Mult(C_i, C_j)：输入矩阵乘积 $C_i G^{-1}\left(C_j\right) \in \mathbb{Z}_q^{n\times m}$。

GSW 同态评估算法只能在同一密钥加密下的密文执行同态操作。在多密钥环境下，密文通常是由不同密钥加密之后的结果。因此，用 GSW 方案很难在这些密文上得到有意义的结果。为了在多密钥环境下进行同态计算，需要将密文转换为结构一致的密文，也就是说，在相同密钥加密下的密文。

为了能够实现这种转换，Clear 等[11]提出了一种新的密码原语“伪装系统”。该密码原语“伪装系统”原理如下：假定 Alice 持有由 GSW 加密函数 GSW.Encrypt(pk_1, μ) 产生的密文 C_1，且收到了由 Bob 根据其“伪装系统”产生的伪装信息，Alice 利用该系统生成了扩张密文如下：

$$\hat{C} = \begin{bmatrix} C_1 & X \\ 0 & C_1 \end{bmatrix} \tag{3-38}$$

其中，矩阵 X 由伪装信息得到。该扩张密文可以通过组合密钥 $\hat{t} = (t_1, t_2) \in \mathbb{Z}_q^{2n}$ 进行解密，该密钥是由 Alice 和 Bob 的密钥 t_1 和 t_2 进行垂直组合而成的。其解密过程如下：

$$\hat{t}\hat{C}=\left[t_1C_1,t_1X+t_2C_1\right]\approx\left[\mu t_1G,\mu t_2G\right]=\mu\hat{t}\hat{G} \tag{3-39}$$

其中，矩阵 $\hat{C}$ 为工具矩阵 G 的扩展形式：

$$\hat{G}=\begin{bmatrix} G & 0 \\ 0 & G \end{bmatrix}\in\mathbb{Z}_q^{2n\times 2m} \tag{3-40}$$

GSW 的“伪装系统”包含以下两个算法。

(1) GenUnivMask(pk, R)：给定 Alice 的公钥 pk 以及在 GSW 中生成的随机矩阵 R。对随机矩阵 R 进行迭代加密，每次加密 R 中的一个元素：

$$V^{(a,b)}\leftarrow \text{GSW.Encrypt}\left(\text{pk},R[a,b]\right) \tag{3-41}$$

其中，$R[a,b]$ 为矩阵 R 的第 a 行第 b 列的元素。

由此可以得到 m^2 个密文，然后将这些生成的密文作为伪装信息进行输出：

$$U:=\left[V^{(1,1)},\cdots,V^{(m,m)}\right]\in\left(\mathbb{Z}_q^{n\times m}\right)^{\left(m^2\right)} \tag{3-42}$$

(2) DeriveMask(U,pk,pk′)：给定 Alice 的公钥 pk 、Bob 的公钥 pk′ 以及由 Bob 的“伪装系统”生成的伪装信息。Alice 可以生成一个矩阵序列 $\left\{Z_{i,j}\in\mathbb{Z}_q^{n\times m}\right\}_{i,j\in[m]}$：

$$Z_{i,j}[a,b]=\begin{cases} v[i], & a=n,b=j \\ 0, & \text{其他} \end{cases} \tag{3-43}$$

输出矩阵 $X\in\mathbb{Z}_q^{n\times m}$：

$$X=\sum_{i=1,j=1}^{m,m}V^{(i,j)}G^{-1}\left(Z_{i,j}\right) \tag{3-44}$$

利用上述 GSW“伪装系统”，在文献[11]中建立密文扩展函数 Expansion(·)。

Expansion($\{\text{pk}_j,U_j\}_{j\in[N]},C_i$)：给定公钥序列以及相应的伪装信息序列 $\{\text{pk}_j,U_j\}_{j\in[N]}$，新鲜密文 C_i。按下列过程进行计算。

(1) 使用 DeriveMask(·) 函数对每个公钥及其伪装信息生成矩阵序列 $\{X_j\}_{j\in[N]/\{i\}}$。

(2) 由 N^2 个子矩阵进行组合构成扩展矩阵 $\hat{C}_i\in\mathbb{Z}_q^{nN\times mN}$，即

$$\hat{C}_i=\begin{bmatrix} \hat{C}_{1,1} & \cdots & \hat{C}_{N,1} \\ \vdots & & \vdots \\ \hat{C}_{1,N} & \cdots & \hat{C}_{N,N} \end{bmatrix} \tag{3-45}$$

对于 $a,b\in[N]$，其中每个子矩阵 $\hat{C}_{a,b}\in\mathbb{Z}_q^{n\times m}$ 都按照如下进行定义：

$$\hat{C}_{a,b} := \begin{cases} C_i, & a=b \\ X_j, & a=i\neq j, b=j \\ 0^{n\times m}, & \text{其他} \end{cases} \tag{3-46}$$

并输出 $\hat{C}_i$ 。

根据上述结构，基于 GSW 的 MFHE 方案有如下定义。

$\text{Setup}\left(1^\lambda,1^d\right)$：给定安全参数 λ 、电路深度 d 作为输入参数，生成参数组 $\text{params}:=\left\{q,n,m,\chi,B_\chi,B\right\}$ 并输出。

$\text{KeyGen}(\text{params})$：给定参数组 params，运行 GSW 密钥生成函数并输出公私钥对。

$$(\text{pk},\text{sk})\leftarrow \text{GSW.KeyGen}(1^\lambda,1^d)$$

$\text{Expand}(\{\text{pk}_j\}_{j\in[N]},i,c_i)$：执行密文扩展算法，并输出扩展密文 $\hat{c}_i$：

$$\hat{c}_i \leftarrow \text{Expansion}(\{\text{pk}_j,U_j\}_{j\in[N]},c_i) \tag{3-47}$$

$\text{Eval}(\text{params},C,(\hat{c}_1,\cdots,\hat{c}_\ell))$：与 GSW 的同态评估函数计算方式相似，包含两个算法 $\text{Add}(\cdot)$ 和 $\text{Mult}(\cdot)$，但是其计算的密文维度发生了改变，维度扩展为 $n'=n\times N$ 维和 $m'=m\times N$ 维。在工具矩阵 G 及其逆函数 $G^{-1}(\cdot)$ 上，将其维度也进行了相应的扩展，产生了扩展工具矩阵 $\hat{G}$ 及其逆函数 $\hat{G}^{-1}(\cdot)$，并扩展到 n' 和 m' 上：

$$\hat{G}=\left.\begin{bmatrix} G & \cdots & \cdots & 0 \\ \vdots & G & \vdots & \vdots \\ \vdots & \vdots & G & 0 \\ 0 & \cdots & \cdots & G \end{bmatrix}\right\} N\times N\text{个} \tag{3-48}$$

逆函数 $\hat{G}^{-1}(\cdot)$ 采用相似的扩展方式。

$\text{Decrypt}(\text{params},(\text{sk}_1,\cdots,\text{sk}_N),c)$：对每个私钥进行语义分析，构造出组合密钥 $\text{sk}=\hat{t}=[t_1,t_2,\cdots,t_N]\in\mathbb{Z}_q^{nN}$ 。然后执行扩展了维度的 GSW 解密算法(维度分别扩展为 n' 和 m' 。

$$\mu' \leftarrow \text{GSW.Decrypt}(\text{sk},c) \tag{3-49}$$

为了解决上述 MFHE 方案在动态环境下实现数据聚合的过程中，由参与聚合的节点流失造成无法解密的问题，下面提出基于线性秘密共享的门限解密变种方案，该方案针对以 $N-1$ 方的半诚实攻击模型而设计。

门限解密方案主要基于以下两个算法实现。

(1) $\mathrm{PartDec}(\hat{c},i,\mathrm{sk}_i)$：给定扩张密文 $\hat{c}\in\mathbb{Z}_q^{nN\times mN}$ 以及参与解密的第 i 方的私钥 $\mathrm{sk}_i=t_i\in\mathbb{Z}_q^n$，执行以下步骤。

解析密文 $\hat{c}$，将其分为 N 个子矩阵 $\hat{c}^{(i)}\in\mathbb{Z}_q^{n\times mN}$：

$$\hat{c}=\begin{bmatrix}\hat{c}^{(1)}\\ \vdots\\ \hat{c}^{(N)}\end{bmatrix} \tag{3-50}$$

定义向量 $\hat{w}\in\mathbb{Z}_q^{nN}$：

$$\hat{w}=[0,\cdots,0,q/2] \tag{3-51}$$

计算中间值 $\gamma_i\in\mathbb{Z}_q$：

$$\gamma_i=t_i\hat{c}^{(i)}\hat{G}^{-1}(\hat{w}) \tag{3-52}$$

然后输出 $p_i\in\mathbb{Z}_q$：

$$p_i=\gamma_i+e_i^{sm} \tag{3-53}$$

其中，e_i^{sm} 是从污迹噪声范围 $\left[-B_{\mathrm{smdg}}^{\mathrm{dec}},B_{\mathrm{smdg}}^{\mathrm{dec}}\right]$ 中选取的随机值，$B_{\mathrm{smdg}}^{\mathrm{dec}}$ 是由 B 界参数进行限定的值，为 $B_{\mathrm{smdg}}^{\mathrm{dec}}=B_\chi 2^{d\lambda\log_2\lambda}$。

(2) $\mathrm{FinDec}(p_1,\cdots,p_N)$：给定序列值 $\{p_1,\cdots,p_N\}$，计算其和 p 为

$$p=\sum_{i=1}^{N}p_i \tag{3-54}$$

输出最终解密的结果 μ 为

$$\mu:=\left|\mathrm{Round}\left(\frac{p}{q/2}\right)\right| \tag{3-55}$$

正如前面所言，节点数量的增加和减少都会影响 MFHE 方案在多跳计算下的加密和解密。当节点数量增加时，使评估密文在下一跳的同态计算中进行再次扩张可以解决部分问题。而当节点数量减少时，情况更为复杂，主要是由于参与解密的信息发生了缺失。因此，本节使用了线性秘密共享方案解决这个问题。

在描述变种方案之前，需要加入一个新的参数限制 $r=r(\lambda,d)$。变种方案包含了以下三个算法。

(1) $\mathrm{SecSplit}(N,i,\mathrm{sk}_i)$：输入第 i 方的私钥 sk_i，对该私钥分析其构成语义，将其转换为 $\mathrm{sk}_i=t_i=\left[t_{i,1},t_{i,2},\cdots,t_{i,n}\right]\in\mathbb{Z}_q^n$。对于任意 $j\in[n]$，计算如下关于 $t_{i,j}$ 的

秘密分享。

① 随机选取向量 $x_j \in \mathbb{Z}_q^{N-1}$ 和 $k_j \in \mathbb{Z}_q^{N-2}$：

$$x_j = \left[x_{j,1}, \cdots, x_{j,i-1}, x_{j,i+1}, \cdots, x_{j,N}\right] \xleftarrow{\$} \mathbb{Z}_q^{N-1} \tag{3-56}$$

$$k_j = \left[k_{j,1}, \cdots, k_{j,N-2}\right] \xleftarrow{\$} \mathbb{Z}_q^{N-2} \tag{3-57}$$

对于任意 $k_1 \neq k_2 \in [N] \setminus \{i\}$，都有 $\left|x_{j,k_1} - x_{j,k_2}\right| \geqslant r$。

② 计算向量 $y_j \in \mathbb{Z}_q^{N-1}$：

$$y_j = \left[(1^{N-1})^{\mathrm{T}}, x_j^{\mathrm{T}}, (x_j^2)^{\mathrm{T}}, \cdots, (x_j^{N-2})^{\mathrm{T}}\right] \cdot \begin{bmatrix} t_{i,j} \\ k_j^T \end{bmatrix} = \left[y_{j,1}, \cdots, y_{j,N-1}\right] \in \mathbb{Z}_q^{N-1} \tag{3-58}$$

输出分享值：

$$\begin{bmatrix} \left(x_{1,1}, y_{1,1}\right) & \cdots & \cdots & \left(x_{n,1}, y_{n,1}\right) \\ \vdots & & & \vdots \\ \vdots & & & \vdots \\ \left(x_{1,N}, y_{1,N}\right) & \cdots & \cdots & \left(x_{n,N}, y_{n,N}\right) \end{bmatrix}$$

在上述元组阵列中，每一行元组被发送给同一方，每一列元组是同一个值的计算分享。

(2) $\mathrm{SharPartDec}\left(\left(x_{i,j}, y_{i,j}\right), \hat{c}, i, k, N\right)$：给定分享元组 $\left(x_{i,j}, y_{i,j}\right)$，扩张密文 $\hat{c} \in \mathbb{Z}_q^{nN \times mN}$，私钥 t_k 的索引 k 以及其中第 i 个标量 $t_{k,i}$ 的索引 i，执行以下步骤。

① 分析扩张密文 $\hat{c}$ 的语义，将其划分为 $n \times N$ 个向量 $\hat{c}^{(i)} \in \mathbb{Z}_q^{mN}$：

$$\hat{C} = \begin{bmatrix} \hat{c}^{(1)} \\ \vdots \\ \hat{c}^{(nN)} \end{bmatrix} \tag{3-59}$$

② 定义 $\hat{w} \in \mathbb{Z}_q^{nN}$ 为

$$\hat{w} = [0, \cdots, 0, q/2] \tag{3-60}$$

③ 计算部分分享解密 $\left(\upsilon_{i,j}, \tau_{i,j}\right)$：

$$\upsilon_{i,j} = x_{i,j} \hat{c}^{(kn+i)} \hat{G}^{-1}(\hat{w}) + e_i^{\mathrm{smx}} \in \mathbb{Z}_q \tag{3-61}$$

$$\tau_{i,j} = y_{i,j}\hat{c}^{(kn+i)}\hat{G}^{-1}(\hat{w}) + e_i^{\text{smy}} \in \mathbb{Z}_q \tag{3-62}$$

其中，e_i^{smx} 和 e_i^{smy} 是从污迹噪声范围 $\left[-B_{\text{smdg}}^{\text{vdec}}, B_{\text{smdg}}^{\text{vdec}}\right]$ 中选取的随机数，$B_{\text{smdg}}^{\text{vdec}}$ 的值为 $B_{\text{smdg}}^{\text{vdec}} = 2^{d\lambda\log_2\lambda}$。

(3) $\text{SharFinDec}\left((\upsilon_{i,j}, \tau_{i,j})_{i\in[n],j\in[N]\setminus\{k\}}\right)$：给定所有部分分享解密 $(\upsilon_{i,j}, \tau_{i,j})_{i\in[n],k\in[N]\setminus\{k\}}$，计算变种部分解密结果：

$$p'_j = \sum_{i=1}^{n}\sum_{\substack{j=1\\ j\neq k}}^{N}\tau_{i,j}\prod_{\substack{h=1\\ h\neq j\\ h\neq k}}^{N}\frac{\upsilon_{i,h}}{\upsilon_{i,h}-\upsilon_{i,j}} \tag{3-63}$$

输出 p'_j。

下面，对提出的变种方案进行正确性和安全性证明。

首先对其做出正确性证明。在正确性证明的过程中，由于 GSW 方案和相应 MFHE 方案的正确性已经得到了证明，关于其证明部分，更多的细节需要参考相应的文献[10,11]。在证明过程中，会直接引用该部分的结论。

定理 3-3　上述关于 MFHE 的门限解密的变种方案符合正确性和安全性。

证明

正确性。上述方案除了基于线性秘密共享的变种门限解密过程，剩余部分与 MFHE 方案一致。因此，在正确性上，主要考虑方案的变种子结果。不失一般性地，令 $(\upsilon_{i,h}, \tau_{i,h})$ 和 $(\upsilon_{i,j}, \tau_{i,j})$ 为私钥 t_k 的部分分享解密，则有

$$\frac{\upsilon_{i,h}}{\upsilon_{i,h}-\upsilon_{i,j}} = \frac{x_{i,h}\hat{c}^{(kn+i)}\hat{G}^{-1}(\hat{w})+e_h}{(x_{i,h}-x_{i,j})\hat{c}^{(kn+i)}\hat{G}^{-1}(\hat{w})+(e_h-e_j)} = \frac{x_{i,h}}{x_{i,h}-x_{i,j}}\cdot\frac{\hat{c}^{(kn+i)}\hat{G}^{-1}(\hat{w})+e'}{\hat{c}^{(kn+i)}\hat{G}^{-1}(\hat{w})+e''} \tag{3-64}$$

其中，

$$e' = \frac{e_h}{x_{i,h}(x_{i,h}-x_{i,j})},\quad e'' = \frac{e_h-e_j}{x_{i,h}-x_{i,j}} \tag{3-65}$$

因此，能够计算下面的部分：

$$\sum_{j=1}^{N}\tau_{i,j}\prod_{\substack{h=1\\ h\neq j\\ h\neq k}}^{N}\frac{\upsilon_{i,h}}{\upsilon_{i,h}-\upsilon_{i,j}}$$

$$=\frac{\left[\hat{c}^{(kn+i)}\hat{G}^{-1}(\hat{w})+e'\right]^{N-1}}{\left[\hat{c}^{(kn+i)}\hat{G}^{-1}(\hat{w})+e''\right]^{N-2}}\cdot\left(\sum_{j=1}^{N}y_{i,j}\prod_{\substack{h=1\\ h\neq j\\ h\neq k}}^{N}\frac{x_{i,h}}{x_{i,h}-x_{i,j}}\right)$$

$$=\frac{\left[\hat{c}^{(kn+i)}\hat{G}^{-1}(\hat{w})+e'\right]^{N-1}}{\left[\hat{c}^{(kn+i)}\hat{G}^{-1}(\hat{w})+e''\right]^{N-2}}\cdot t_{k,i} \tag{3-66}$$

式(3-66)的结构能够被泛化为下面的形式：

$$\begin{aligned}
&\sum_{i=1}^{n}\sum_{j=1}^{N}\tau_{i,j}\prod_{\substack{h=1\\h\neq j\\h\neq k}}^{N}\frac{\upsilon_{i,h}}{\upsilon_{i,h}-\upsilon_{i,j}}\\
&=\sum_{i=1}^{n}\frac{\left[\hat{c}\hat{G}^{-1}(\hat{w})+e'\right]^{N-1}}{\left[\hat{c}\hat{G}^{-1}(\hat{w})+e''\right]^{N-2}}\cdot t_{k,i}\\
&=\frac{\left[\hat{c}\hat{G}^{-1}(\hat{w})+e'\right]^{N-2}}{\left[\hat{c}\hat{G}^{-1}(\hat{w})+e''\right]^{N-2}}\sum_{i=1}^{n}\left[\hat{c}\hat{G}^{-1}(\hat{w})+e'\right]\cdot t_{k,i}\\
&=\left[\frac{\hat{c}\hat{G}^{-1}(\hat{w})+e'}{\hat{c}\hat{G}^{-1}(\hat{w})+e''}\right]^{N-2}\left[t_k\hat{C}^{(k)}\hat{G}^{-1}(\hat{w})+t_k e'\right]
\end{aligned} \tag{3-67}$$

其中，$\hat{c}$ 是 $\hat{C}$ 的一个行向量。很容易得出，$\hat{c}\hat{G}^{-1}(\hat{w})$ 远大于 e' 和 e''，$\left[\frac{\hat{c}\hat{G}^{-1}(\hat{w})+e'}{\hat{c}\hat{G}^{-1}(\hat{w})+e''}\right]^{N-2}$ 的值接近于1。因此，其结果主要由 $t_k\hat{C}^{(k)}\hat{G}^{-1}(\hat{w})+t_k e'$ 决定。在此基础上，为了分析变种方案的正确性，必须首先得到 MFHE 方案正确性的条件。

如果 $\hat{C}$ 是对明文比特 μ 加密的密文，且其私钥为 $\hat{t}=[t_1,\cdots,t_N]$，那么有

$$\begin{aligned}
\hat{t}\hat{C}\hat{G}^{-1}\left(\hat{w}^{\mathrm{T}}\right)&=\mu\hat{t}\hat{G}\hat{G}^{-1}\left(\hat{w}^{\mathrm{T}}\right)+e\hat{G}^{-1}\left(\hat{w}^{\mathrm{T}}\right)\\
&=\mu(q/2)+e
\end{aligned} \tag{3-68}$$

可以观察到，在无门限解密的解密过程中，MFHE 方案能够正确工作的条件是$\|e\|_{\infty}\leqslant q/4$。

如果带有部分分享解密的门限解密过程被执行，最终的解密结果一定能够被算法 FinDec(·) 正确解密。因此，将私钥 t_k 的变种部分解密结果以及其他部分解密结果作为 FinDec(·) 的输入，得到

$$\begin{aligned}
&\sum_{i=1}\left[t_i\hat{C}^{(i)}\hat{G}^{-1}(\hat{w})\right]+t_k e'+\mathrm{e}^{sm}\\
&=\left(\mu\hat{t}\hat{G}+e\right)\hat{G}^{-1}\left(\hat{w}^{\mathrm{T}}\right)+t_k e'+e^{sm}\\
&=\mu(q/2)+e+t_k e'+e^{sm}
\end{aligned} \tag{3-69}$$

因此，这个解密过程能够正确工作，当且仅当$\|e+t_k e'+e^{sm}\|_\infty \leqslant q/4$。

引理 3-2　令$\hat{C}$为上述 MFHE 方案的评估密文，e为d层电路C的同态评估后的解密噪声，则噪声e的范式上界为$B_\chi 2^{O(d\log_2\lambda)}$。

证明　令$\hat{t}=[t_1,\cdots,t_N]$为由 MFHE 方案密钥生成所产生的N个私钥的组合序列，C为d层布尔电路，假定$\hat{C}$是由算法 Eval(params,C,$(\cdots)$) 所产生的评估密文，且$\hat{C}_i$和$\hat{C}_j$为 MFHE 方案新鲜密文在公钥pk_i和pk_j下的扩张，则有

$$\hat{t}\hat{C}_i=[t_iX_1+t_1C_i,\cdots,t_iC_i,\cdots,t_iX_N+t_NC_i] \tag{3-70}$$

对于任意$k\in[N]$，可以得到

$$\text{sk}_k=t_k=[-s_k,1] \tag{3-71}$$

$$\text{pk}_k=A=\begin{bmatrix}B\\b_k\end{bmatrix} \tag{3-72}$$

$$X_k=\sum_{k_1=1,k_2=1}^{m,m}V^{(k_1,k_2)}G^{-1}\left(Z_{k_1,k_2}\right) \tag{3-73}$$

其中，$b_k=s_kB+e_k$，$e_k\leftarrow\chi^m$。

因此，对于任意$u\in[N]$且$u\neq i$，有

$$\begin{aligned}t_iX_u&=t_i\cdot\sum_{u_1=1,u_2=1}^{m,m}V^{(u_1,u_2)}G^{-1}\left(Z_{u_1,u_2}\right)\\&=\sum_{u_1=1,u_2=1}^{m,m}(R[u_1,u_2]t_iG+e_{u_1u_2})G^{-1}(Z_{u_1,u_2})\\&=t_i\cdot\sum_{u_1=1,u_2=1}^{m,m}\left(R[u_1,u_2]Z_{u_1,u_2}+e'_{u_1,u_2}\right)\\&=[-s_i,1]\begin{bmatrix}0^{n-1}\\(b_u-b_i)R\end{bmatrix}+e_X\\&=(b_u-b_i)R+e_X\end{aligned}$$

且

$$\begin{aligned}t_uC_i&=[-s_u,1]\begin{bmatrix}B\\b_i\end{bmatrix}R+\mu t_uG\\&=-s_uBR+b_iR+\mu t_uG\\&=(b_i-b_u)R+\mu t_uG+e_C\end{aligned} \tag{3-74}$$

其中，$e_X = \sum_{u_1,u_2=1}^{m,m} e_{u_1,u_2} G^{-1}\left(Z_{u_1,u_2}\right)$；$e_C = e_u R$。

从而可以进一步得到

$$\begin{aligned}\hat{t}\hat{C}_i &= \left[\mu t_1 G + e_1, \cdots, \mu t_i G + e_i, \cdots, \mu t_N G + e_N\right] \\ &= \mu \hat{t}\hat{G} + \left[e_1, \cdots, e_N\right] \\ &= \mu \hat{t}\hat{G} + \hat{e}_i\end{aligned} \tag{3-75}$$

其中，$\hat{e}_i = \left[e_X + e_C, \cdots\right]$。由于要考虑评估噪声，并且乘法噪声的增长速度远大于加法噪声的增长速度，所以此处只考虑乘法噪声。于是，得到

$$\begin{aligned}\hat{t}\hat{C}^{(\times)} &= \hat{t}\hat{C}_i \hat{G}^{-1}\left(\hat{C}_j\right) \\ &= \mu_i \mu_j \hat{t}\hat{G} + e_i \hat{G}^{-1}\left(\hat{C}_j\right) + \mu_i e_j \\ &= \mu_i \mu_j \hat{t}\hat{G} + e^{(\times)}\end{aligned} \tag{3-76}$$

因此，乘法噪声的上界为$\left\|e^{(x)}\right\|_\infty \leqslant (mN+1) B_\chi$。考虑到计算电路每层将会对噪声进行一个乘法因子级别的增加，而该乘法因子最大为$mN+1$。所以，最终的噪声上界为$(mN+1)^d \left(m^4 + m\right) B_\chi = B_\chi 2^{O(d \log_2 \lambda)}$。

引理 3-3 令 p 为上述门限解密方案的最终解密结果，e^{sm} 为该结果的污迹噪声，则噪声 e^{sm} 的范式上界为 $B_\chi 2^{O(d\lambda \log_2 \lambda)}$。

证明 对于任意 $i \in [N]$，令 p_i 为由算法 PartDec$(\hat{c}, i, sk_i)$ 产生的部分解密，则可以得到

$$p_i = \gamma_i + e_i^{sm} \in \mathbb{Z}_q \tag{3-77}$$

其中，$\gamma_i = t_i \hat{C}^{(i)} \hat{G}^{-1}\left(\hat{w}^{\mathrm{T}}\right)$；$e_i^{sm} \stackrel{\$}{\leftarrow} \left[-B_{\text{smdg}}^{\text{dec}}, B_{\text{smdg}}^{\text{dec}}\right]$ 且 $B_{\text{smdg}}^{\text{dec}} = 2^{d\lambda \log_2 \lambda} B_\chi$。能够执行 FinDec(·) 的算法如下：

$$\begin{aligned}p &= \sum_{i=1}^{N} p_i \\ &= \sum_{i=1}^{N}\left(\gamma_i + e_i^{sm}\right) \\ &= \sum_{i=1}^{N} t_i \hat{C}^{(i)} \hat{G}^{-1}\left(\hat{w}^{\mathrm{T}}\right) + e^{sm}\end{aligned} \tag{3-78}$$

其中，$e^{sm} = \sum_{i=1}^{N} e_i^{sm}$。因此，$e^{sm}$ 的上界为$\left\|e^{sm}\right\|_\infty \leqslant N 2^{d\lambda \log_2 \lambda} B_\chi = B_\chi 2^{O(d\lambda \log_2 \lambda)}$。

引理 3-4　令 p'_k 为上述变种部分解密方案的最终解密结果，$t_i e'$ 为该结果的变种污迹噪声，则噪声 $t_i e'$ 的范式上界为 $B_\chi 2^{O(d\lambda\log_2\lambda)}$。

证明　令 $t_i e'$ 为变种污迹噪声，私钥 t_i 为 $t_i=[-s_i,1]$，且 $s_i\leftarrow\chi^{n-1}$。令噪声 e' 为 $e'=[e'_1,\cdots,e'_N]$，对于任意 $i\in[n]$，$e'_i\leqslant\dfrac{2^{d\lambda\log_2\lambda}}{r}$。因此，得到

$$t_i e'\leqslant\frac{nB_\chi 2^{d\lambda\log_2\lambda}}{r}=B_\chi 2^{O(d\lambda\log_2\lambda)} \tag{3-79}$$

证毕。

由以上的结果且 $q=B_\chi 2^{\omega(d\lambda\log_2\lambda)}$ 可以得到 $\left|e+t_i e'+e^{sm}\right|\leqslant q/4$。正确性得证。

安全性。首先构造仿真器如下：

$$\mathrm{sp}'_i\leftarrow S^{\mathrm{vthr}}\left(t_k,\hat{c},i,\left(x_{u,j},y_{u,j}\right)_{u\in[n],j\in[N]\setminus\{i,k\}}\right) \tag{3-80}$$

该仿真器输入私钥分享 $(x_{u,j},y_{u,j})_{u\in[n],j\in[N]\setminus\{i,k\}}$，评估后的密文 $\hat{c}$ 以及私钥 t_k，输出仿真部分分享解密，具体步骤如下。

(1) 构造 n 个矩阵 $\{MX_u\in\mathbb{Z}_q^{N-2\times N-2}\}_{u\in[n]}$ 和向量 $\{Vy_u\in\mathbb{Z}_q^{N-2}\}_{u\in[n]}$：

$$MX_u=\left[x_u,x_u^2,\cdots,x_u^{N-2}\right] \tag{3-81}$$

$$Vy_u=\left(y_u-t_{k,u}\right) \tag{3-82}$$

其中，

$$x_u=\left[\cdots,x_{u,j},\cdots\right]^{\mathrm{T}}_{j\in[N]\setminus\{i,k\}}\in\mathbb{Z}_q^{N-2} \tag{3-83}$$

$$y_u=\left[\cdots,y_{u,j},\cdots\right]^{\mathrm{T}}_{j\in[N]\setminus\{i,k\}}\in\mathbb{Z}_q^{N-2} \tag{3-84}$$

及

$$t_{k,u}=\left[t_{k,u},\cdots,t_{k,u}\right]^{\mathrm{T}}\in\mathbb{Z}_q^{N-2} \tag{3-85}$$

计算 n 个向量 $\{k_u\in\mathbb{Z}_q^{N-2}\}_{u\in[n]}$：

$$k_u=(MX_u)^{-1}\cdot Vy_u \tag{3-86}$$

(2) 选取向量 $Sx_i=\left[x'_{1,i},\cdots,x'_{n,i}\right]^{\mathrm{T}}\xleftarrow{\$}\mathbb{Z}_q^n$ 且对于每个 $u\in[n]$ 计算 $y'_{u,i}$：

$$y'_{u,i}=\left[1^n,x'_{u,i},(x'_{u,i})^2,\cdots,(x'_{u,i})^{N-2}\right]\cdot\begin{bmatrix}t_{k,u}\\k_u\end{bmatrix} \tag{3-87}$$

因此，有 $Sy_i=\left[y'_{1,i},\cdots,y'_{n,i}\right]^{\mathrm{T}}$。

(3) 对于每个 $u\in[n]$，计算第 u 个仿真部分分享解密：

$$\upsilon'_{u,i}=x'_{u,i}\hat{c}^{(kn+u)}\hat{G}^{-1}(\hat{w})+e_u^{\mathrm{smx}}\in\mathbb{Z}_q \tag{3-88}$$

$$\tau'_{u,i}=y'_{u,i}\hat{c}^{(kn+u)}\hat{G}^{-1}(\hat{w})+e_u^{\mathrm{smy}}\in\mathbb{Z}_q \tag{3-89}$$

其中，$e_u^{\mathrm{smx}},e_u^{\mathrm{smy}}\overset{\$}{\leftarrow}\left[-B_{\mathrm{smdg}}^{\mathrm{vdec}},B_{\mathrm{smdg}}^{\mathrm{vdec}}\right]$。然后计算仿真部分分享解密：

$$\mathrm{sp}'_i=\{(\upsilon'_{u,i},\tau'_{u,i})_{u\in[n]}\} \tag{3-90}$$

其真实值 sp_i 与仿真值 sp'_i 是概率不可区分的。

虽然前面提出的变种方案基于 Mukherjee 等[10]提出 2 轮 MPC 协议以及门限解密技术的启发，但是在秘密共享之后，其结果发生了较大的改变。最重要的是，Mukherjee 等[10]没有解决动态节点移动的问题，从而影响了其在某些环境下，特别是在本书车联网环境下的具体应用。对这个问题而言，本小节将线性秘密共享与 Mukherjee 等[10]的部分解密技术相结合，并给出相应的正确性和安全性证明。

本节的设计方案在没有合适的身份验证条件下，其信息的来源并不能得到保障，因此会引发许多其他问题，例如，在车辆数据聚合中，虚假数据被伪装的第三方发送并聚合，由此很难保证产生的聚合结果的正确性，在之后的数据应用中也可能引发事故，数据聚合也就失去了意义。下面结合批验证技术实现具体的安全聚合协议。

3.2.5 车联网安全数据聚合协议

尽管上述基于假名的同态批验证方案与多密钥全同态安全数据聚合方案解决了车辆身份的真实性、车辆位置的隐私以及在数据聚合中数据的安全性等问题，但是对以上方案的协同性而言，仍然需要对其参数和相关的设定进行调整。本节着重描述如何利用上述两个方案实现车联网环境下安全数据聚合协议，为此需要对整合之后的协议再次进行安全性分析，同时对不同参数下的性能与不同的方案进行比较。

下面具体描述完整的安全数据聚合协议。在开始之前，需要对整个协议所使用的参数进行初始化描述：选取安全参数 λ 作为输入，d 作为聚合函数 f 的最大计算深度，ℓ_{in} 和 ℓ_{out} 分别作为函数 f 的输入位数和输出位数，整数 n 作为整个协议中计算的维度，素数 $q=B\cdot 2^{\omega(d\lambda\log_2\lambda)}$ 作为模数，n 阶多项式 $\varphi(x)=x^n-1$ 产生相应的多项式环 $R=Z[x]/\varphi(x)$，B 为离散高斯分布 χ 的上界，整数

$m = n\log_2 q + \omega(\log_2 \lambda)$ 为加密方案的矩阵维度参数。

初始化过程中利用上述参数生成对于 TA 和 KGC 的密钥等参数。在整个协议过程中，包含了以下三个阶段。

1. 注册阶段

在注册阶段总共包含两轮通信。在第一轮通信中，车辆 V_i 在 OBU 中使用其唯一的真实 ID 标识 RID_i 向 TA 机构发出注册请求信息。在第二轮通信中，TA 机构根据其真实身份信息，生成相应的标识信息 $\{\mathrm{Token}_i, \mathrm{Sig}(\mathrm{Token}; s_T)\}$，并发送回 V_i。注册阶段使用安全信道进行通信，在车联网通信的每个车辆通过该信道加载了 $\{\mathrm{Token}_i, \mathrm{Sig}(\mathrm{Token}; s_T)\}$，如图 3-5 所示。

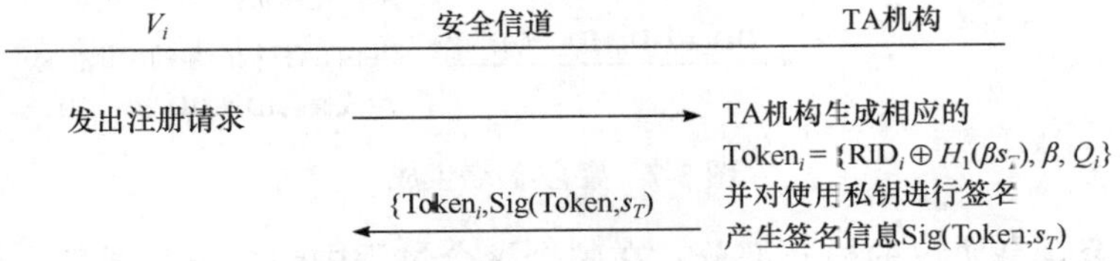

图 3-5　注册阶段

2. 密钥生成阶段

车辆 V_i 在完成注册之后，为了完成聚合阶段的认证和信息的加密与聚合，与 KGC 通信生成用于签名的部分私钥，然后在自身计算签名私钥的子部分。同时在车辆内部的 OBU，在生成签名密钥的同时产生加密密钥。因此，部分通信也分为两轮，但不必在安全信道内完成，如图 3-6 所示。

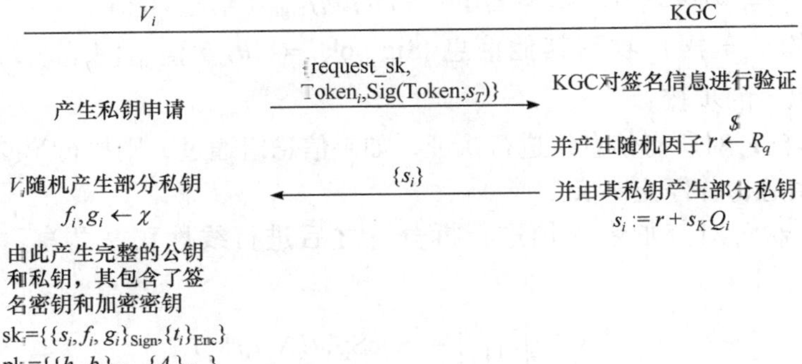

图 3-6　密钥生成阶段

在密钥生成阶段，车辆 V_i 与 KGC 的交互信息一般采用对称加密的方式进行安全性保护，对称加密在性能上具有一定的优势，可以保证关键信息传递时的安全性，其具体的加密方式在此不进行讨论。

3. 聚合阶段

当车辆 V_i 加入聚合时，需要完成两部分工作：使用假名以及参与聚合。假名的生成由 RSU 完成，当车辆 V_i 进入某一个 RSU 内部时，RSU 对 V_i 的身份进行验证后，采用随机数对 V_i 的身份信息进行隐藏，由此可以保证在每次通信时 V_i 所使用的身份信息都是不一致的，其具体的过程如图 3-7 所示。

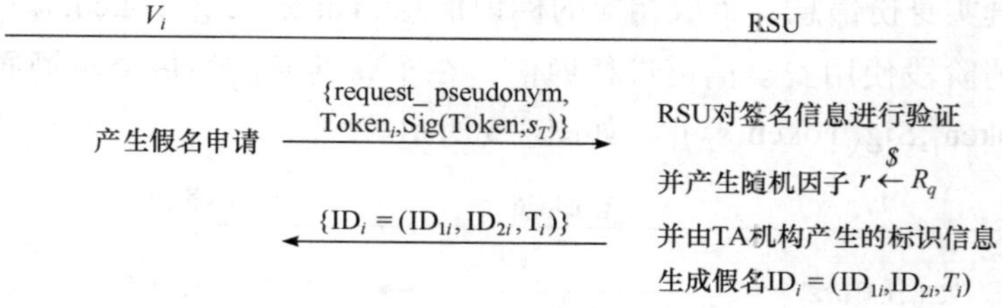

图 3-7　聚合-假名生成

参与聚合是协议的核心部分，在整个聚合过程中包含三轮通信。假定参与聚合方 V_i 有输入信息为 $x_i \in \{0,1\}^{\ell_{in}}$ ，其为参与聚合的信息，则具体的通信过程如下。

第一轮　车辆 V_i 执行以下步骤。

(1) 使用由密钥生成阶段产生的签名公私钥对，对其假名和公钥进行签名处理，产生签名 Sig_i 。

$$\text{Sig}_i \leftarrow \text{Sign}(\text{ID}_i,\{h_i,b_i\},\{A_i\},T_i)_{s_i,f_i,g_i}$$

(2) 广播公钥及签名信息 $\{\text{Sig}_i,\text{pk}_i = \{\{h_i,b_i\}_{\text{Sign}},\{A_i\}_{\text{Enc}},T_i\}$ 。

第二轮　车辆 V_i 收到其他信息 $\{\text{Sig}_j,\text{pk}_j = \{\{h_j,b_j\}_{\text{Sign}},\{A_j\}_{\text{Enc}},T_j\}_{j\in[N]\setminus\{i\}}$ 之后，执行以下的步骤。

(1) 车辆 V_i 对所有信息组进行认证，如果信息组通过，则执行第(2)步，否则发出拒绝信息，并停止协议。

(2) 车辆 V_i 对其加密私钥进行拆分，之后进行线性秘密共享，构建为秘密向量。

$$\left\{\{s_j\}_{j\in[N]\setminus\{i\}}\right\} \leftarrow \text{SecSplit}(N,i,\text{sk}_i) \tag{3-91}$$

(3) 对信息 $x_i \in \{0,1\}^{\ell_{\text{in}}}$ 和秘密向量进行按位加密，分别使用自身的公钥 pk_i 与其他各方的公钥 pk_j 。

$$\{c_{i,u} \leftarrow \text{Encrypt}(\text{pk}_i,x_i[u])\}_{u\in[\ell_{\text{in}}]} \tag{3-92}$$

$$\{cs_{j,g} \leftarrow \text{Encrypt}(\text{pk}_j, s_j[g])\}_{j\in[N]\setminus\{i\},g\in[2n\log_2 q]} \tag{3-93}$$

(4) 将由自身公钥产生的信息加密密文$\{c_{i,u}\}_{u\in[\ell_{\text{in}}]}$进行广播，将由其他各方公钥产生的秘密向量密文$\{cs_{j,g}\}_{j\in[N]\setminus\{k\},g\in[2n\log_2 q]}$分别发送给各方。

第三轮　在收到各方所发送的计算值之后，车辆V_i执行以下步骤。

(1) 对所有的信息密文$c_{a,j}$进行扩张。

$$\{\hat{c}_{a,j} \leftarrow \text{Expand}([\text{pk}_1,\cdots,\text{pk}_N], i, c_{a,j})\} \tag{3-94}$$

(2) 运行评估算法对扩展之后的密文进行评估计算。

$$\left\{\hat{c}_j \leftarrow \text{Eval}\left(f_j, \left[\hat{c}_{1,1},\cdots,\hat{c}_{N,\ell_{\text{in}}}\right]\right)\right\}_{j\in[\ell_{\text{out}}]} \tag{3-95}$$

其中，f_j是评估函数f输出的第j位布尔函数。

在第三轮通信中，需要确定聚合簇的结构是否发生变化，如果聚合簇内的车辆并没有发生移动，那么聚合算法按照常规聚合运算进行。

所有车辆会共同参与最后一轮通信的门限解密，可以得到按位输出的明文，其具体步骤如下。

(1) 对于任一车辆V_i计算部分解密结果，对于所有$j\in[\ell_{\text{out}}]$，有

$$p_i^{(j)} \leftarrow \text{PartDec}(\hat{c}_j, i, \text{sk}_i) \tag{3-96}$$

(2) 车辆V_i广播所有的部分解密值$\{p_i^{(j)}\}_{j\in[\ell_{\text{out}}]}$。

如果某一车辆V_s离开了聚合簇内，那么执行下面的步骤。

(1) 所有仍处于聚合簇内部的任一车辆V_i解密所有由其公钥pk_i加密的分享密文$\{cs_{s,g}\}_{g\in[2n\log_2 q]}$，并重构$V_s$的秘密向量$s_s$。

(2) 任一车辆V_i计算其自身的部分解密及其关于V_s的变种部分解密。

$$p_i^{(j)} \leftarrow \text{PartDec}(\hat{c}_j, i, \text{sk}_i) \tag{3-97}$$

$$\left(\tau_i^{(j)}, \upsilon_i^{(j)}\right) \leftarrow \text{SharPartDec}(s_i, \hat{c}_j, i, N) \tag{3-98}$$

(3) 所有车辆广播其计算值$\{p_i^{(j)}, \upsilon_i^{(j)}, \tau_i^{(j)}\}_{j\in[\ell_{\text{out}}]}$。

第三轮通信结束后的输出如下。

(1) 如果车辆都仍处于聚合簇的通信范围之内，那么在收到所有部分解密值$\{p_i^{(j)}\}_{j\in[\ell_{\text{out}}]}$之后，运行最终解密算法，对于任意第$j$位，输出相应的位置：

$$\{y_j \leftarrow \text{FinDec}(p_1^{(j)},\cdots,p_N^{(j)})\}_{j\in[\ell_{\text{out}}]} \tag{3-99}$$

并最后合成输出为 $y=\left[y_1,\cdots,y_{\ell_{\text{out}}}\right]$。

(2) 如果存在车辆离开了其聚合簇，那么其仍在聚合簇内的车辆在收到其他车辆部分解密与车辆变种部分解密结果 $\{p_i^{(j)},\upsilon_i^{(j)},\tau_i^{(j)}\}_{j\in[\ell_{\text{out}}],i\in[N]\setminus\{s\}}$ 之后，首先运行部分分享解密算法得到关于车辆的第 j 位变种部分解密：

$$\left\{p_s^{(j)\prime}\leftarrow \text{SharFinDec}\left(\left\{\upsilon_i^{(j)},\tau_i^{(j)}\right\}_{i\in[N]\setminus\{s\}}\right)\right\}_{j\in[\ell_{\text{out}}]} \tag{3-100}$$

然后运行最终解密算法得到第 j 位最终解密：

$$\left\{y_j\leftarrow \text{FinDec}\left(p_1^{(j)},\cdots,p_s^{(j)\prime},\cdots,p_N^{(j)}\right)\right\}_{j\in[\ell_{\text{out}}]} \tag{3-101}$$

最后合成输出为 $y=\left[y_1,\cdots,y_{\ell_{\text{out}}}\right]$。

上述协议实现了对于某个确定性多项式算法 f 在车载自组织网络中的安全数据聚合，其对于所有参与聚合的车辆产生了一个共同的输出值。其协议安全性能够对抗使用 $N-1$ 方车辆勾结的半诚实攻击者。接下来，证明下面的定理。

定理 3-4　令 f 为某个多项式时间可计算的确定性函数，其带有 N 个输入、1个输出。令上述签名方案为带有批验证模式的基于 NTRU 的多密钥同态签名方案。令上述方案 MFHE= (Setup, Kengen, Encrypt, Expand, Eval, PartDec, FinDec, SecSplit, SharPartDec, SharFinDec) 是一个带有门限解密和变种部分解密的多密钥全同态加密方案，则前面所描述的协议是一个 UC 实现的安全性协议，其可以抵抗在某一聚合簇 $N-1$ 方勾结的半诚实攻击者的攻击。

证明　为了简化其安全性证明，忽略了注册阶段与密钥生成阶段的信息安全性问题，这两个阶段的安全性分别基于信道安全性与对称加密安全性，在密码学研究中大量在该方面的工作已经完成，但这在本书中不是重点。同时，忽略其安全性证明并不影响整体安全性证明。

为了证明其安全性，需要构建一个对于 $N-1$ 方勾结的半诚实攻击者的高效 PPT 仿真器 S。令 A 为半诚实攻击者，P_h 为其仅有的诚实方，P_s 为离开聚合簇的节点。仿真器对协议的仿真采用以下方式：

在第一轮通信中，仿真器使用伪造签名算法 A 伪造签名代替真实签名。在第二轮通信中，仿真器用加密 0 串替代诚实方 P_h 的真实输入。在第二轮通信后，仿真器得到所有 $N-1$ 方勾结车辆的输入、分享值以及相应的私钥。将这些值输入到理想函数且收到输出位 y_j，其中 $j\in[\ell_{\text{out}}]$。同时，仿真器也能计算评估密文 $\hat{c}_j$，然后仿真器计算仿真部分解密：

$$\text{sp}_i'\leftarrow S^{\text{vthr}}(\text{sk}_s,\hat{c},i,(s_j)_{j\in[N]\setminus\{s,h\}}) \tag{3-102}$$

随后，在第三轮通信中广播仿真值替代其由算法 SharPartDec(·) 产生的真值。最后，计算对于诚实方的仿真部分解密：

$$P_h' \leftarrow S^{\text{thr}}(\mu, \hat{c}, h, \{\text{sk}_i\}_{i\in[N]\setminus\{h\}}) \tag{3-103}$$

在第三轮通信中，广播该仿真值用以替代其正确计算的部分解密 P_h，该值由 PartDec(·) 算法产生。

现在定义一系列混合博弈，用于证明真实世界 $\text{REAL}_{\pi,A,Z}$ 和理想世界 $\text{IDEAL}_{F,S,Z}$ 的不可区分性：

$$\text{IDEAL}_{F,S,Z} \overset{\text{comp}}{\approx} \text{REAL}_{\pi,A,Z}$$

(1) $\text{REAL}_{\pi,A,Z}$ 博弈。在该博弈中，协议总是运行在真实环境 Z 下，其中包含了半诚实攻击者 A。

(2) $\text{HYB}_{\pi,A,Z}$ 博弈。在该博弈中，修改了真实世界 $\text{REAL}_{\pi,A,Z}$ 中的实验：假定在第二轮通信以后 P_h 给定了所有的私钥 $\{\text{sk}_i\}_{i\in[N]\setminus\{h\}}$。在第三轮通信中，$P_h$ 广播了被仿真的值，其由仿真器 S^{thr} 产生 $P_h' \leftarrow S^{\text{thr}}(\mu, \hat{c}, h, \{\text{sk}_i\}_{i\in[N]\setminus\{h\}})$，该值替代了真实的部分解密值，其值由函数 PartDec(·) 产生。

(3) $\text{HYB}_{\pi,A,Z}$ 博弈。在该博弈中，修改了 $\text{HYB}_{\pi,A,Z}$ 博弈中的实验：假定在第二轮通信以后 P_h 给定了私钥 t_s 所有分享向量 $\{s_j\}_{j\in[N]\setminus\{s,h\}}$。在第三轮通信中，$P_h$ 广播被仿真分享部分解密值，由仿真器 S^{vthr} 产生 $\text{sp}_i' \leftarrow S^{\text{vthr}}(\text{sk}_s, \hat{c}, i, \{s_j\}_{j\in[N]\setminus\{s,h\}})$，该值替代了真实的分享部分解密值，其值由函数 SharPartDec(·) 产生。

(4) $\text{HYB}_{\pi,A,Z}$ 博弈。在该博弈中，修改了 $\text{HYB}_{\pi,A,Z}$ 博弈中的实验：假定在第一轮通信中，P_h 广播了由签名伪造算法伪造的签名信息，该签名替代了真实签名，其值由前面的签名算法产生。

(5) $\text{IDEAL}_{F,S,Z}$ 博弈。在该博弈中，协议与 $\text{HYB}_{\pi,A,Z}$ 博弈产生了相似的运行方式，但是在第二轮通信中其加密了 0 串，而不再加密真实输入，最后广播其加密。

论点 3-1　$\text{REAL}_{\pi,A,Z} \overset{\text{stat}}{\approx} \text{HYB}_{\pi,A,Z}$

证明　在 $\text{REAL}_{\pi,A,Z}$ 和 $\text{HYB}_{\pi,A,Z}$ 两个实验之间唯一的改变是用仿真器 S^{thr} 生成了参与方 P_h 的部分解密，替代了用算法 PartDec(·) 产生的结果。门限解密的仿真器安全性在文献[10]中已经得到了相关证明，通过门限解密的可仿真性，部分解密是统计上不可区分的。得证。

论点 3-2　$\text{HYB}_{\pi,A,Z} \overset{\text{stat}}{\approx} \text{HYB}_{\pi,A,Z}$

证明　在 $\text{HYB}_{\pi,A,Z}$ 和 $\text{HYB}_{\pi,A,Z}$ 两个实验之间唯一的改变在于用仿真器 S^{vthr}

生成了参与方 P_h 的变种部分解密，替代了用算法 SharPartDec(·) 产生的结果。变种部分解密的仿真器安全性已经得到了相关证明，通过变种部分解密的可仿真性，部分解密是统计上不可区分的。得证。

论点 3-3　$\mathrm{HYB}_{\pi,A,Z} \overset{\text{comp}}{\approx} \mathrm{HYB}_{\pi,A,Z}$

证明　在 $\mathrm{HYB}_{\pi,A,Z}$ 和 $\mathrm{HYB}_{\pi,A,Z}$ 两个实验之间唯一的改变在于用签名伪造算法生成了伪造签名，替代了由原算法产生的真实签名。该签名方案的不可伪造性已经得到了相关证明，通过签名的不可仿造性，其安全性可以规约到 RLWE 和 DSPR 的安全性上，这两个问题满足计算不可区分性。因此，$\mathrm{HYB}_{\pi,A,Z}$ 和 $\mathrm{HYB}_{\pi,A,Z}$ 两个实验也满足计算不可区分性。得证。

论点 3-4　$\mathrm{HYB}_{\pi,A,Z} \overset{\text{comp}}{\approx} \mathrm{IDEAL}_{F,S,Z}$

证明　在 $\mathrm{HYB}_{\pi,A,Z}$ 和 $\mathrm{IDEAL}_{F,S,Z}$ 两个实验之间唯一的改变在于用密文的生成方式，使用 0 串代替了原本使用的真实输入。加密方式使用的是基于 GSW 的 MFHE 方案，其安全性在文献[11]中已经得到了相关证明，因此其加密结果是计算不可区分的。上述两个实验是计算不可区分的。得证。

综上所述，$\mathrm{IDEAL}_{F,S,Z} \overset{\text{comp}}{\approx} \mathrm{REAL}_{\pi,A,Z}$ 结论得证。

与安全性分析相似，为了简化性能分析，忽略了注册阶段与密钥生成阶段的计算复杂性问题，这两部分的性能与具体所使用的方案有关，其在本节并不是主要的，因此在性能分析中并不考虑这两点，同时忽略其性能分析也并不会对后续的分析产生影响。

在协议的开始阶段，对参数进行相关设定，从惯例而言，参数生成的复杂性问题也不会纳入考虑。不失一般性地，以车辆 V_h 为例进行分析和实验。

协议使用的签名方案产生了公钥 $\mathrm{pk}=(h,b)$ 和私钥 $\mathrm{sk}=(s,f,g)$，最后生成签名结构 $\sigma:=(v,h',b',b'',b''')$。在通信规模上，公钥、私钥分别由多个 n 阶多项式构成，其规模约为 $O(n\log_2 q)$ 位，签名结构也类似。

与已有典型格基签名方案进行对比，其细节如表 3-1 所示。

表 3-1　格基签名方案对比

方案	规模			困难问题
	签名	公钥	私钥	
GGH[12]	$O(n\log_2 q)$	$O(n^2\log_2 q)$	$O(n^2\log_2 q)$	CVP
NTRU[13]	$O(n\log_2 q)$	$O(n\log_2 q)$	$O(n\log_2 q)$	CVP

续表

方案	规模			困难问题
	签名	公钥	私钥	
GPV[14]	$O(n\log_2 q)$	$O(n^2\log_2 q)$	$O(n^2\log_2 q)$	SIVP
本节方案	$O(n\log_2 q)$	$O(n\log_2 q)$	$O(n\log_2 q)$	SIVP

从理论上看，在格上所产生的签名方案都是基于基本格问题的最坏情况复杂度，在安全性规约上并无太大差异。与其他经典方案对比，在签名规模与公私钥的规模上，其签名方案比其他签名方案降低了一个 n 阶因子，在通信规模上有相应改善。

在计算性能上，签名算法会产生常数次卷积乘法与标量乘法，签名验证算法也会产生常数次卷积乘法，因此其计算复杂度为 $O(n^2)$。为了与传统的批验证方案进行比较，此处对NTRU方案中的参数进行选择，NTRU的参数分为三种安全性等级，此处选择 $n=263$ 的安全等级，对应于 ECC 的模数位168位的参数选择。与传统的基于椭圆曲线的批验证方案进行对比，使用在 $\mathbb{Z}_q$ 上的乘法次数进行比较。在针对 ECC 的点乘计算上，采用快速计算将其计算复杂度降为 $O(\log_2 q)$，其细节如表 3-2 所示。

表 3-2　批验证签名方案对比

方案	计算开销/次	对操作
Malip[15]	约 1.34×10^4	无
Malhi[16]	约 1.07×10^4	无
Gaythri[17]	约 4.70×10^3	有
本节方案	约 4.15×10^5	—

与传统的批验证方案进行对比，NTRU 在多项式卷积乘法上仍存在劣势，因此与传统的批验证方案相比仍然在性能上出现了下滑。但是从安全性考虑，本节方案是基于格上困难问题的，因此仍有潜力可以挖掘，在计算复杂度上也存在可以优化的地方。

从计算复杂度的角度进行考量，按照本节车载自组织网络安全数据聚合协议的步骤进行分析。同规模下的乘法操作具有较高的计算复杂度，因此主要对 $\mathbb{Z}_q$ 上的乘法运算次数进行分析。

V_h 在第一轮通信中会产生自身的签名信息，对于签名算法的开销，主要由签名生成和签名验证两部分决定。签名生成算法产生了6次 n 阶卷积多项式乘法以及4次标量乘法，因此总共进行了 $6n^2+4n$ 次 Z_q 上的乘法运算，其签名算法的计算复杂度为 $O\left(n^2\right)$。在签名验证算法上，如果是单验证情况，需要做3次卷积乘法运算，即 $3n^2$ 次在 Z_q 上的乘法运算，其计算复杂度为 $\theta\left(n^2\right)$；如果是批验证情况，则其计算复杂度也为 $\theta\left(n^2\right)$。

在第二轮通信中，V_h 对签名信息进行验证的算法复杂度已经在第一轮通信过程中被考虑，除此之外，在第二轮通信中，其主要过程包含了 $\mathrm{SecSplit}(\cdot)$ 和 $\mathrm{Encrypt}(\cdot)$ 两个操作过程，其中 $\mathrm{SecSplit}(\cdot)$ 操作执行了1次，$\mathrm{Encrypt}(\cdot)$ 操作执行了 $\ell_{\text{in}}+2n(N-1)\log_2 q$ 次。在 $\mathrm{SecSplit}(\cdot)$ 中其操作总共执行了约 N^2-N+1 次在 Z_q 上的乘法运算，而 $\mathrm{Encrypt}(\cdot)$ 操作中包含了 nm^2+nm 次在 Z_q 上的乘法运算，因此总共执行了约 $\left[\ell_{\text{in}}+2n(N-1)\log_2 q\right]\left(nm^2+nm\right)+\left(N^2-N+1\right)$ 次乘法运算。考虑参数因子，因此其计算复杂度为 $\theta\left(\ell_{\text{in}}n^2m^2\log_2 q\right)$。

在第三轮通信中，对最复杂的情况而言，其主要包含了 $\mathrm{Expand}(\cdot)$、$\mathrm{Eval}(\cdot)$、$\mathrm{Dec}(\cdot)$、$\mathrm{PartDec}(\cdot)$ 和 $\mathrm{SharPartDec}(\cdot)$ 操作过程，其中 $\mathrm{Expand}(\cdot)$ 执行了 $N\ell_{\text{in}}$ 次，$\mathrm{Eval}(\cdot)$ 与 $\mathrm{PartDec}(\cdot)$ 和 $\mathrm{SharPartDec}(\cdot)$ 都执行了 ℓ_{out} 次，$\mathrm{Dec}(\cdot)$ 执行了 $(N-1)\cdot 2n\log_2 q$ 次。$\mathrm{Expand}(\cdot)$ 中包含了 m^2 次加密操作的执行，即 $N\ell_{\text{in}}\cdot\left(nm^4+nm^3\right)$ 次乘法运算。$\mathrm{Eval}(\cdot)$ 所计算的电路为 d 层，在最坏情况下，即 $dnm^2N^3\ell_{\text{out}}$ 次乘法运算。$\mathrm{Dec}(\cdot)$ 执行了 $2(N-1)nm^2\cdot\log_2 q$ 次乘法运算。$\mathrm{PartDec}(\cdot)$ 执行了约 $mn^2N^2\ell_{\text{out}}$ 次乘法运算。$\mathrm{SharPartDec}(\cdot)$ 执行了约 $nmN^2\ell_{\text{out}}$ 次乘法运算。综合上述计算复杂度，其计算复杂度为 $\theta\left(\ell_{\text{in}}nm^4+\ell_{\text{out}}d\log_2 q\cdot nm^2+\ell_{\text{out}}n^2m\right)$。

在最后的输出计算中，执行了 ℓ_{out} 次 $\mathrm{SharFinDec}(\cdot)$ 和1次 $\mathrm{FinDec}(\cdot)$，其分别进行了约 $nN^2\ell_{\text{out}}$ 次乘法运算和 N 次乘法运算，因此该阶段的计算复杂度为 $O(n\ell_{\text{out}})$。

由此，协议的计算复杂度为 $\theta(\ell_{\text{in}}d^4\lambda^4(\log_2\lambda)^4)+\theta(d^5\lambda^5(\log_2\lambda)^5)$。

考虑通信复杂度。在聚合簇内的通信中，公钥生成之后在簇内进行广播，因此其第一轮的通信规模主要为 N 方公钥与证书的组合，其中每个带有 $nm\log_2 q$ 个比特位。对于固定参数，其通信复杂度为 $\theta(d^2\lambda^2(\log_2\lambda)^2)$。在第二轮通信中，为了加密分享和输入，其传输信息包含了 $\ell_{\text{in}}+2n(N-1)\log_2 q$ 个加密结构，其密文的比特位数量为 $(\ell_{\text{in}}+2n(N-1)\log_2 q)\cdot nm^3\log_2 q$ 位，对于固定参数，其通信复杂度为 $\theta(\ell_{\text{in}} d^2\lambda^2(\log_2\lambda)^2)+\theta(d^3\lambda^3(\log_2\lambda)^3)$。在第三轮通信中，其通信过程传递了 $3n(N-1)\ell_{\text{out}}$ 个部分的解密结果，因此其通信复杂度为 $\theta(\ell_{\text{out}} d\lambda(\log_2\lambda))$。如上所述，在整个通信过程中，整体的通信复杂度为 $\theta(\ell_{\text{in}} d^4\lambda^4(\log_2\lambda)^4)+\theta(d^5\lambda^5(\log_2\lambda)^5)$。该方案与其他同态方案复杂度对比如表 3-3 所示。

表 3-3　同态方案复杂度对比

方案	计算复杂度	通信复杂度
CM 方案[11]	$\theta(\ell_{\text{in}} d^4\lambda^4(\log_2\lambda)^4)$	—
MW 方案[10]	$\theta(\ell_{\text{in}} d^4\lambda^4(\log_2\lambda)^4)$	$\theta(\ell_{\text{in}} d^4\lambda^4(\log_2\lambda)^4)$
本节方案	$\theta(\ell_{\text{in}} d^4\lambda^4(\log_2\lambda)^4)$ $+\theta(d^5\lambda^5(\log_2\lambda)^5)$	$\theta(\ell_{\text{in}} d^4\lambda^4(\log_2\lambda)^4)$ $+\theta(d^5\lambda^5(\log_2\lambda)^5)$

本节在前述签名方案和聚合方案的基础上，提出了车载自组织网络安全数据聚合协议，利用组合安全性分析，对整个协议的安全性进行了证明，并将部分结构与其他方案进行了对比。但是在批验证算法上，其复杂性还较高，为平方次计算的复杂度，同时在整个协议的过程中，对加密算法的使用次数过多，引起了协议复杂度膨胀，在该过程中仍有可以改进的地方。主要结论如下。

两轮 MPC 协议非常适合车联网中的新情况。但是考虑到车辆集群的动态结构，该协议在功能上还存在一些缺陷。经过变体部分解密后，可以在更复杂的情况下实现数据聚合，并且可以在这种环境下执行多跳评估。

另外，调用了太多的密码套件和矩阵运算，因此该方案的性能远低于前一种方案，而且在密钥共享中，仍然可以优化表达形式。以上也是未来研究的重点。

随着车联网的蓬勃发展，服务于车联网应用的云数据面临大量的重复存储和隐私泄露问题，而如何平衡隐私和降低云存储成本之间的矛盾也亟待解决。与此同时，在保证用户隐私的前提下，为降低通信和存储负荷而实现高效、安全的数据聚合也是安全数据去重值得研究的一个方向。为了解决已有方案中存在的安全性不足和效率低下问题，本章提出了基于 Bloom 过滤器(Bloom filter，BF)和阈值盲签名(threshold blind signature，TBS)的车联网数据安全去重方法以及基于函数加密的车联网访问控制及隐私保护去重方法，这两种方法都能够有效地在系统功能性和安全性两者之间取得平衡。考虑车联网所具有的局部效应和冗余数据的处理，本章同时提出了在群集中基于多密钥全同态的车联网数据安全聚合协议。本章提出的所有方法均严格按照密码学原理进行了形式化的安全性证明，并进行了对比性的仿真实验。

3.3　基于 Bloom 过滤器和阈值盲签名的车联网数据安全去重方案

随着云计算和大数据的发展，越来越多的企业和客户选择将文件外包到云上，在方便存储和管理的同时使得云盘的占用率成倍增长。根据思科全球云指数发布的信息[18]，个人云存储服务注册用户数从 2015 年的 13 亿增加到 2020 年的 23 亿，全球数据上升至 40ZB。面对如此庞大的数据量，如何利用云资源的经济性和效率成为云服务提供商不可避免的挑战。

为了提高存储可用性和降低管理成本，云服务提供商倾向于从重复数据删除技术中获取支持，使用随机采样的字符串或哈希值作为标签，以避免重复上传相同的数据。根据执行重复数据删除的阶段，相关技术可以分为如下两类。

(1) 服务器端重复数据删除：用户将自己的数据随意上传到云端，由服务器自行检测并删除重复数据。虽然这种想法保留了重复数据删除的功能，但将消耗大量带宽来传输不必要的数据。

(2) 客户端重复数据删除：在上传之前，客户端计算用于云检索的数据的哈希函数。在收到散列值后，云服务器会检查本地存储系统中是否存在相同的标签。如果是，则服务器将指示取消实际的上传过程，并将客户端标记为相应数据的所有者。由于散列值总是被简化，所以这种方法可以显著减少存储空间和传输开销。

关于客户端辅助的重复数据删除的安全问题，云服务器应该是诚实的，但也应该是具有好奇心的，其可能会对用户外包的隐私感兴趣。因此，客户倾向于以密文的形式上传数据。但是，密钥是由不同的用户自发选择的，相同的文件将被加密为不同的密文，这对于冗余检测是不可行的。

针对上述问题，作者设计了一种基于阈值盲签名和秘密共享的更安全的重复数据删除协议。通过引入多个签名服务器，收敛密钥将偏离与数据相关的散列值。在数据所有权方面，使用一个 Bloom 过滤器来实现一个挑战/响应协议，该协议能够确定用户是否拥有一个正如其所声称的完整的文件。在正式的安全性证明之后，本书所提出的方案将与最近的一些方法[2]进行比较，也显示出其上传和重复数据删除所需成本更低的优势。

收敛加密(convergent encryption，CE)的概念最早是由 Douceur 等[19]在 2002 年提出的，其将密钥生成算法设置为确定性，以确保相同的数据产生相同的密钥，如哈希函数的输出就是一个典型的例子。随后，在接下来 10 年左右的时间，许多科研人员对 CE 进行了进一步的研究和使用，如表 3-4 所示。

表 3-4　CE 的相关工作

研究人员	贡献
Bellare 等[20]	消息锁加密算法
Keelveedhi 等[21]	DupLESS 方案
Miao 等[2]	改进 DupLESS 方案
Li 等[22]	更新文件密钥方案
Qin 等[23]	一种结合 MLE 和 AONT-RS 秘密共享机制的方案

其中，Li 等[22]方案取得了显著成效。他们基于明确的安全目标和形式化的描述模型，将 CE 算法与收敛扩散机制相结合，提出了一种 CD 存储方案来实现数据安全并删除重复数据。实验表明，该方案节省了近 70%的存储成本。

对文件的下载权而言，所有权证明(proof of power，PoP)通常用于保证用户的数据所有权，主要建立在 Merkle 哈希树(Merkle Hash tree，MHT)、随机抽样或广义哈希函数的基础上。2011 年，Halevi 等[24]首次提出了 PoW 概念，其背后的核心思想是：在客户端压缩文件，并根据该压缩文件构建了一个马尔可夫树。因此，当需要进行身份验证时，服务器可能会发起挑战，而客户端则需要返回从根到指定叶子的一条路径。只有当所有的响应都有效时，服务器才会确认用户拥有该文件，并为其指向该文件的存储区。

随后，许多研究者对 PoW 进行了更加广泛的研究，如表 3-5 所示。值得注意的是，Blasco 等[25]提出了一种灵活的、可扩展的、可证明安全性的数据去重方案。简单地说，服务器将接收到的文件分成相同大小的块，并通过伪随机函数计算出其对应的令牌，随后将其插入一个 Bloom 过滤器中，而该过滤器以三元组数据结构进行存储。由于 Bloom 过滤器的使用，在挑战阶段，服务器仅需在客户端上传一定数量的令牌就可以对他的所有权予以验证。

表 3-5　PoW 的相关工作

研究人员	贡献
Wan 等[15]	快速的多类数据检索方法
Wan 等[26]	基于物联网架构的数据查询方法
Zhu 等[27]	基于异质在线社交网络的影响最大化模型
Xiong 等[28]	共享文件的新方法

续表

研究人员	贡献
Tang 等[29]	基于多个属性的查询方法
Zhao 等[30]	云中多源数据的隐私保护方案
Qi 等[31]	数据驱动的服务推荐隐私保护
Yin 等[32]	边缘计算环境下基于深度特征学习的服务推荐的质量预测

3.3.1 车联网数据盲签名方案的构建

为实现在车联网环境中安全地去除重复数据，聚合密钥和标签通常来自要上传的文件。出于隐私保护的考虑，用户通常使用收敛密钥进行数据加密。当一个文件需要被外包时，用户应当提前提交相应的标签，以用来检查服务器端是否存在重复数据。

很明显，一旦找到文件的一个副本，真正的上传就没有必要了，而只需发送其相应的链接给用户。在这个过程中，必须解决两个棘手但重大的问题：一个问题是收敛密钥和标签在统计上必须是独立的，因为服务器可能从标签或密钥推断出感兴趣的信息；另一个问题是如何使相同的密钥对所有数据所有者都显而易见，从而保证能够实现正确解密。

盲签名最早是由 Chaum[33]在 1983 年提出的，要求签名者不能知道他所签署的任何信息。这里采用盲签名进行重复数据检查的原因是隐藏文件与其哈希值之间的相关性，从而可以避免暴力或字典攻击。

考虑到部分密钥服务器可能与云进行串通来侵犯车辆的隐私，本节将在中国剩余定理阈值秘密共享方案中引入一个辅助属性，即只有超过 $t-1$ 个密钥服务器同时参与时才能执行签名。用 $\mathrm{KS}=\{\mathrm{KS}_1,\cdots,\mathrm{KS}_n\}$ 表示 n 个密钥服务器，(t,n) 门限秘密共享方案实现如下。

1. 秘密共享过程

发布中心(distribution center，DC)选择一个大于任意密钥 sk 的素数，一个整数 A 及一个合适的序列 $d=\{d_1,d_2,\cdots,d_n\}$，其中 $0<A<N/(q-1)$，$d_1<d_2<\cdots<d_n$ 需严格单调递增。如果 $i\neq j$，对于所有的 $i=1,2,\cdots,n$，需满足 $\gcd(d_i,q)=1$ 且 $\gcd(d_i,d_j)=1$，而对于 $2\leqslant t\leqslant n$，有 $N=\prod_{i=1}^{t}d_i>q\prod_{i=1}^{t-1}d_{n-i+1}$。随后计算 $L=\mathrm{sk}+Aq$，并秘密传输 (L_i,d_i) 给对应密钥服务器，其中 $L_i=L(\operatorname{mod} d_i)$，从而使密钥 sk 以份额的形式被一系列密钥服务器 KS_i 所共享。

2. 秘密恢复过程

将 $\mathrm{sk}'=\{\mathrm{sk}'_1,\mathrm{sk}'_2,\cdots,\mathrm{sk}'_{t'}\}\subseteq \mathrm{sk}$ 定义为活跃的密钥服务器中可以被使用的秘密份额子集。为表述清晰，在本节的其余部分默认将 $|\mathrm{sk}'|$ 表示为 t'。由于这些参与者所保存的所有份额 (L_i,d_i) 均符合同余方程：

$$L_j\equiv L(\bmod d_j),\quad j=1,2,\cdots,t' \tag{3-104}$$

所以一旦有至少 t 个秘密份额可用，共享密钥值 sk 就能通过式(3-105)简单实现，即

$$\mathrm{sk}=\left(\sum_{j=1}^{t'}\frac{D}{d_j}e_jL_j(\bmod D)\right)(\bmod q) \tag{3-105}$$

其中，$D=\prod_{j=1}^{t'}d_j$，且 $\frac{D}{d_j}e_j\equiv(\bmod d_j)$。

值得注意的是，密钥 sk 不应该暴露给任何密钥服务器，因此每个服务器都应该通过其秘密共享 L_j 分别对消息进行签名，这是一个预处理步骤。

Bloom 过滤器将进一步被用作 PoW 来验证用户对特定文件的所有权。在随机预言机模型中，该过滤器是一个与哈希函数集合 $H=\{H_k:\{0,1\}^*\to\{0,1\}^l\}_{k=1,2,\cdots,k}$ 有关的1维向量 $\mathrm{BF}\in\{0,1\}^{2^l}$。给定一个二进制字符串 m，Bloom 过滤器可以通过将其所有 $H_k(m)$ 个输出设置为1构造出用于查询的数组。当检查一个车辆是否拥有一个所声称的文件时，云服务器可以请求其对这些散列值的响应。根据 BF 的结构，如果车辆回复的信息与至少一个过滤器的标记位置不一致，则视为认证无效。本节所使用的所有权证明及数据去重模型如图 3-8 所示。

3.3.2　车联网数据去重的安全需求

该方案的主要目标是避免车辆上传重复文件，以达到节约存储空间的目的。然而，车联网云服务器和密钥服务器可能合谋侵犯用户隐私，而恶意的攻击者也可能通过欺骗非法获取数据访问权。为了缓解系统功能性和安全性之间的矛盾，首先定义如图 3-8 所示的系统及安全性模型。

如图 3-8 所示，除用于文件存储的车联网云服务器和客户端之外，还引入了一组密钥服务器。这样做是为了确保云服务器无法和密钥服务器勾结以破坏用户隐私，使系统在满足语义安全的同时能够充分保障去重功能的实现。三类参与者的角色定义如下。

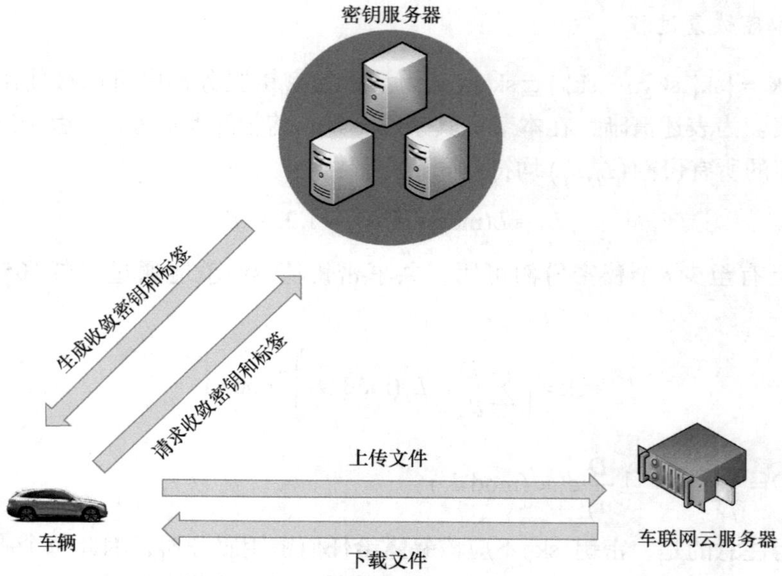

图 3-8　用于安全数据去重的系统模型

(1) 车辆。

车辆把加密文件上传到云端。同时，如果检测到云端已存在数据副本，则在本地保存相应的链接和 PoW，而不进行实际的上传操作。

(2) 密钥服务器。

密钥服务器共享了主密钥的秘密份额用于协同，为车辆生成收敛密钥。值得注意的是，其中部分密钥服务器可能是半诚实的，它们希望与车联网云服务器合作以窃取感兴趣的用户隐私。

(3) 车联网云服务器。

车联网云服务器作为一个保存用户数据的机构，还负责保存用于检索和访问控制的文件标签。车联网云服务器也被认为是半诚实的。

对于任何概率多项式时间的攻击者，他们可以静态地对一系列节点进行攻击以获得其控制权。为了防止被察觉和法律追责，攻击者通常具有半诚实的属性，即他们可能对正常用户的隐私感兴趣，但会严格遵守协议执行。

(1) 不可信服务器。

将云端和部分密钥服务器视为诚实但好奇的攻击者，这意味着他们将遵守安全去重协议。尽管他们可能会在生成随机数时输出一些特例，从而试图披露上传数据的相关信息，但如果攻击行为被暴露，仍会受到法律的惩处。

(2) 未授权车辆。

非法或被撤销的客户端视图在未授权的情况下访问一些文件，其可能会通过拦截通信通道或利用已知的哈希值欺骗性地声称其拥有文件的所有权。同时，还需考虑一些系统外的攻击者，而这类攻击者不必遵守已建立的协议，被认为是完全恶意的攻击者。

根据上述攻击模型，相应地定义两个关于机密性和可访问性的安全目标。

(1) 假设上传文件 m 的密文为 c，对于与云服务器勾结的最多 $t-1$ 个半诚实密钥服务器：

① 输入消息 $\overline{m}$；

② 输出密文 $\overline{c}$，满足 $\Pr[\overline{c}=c\,|\,\overline{m}=m]<\operatorname{neg}(\lambda)$，其中 $\operatorname{neg}(\cdot)$ 是与安全参数 λ 相关的可忽略函数。

这意味着如果阈值属性得到保证，攻击者就无法了解有关上传文件的任何信息。

(2) 对于任何在一开始就没有完整文件 m 的恶意客户端：

① 输入消息 h，其中 $h=H(m)$；

② 输出 m 的概率为 $\Pr[\overline{m}=m\,|\,h=H(m)]<\operatorname{neg}(\lambda)$。

这就是说车辆无法获取该文件的完整版本，即使其获得了该文件对应的哈希值。

3.3.3　基于 Bloom 过滤器的车联网数据去重方案

本节方案背后的主要思想是：利用一系列密钥服务器对文件的哈希值进行协同签名，以生成一个收敛密钥。基于 CRT 的阈值秘密共享技术，可使少量与车联网云服务器勾结的密钥服务器无法复制签名密钥。同时，签名是通过语义安全加密算法盲生成的，因此有关文件的信息也不会暴露给任何签名者。考虑到收敛密钥和去重标签在统计上独立于哈希值，因此可以避免字典攻击。此外，还考虑了所有权欺骗带来的威胁。解决方案是利用 Bloom 过滤器构建 PoW，这能够以不可忽略的概率排除未经授权的用户。

为清晰起见，本节方案分为三个部分进行描述，即系统初始化、文件上传和文件下载。

1. 系统初始化

同样如图 3-8 所示，系统被配置为一个车联网云服务器和 n 个密钥服务器，服务于无数希望外包文件而隐私不被侵犯的车辆。

为发布主签名密钥的共享份额，可以简单地使用一个数据中心辅助完成该任务。然而，数据中心也可能是一个容易泄露密钥的安全瓶颈。因此，下面将改进已有的 CRT 共享方案，从而确保在阈值约束下没有任何节点能够获得完整的主密钥。

系统参数被打包成一个已知公开的五元组$\{n,t,q,g,d\}$。这里定义t为n个密钥服务器的阈值，q为一个大素数，g为q阶循环群G，并根据前面的规定进行选择，而$d=\{d_1,d_2,\cdots,d_n\}$，满足$nq^2+nqd_n<N$。

对于任意密钥服务器KS_i，它随机选择一个密钥共享sk_i和一个私有的整数A_i，满足

$$0<\mathrm{sk}_i<q/n \tag{3-106}$$

及

$$0<A_i<\left(N/q-1\right)/n \tag{3-107}$$

然后计算$a_{ij}=\mathrm{sk}_i+A_iq(\mathrm{mod}\,d_j)$，其中$j=1,2,\cdots,n$，并将其发送到相应的其他密钥服务器。在接收到来自其他节点的所有a_{ij}后，共享给服务器KS_j的秘密份额L_j可直接计算为

$$\begin{aligned}L_j&=\sum_{i=1}^{n}a_{ij}(\mathrm{mod}\,d_j)\\&\equiv\sum_{i=1}^{n}\left(\mathrm{sk}_i+A_iq\right)\end{aligned} \tag{3-108}$$

表示主密钥$\mathrm{sk}=\sum_{i=1}^{n}\mathrm{sk}_i$及$A=\sum_{i=1}^{n}A_i$。由于$\mathrm{sk}+Aq\equiv L_j(\mathrm{mod}\,d_j)$，很明显，sk能够被安全共享，没有暴露给任何密钥服务器。在这一点上，每个成员取L_j作为部分签名密钥并联合发布密钥$\mathrm{pk}_j=g^{\frac{D}{d_j}e_jL_j-A_{j(\mathrm{mod}\,D)}}(\mathrm{mod}\,q)$到系统，使验证节点能够获得$\mathrm{pk}=\prod_{j=1}^{n}\mathrm{pk}_j(\mathrm{mod}\,q)$。

2. 文件上传

当一个文件m需要被上传时，其收敛密钥k_c可以在密钥服务器的帮助下通过盲目签名的哈希值来计算。随后，车辆将查重标签TF传输到车联网云服务器以进行重复性检查。如果该文件已经存在，云服务器会在不需要真正上传的情况下将链接传回给用户。具体而言，该协议描述如下。

(1) 客户端将需上传的文件分成n个块，如$\tilde{m}=f_p\left(m\right)=\tilde{m}_1\left|\tilde{m}_2\cdots\right|\tilde{m}_n$，其中$f_p\left(\cdot\right)$是一个固定的重排列函数。随后根据预先定义的哈希函数$H\left(\cdot\right):\{0,1\}^*\to Z_q^*$对$i=1,2,\cdots,n$计算$H\left(\tilde{m}_i\right)$，并且秘密地提交给其所对应的密钥服务器。

(2) 一旦收到 $H(\tilde{m}_i)$，密钥服务器 KS_i 根据其私有但固定的随机字符串 k_{KS_i} 计算出 $u_i = H\left(H(\tilde{m}_i)k_{\mathrm{KS}_i}\right)$ 并广播 $r_i = g^{u_i}(\mathrm{mod}\,q)$ 给车辆，其中 KS' 集合包含至少 t 台服务器。不参与以下程序的服务器也应该被秘密地发送 u_i 给车辆。

(3) 车辆从 $\mathbb{Z}_q^*$ 中随机采样样本 φ 并广播

$$h' = \varphi r^{1-\varphi} h(\mathrm{mod}\,q) \tag{3-109}$$

到 KS' 中的所有服务器中，其中 $h = H(m)$ 且

$$\begin{aligned} r &= \prod_{i=1}^{n} r_i(\mathrm{mod}\,q) \\ &\equiv g\sum_{i=1}^{n} u_i \end{aligned} \tag{3-110}$$

(4) 上述信息收集完成后，每个参与者 KS'_j 对 h' 分别进行签名并将结果返回给客户端，即用式(3-110)计算 r，然后得到

$$v_j = \frac{D}{d_j} e_j L_j \tag{3-111}$$

随后，它输出一个三元组 (r, D, s_j) 作为对车辆的回复，其中

$$s_j = u_j h' + r v_j \tag{3-112}$$

(5) 如果发现密钥服务器的输出不一致，车辆会中断协议。否则，应计算

$$s = \left(\sum_{j=1}^{t'} s_j(\mathrm{mod}\,D)\right)(\mathrm{mod}\,q) \tag{3-113}$$

然后执行去重计算：

$$\begin{aligned} s' &= r^{\varphi-1}\left(s + \sum_{\mathrm{KS}_i \notin \mathrm{KS}'} u_i h'\right)(\mathrm{mod}\,q) \\ &\equiv \varphi U h + \mathrm{sk} \cdot r' \end{aligned} \tag{3-114}$$

(6) 考虑到文件副本查询的需求，设计重复性检查标签为 $\mathrm{TF} = \mathrm{TF}\left(\mathrm{tf}_{\mathrm{maj}}, \mathrm{tf}_{\mathrm{sub}}\right)$，其中

$$\begin{aligned} \mathrm{tf}_{\mathrm{maj}} &= g^{s'/\varphi}(\mathrm{mod}\,q) \\ &\equiv g^{Uh + \mathrm{sk}\left(g^{U\varphi/\varphi}\right)} \end{aligned} \tag{3-115}$$

$$\mathrm{tf}_{\mathrm{sub}} = g^{U\varphi} / \varphi(\operatorname{mod} q) \tag{3-116}$$

基于TF，可以实现安全去重子协议。

不失一般性地，假设所提交的去重标签表示为$\overline{\mathrm{TF}} = \left(\overline{\mathrm{tf}}_{\mathrm{maj}}, \overline{\mathrm{tf}}_{\mathrm{sub}}\right)$。在真正上传之前，客户端将$\overline{\mathrm{TF}}$传输到云服务器并检查$\mathrm{pk}^{\overline{\mathrm{tf}}_{\mathrm{sub}}/\overline{\mathrm{tf}}_{\mathrm{sub}}}$是否同余于$\mathrm{pk}^{\mathrm{tf}_{\mathrm{sub}}/\mathrm{tf}_{\mathrm{sub}}}$，其中$\mathrm{tf}_{\mathrm{sub}} / \mathrm{tf}_{\mathrm{sub}}$来自云服务器上所有已有的标签TF。如果找到了这样的等价关系，就不需要再重复上传该文件，因为车联网云服务器已经保存了该文件的副本。

随后将根据是否检测重复进行实现文件上传。该协议将以两种方式进行。

对于新文件，客户端采取如下操作。

(1) 将文件分成K个块，标记为$B_1, B_2, \cdots, B_k$，用伪随机函数$f_{\mathrm{PRF}}(\cdot)$: $\{0,1\}^{[\log_2 q]+[\log_2 K]} \to \{0,1\}^l$计算出所有的$\mathrm{pk} = f_{\mathrm{PRF}}(H(B_k) \| k)$，并反转Bloom过滤器中所有的$p_i$位为1。

(2) 利用预定义的对称密码体制计算$c = E_{k_c} = H(s'')^{(m)}$，其中$s'' = s' / \varphi(\operatorname{mod} q)$。

(3) 保存K个块对应的所有pk值，将索引$A = (\mathrm{TF}, \mathrm{BF})$和密文$c$上传到云服务器。

但是，如果在车联网云服务器中发现了副本，车辆必须获得其文件的所有权标签及对称密钥k_c。

(1) 车联网云服务器随机选择K'个块并发送其索引k_0给客户端。如果对应的哈希值为$h_{k'} = H(B_{k'})$，车辆需计算出$\mathrm{pk}' = f_{\mathrm{PRF}}(h_{k'} \| k')$，然后把它们送回云服务器端。对云服务器接收到的所有pk′值，云服务器检查是否所有pk′的第0位在BF中为1，并在不一致的情况下发起中断。

(2) 如果所有权验证通过，云服务器即可简单传输$\tilde{\mathrm{tf}}_{\mathrm{sub}} = \mathrm{tf}_{\mathrm{sub}} - \tilde{\mathrm{tf}}_{\mathrm{sub}}(\operatorname{mod} q)$到密钥服务器。在收到$\tilde{\mathrm{tf}}_{\mathrm{sub}}$后，每个密钥服务器$\mathrm{KS}_j$计算$\xi_j = \tilde{\mathrm{tf}}_{\mathrm{sub}} \nu_j$并秘密地将其发送给车辆。通过计算

$$k_c = H\left[\left(\overline{s}'' + \sum_{i=1}^{t} \xi_j (\operatorname{mod} D)\right)(\operatorname{mod} q)\right] \tag{3-117}$$

车辆即可正确获得收敛密钥k_c。

云服务器向车辆发送文件链接，结束上传。

3. 文件下载

在文件检索的情况下，车联网云服务器必须首先对车辆进行身份验证，也就是说，一旦车辆发起检索请求，车联网云服务器应该验证其对该文件的Bloom

过滤器以确认其所有权。这个过程类似于前述文件副本与标签查重的过程，车辆将被允许下载密文，该文件可以用 k_c 进行解密。

现在证明车联网云服务器可以正确地检测到任何已上传的副本，并且车辆收到的收敛密钥是正确的。

引理 3-5　基于数据查重标签 $\mathrm{TF}=\left(\mathrm{tf}_{\mathrm{maj}},\mathrm{tf}_{\mathrm{sub}}\right)$，车联网云服务器能够确定它们所对应的文件是否相同。

证明　系统初始化后，每个密钥服务器 $\mathrm{KS}'_j\in\mathrm{KS}'$ 将获得一个与主签名密钥相关的共享 L_j，其本质上是主密钥 sk 的不同份额。消息的哈希签名为 $s_j=u_jh'+rv_j$，可根据式(3-104)～式(3-106)使客户端获得文件所对应的共享签名 t'。再利用引理 3-5 和 $nq^2+nqd_n<N$，将其进行 $\sum\mathrm{KS}_i\notin\mathrm{KS}'^{u_ih'}$ 形式的组合计算，可得到 $s=Uh'+r\cdot\mathrm{sk}(\bmod q)$。由于车辆知道 $r=g^U(\bmod q)$ 和 φ，所以它可以进一步获得 $\mathrm{tf}_{\mathrm{maj}}=g^{Uh+\mathrm{sk}\left(g^{U\varphi/\varphi}\right)}$ 及 $\mathrm{tf}_{\mathrm{sub}}=g^{U\varphi/\varphi}$。将 TF 和 $\overline{\mathrm{TF}}$ 分别表示为两个去重标签，其对应的文件为 m 和 $\overline{m}$，则有

$$\frac{\mathrm{tf}_{\mathrm{maj}}}{\overline{\mathrm{tf}}_{\mathrm{maj}}}=g^{\left(Uh-\overline{Uh}\right)+\mathrm{sk}\left(g^{U\varphi}/\varphi-g^{\overline{U}\overline{\varphi}}/\overline{\varphi}\right)}(\bmod q) \tag{3-118}$$

如果两个文件是重复的，则有 $U=\overline{U}$ 和 $h=\overline{h}$。由于 $h=H(m)$ 且 $U=\sum_{i=1}^{n}H\left(H\left(\tilde{m}_i\right)k_{\mathrm{KS}_i}\right)$，而从 m 中提取的 k_{KS_i} 对每个密钥服务器而言是确定的，式(3-118)可重写为

$$\begin{aligned}\frac{\mathrm{tf}_{\mathrm{maj}}}{\overline{\mathrm{tf}}_{\mathrm{maj}}}&=g^{\mathrm{sk}\left(g^{U\varphi/\varphi}-g^{\overline{U}\overline{\varphi}/\overline{\varphi}}\right)}(\bmod q)\\&\equiv \mathrm{pk}^{g^{U\varphi/\varphi}-g^{\overline{U}\overline{\varphi}/\overline{\varphi}}}\end{aligned} \tag{3-119}$$

考虑到 $\mathrm{tf}_{\mathrm{sub}}=g^{U\varphi/\varphi}(\bmod q)$，同余于 $\mathrm{pk}^{\mathrm{tf}_{\mathrm{sub}}-\overline{\mathrm{tf}}_{\mathrm{sub}}}(\bmod q)$。

一旦发现副本，车辆就不再需要真正上传其文件。然而，如果车辆检索到数据的密文，应该保证能够正确地对其进行解密。因此，还需证明检索及解密功能的正确性。

定理 3-5　对于任何合法车辆，其都能下载和解密其文件。

证明　对文件的 PoW 而言，任何合法车辆都必须知道所有文件块 $B_1,B_2,\cdots,B_k$ 所对应的标记 $p_k=f_{\mathrm{PRF}}\left(H\left(B_k\right)k\right)$。因此，其能够正确响应为所有权验证过程中的每个挑战，从而下载到该文件的密文。

为解密密文，车辆必须事先获取文件的有效收敛密钥 k_c。显然，第一次上

传文件的车辆能够计算出 $k_c = H\left(Uh + \mathrm{sk}\cdot r'/\varphi(\bmod q)\right)$。至于其他车辆，最终将收到 $\overline{s} = \overline{\varphi}Uh + \mathrm{SK}\cdot g^{U\overline{\varphi}}(\bmod q)$，因此可以计算

$$
\begin{aligned}
k_c &= H\left(\overline{s}'' + \sum_{i=1}^{t}\xi_j(\bmod D)\right)(\bmod q) \\
&= H\left[Uh + \mathrm{sk}\cdot g^{U\varphi/\overline{\varphi}} + \mathrm{sk}\left(g^{U\varphi}/\varphi - g^{\overline{U}\overline{\varphi}}/\overline{\varphi}\right)(\bmod q)\right] \\
&= H\left(Uh + \mathrm{sk}\cdot g^{U\kappa}/\varphi(\bmod q)\right)
\end{aligned}
\tag{3-120}
$$

从而利用引理 3-5 和 $q + nqd_n < nq^2 + nqd_n < N$ 求出相同的对称密钥。

3.3.4 车联网数据去重方案的安全性证明及分析

基于上述安全目标，下面证明半诚实服务器无法侵犯车辆隐私，而恶意车辆也无法通过欺骗访问未经授权的文件。为了具体证明本节方案的安全性，提前给出一个不可能性描述。

不可能性：当恶意节点伪装成一个合法车辆，并提供一个文件 $\overline{m}$ 时，云服务器必须能够分辨出 $\overline{m}$ 是否与任何已上传的文件 m 重合，这意味着对车联网云服务器而言，密文不具有完全的不可区分性。考虑到数据去重的功能需求，这种不可能性的证明是显然的，也就是说，对于任何有效的文件去重标签 $\overline{\mathrm{TF}}$，它必须能够被正确用于检测云服务器已上传的任何文件是否与该文件相对应。鉴于数据去重和车辆隐私之间的功能性冲突，下面针对密文的不可区分性问题提出一个弱化的定义。

定义 3-11 对于任何能够提供某一明文 $m \in M$ 及其散列值 $h \in H(m)$ 的概率多项式时间攻击者 A，对于其任意哈希值和密文，有

$$
\begin{aligned}
&\Pr\left[\overline{h} = h, \overline{h} = \wedge(h,c) \middle| c = E_{k_c}(m), h = H(m)\right] \\
&= 1/|M| + \xi(\lambda)
\end{aligned}
\tag{3-121}
$$

也就是说在选择哈希攻击模式下，该密码系统是不可分辨的，其中 M、H 分别代表密文和散列空间，而 $\xi(\lambda)$ 是一个关于安全参数 λ 可忽略的函数，k_c 是对称密钥。

此外，车联网数据去重方案还达到了另一个安全级别，即当小于 t 个密钥服务器与云服务器勾结时，密文在选择明文攻击模式下仍然可满足不可区分性，这是因为利用了基于 CRT 的秘密共享机制。

引理 3-6 如果少于 t 个密钥服务器相互串通，那么私钥 sk 是无条件安全的。

证明　假设只有$t'<t$密钥服务器参与密钥恢复过程，则计算$D=\prod_{j=1}^{t'}d_j$。根据$N=\prod_{i=1}^{t}d_i>q\prod_{i=1}^{t-1}d_{n-i+1}$可得到$D\leqslant\prod_{i=1}^{t-1}d_{n-i+1}<N/q$，这意味着$\sum_{i=1}^{n}\mathrm{sk}_i+\sum_{i=1}^{n}A_iq=Z=z+\alpha D$，显然$0\leqslant\alpha\leqslant[Z/D]-1\leqslant N/D$符合$\sum_{i=1}^{n}\mathrm{sk}_i+\sum_{i=1}^{n}A_iq<N$的条件。由于$\gcd(D,d)=1$且$q<N/D$，所以$Z$的取值可能为 0～$q$的任意整数，这意味着其无法恢复出精确值$Z=\sum_{i=1}^{n}\mathrm{sk}_i+\sum_{i=1}^{n}A_iq$，也就是说，除了随机猜测外，其没有能力获取$\mathrm{sk}=\sum_{i=1}^{n}\mathrm{sk}_i$。

基于选择哈希攻击模式下不可区分性的定义，上述结论充分考虑了明文哈希值与文件不可区分性之间的关系。至于用户文件去重标签的不可区分性，作者认为在云端是无法完全做到的，这是因为文件散列值h必须与任何去重标签关联起来以达到重复文件校验的目的。

引理 3-7　对于特定的哈希值$\bar{h}$，在选择哈希攻击模式下，概率多项式时间的云服务器无法勾结密钥服务器来确定它是否对应于某个上传的密文c。

证明　为确定磁盘上是否存在对应的副本c，其中$\bar{h}=H(\bar{m})$为明文$\bar{m}$的哈希值，云服务器必须计算$\overline{\mathrm{TF}}=\left(\overline{\mathrm{tf}}_{\mathrm{maj}},\overline{\mathrm{tf}}_{\mathrm{sub}}\right)$以进行重复性检查。但是，由于其只知道哈希值$\bar{h}$，所以密钥服务器无法帮助其计算正确的$\bar{U}=\sum_{i=1}^{n}H\left(H(\tilde{m})\|k_{\mathrm{KS}_I}\right)$。将$\bar{U}'$表示为随机产生的可能值，去重标签可以相应地改写为$\overline{\mathrm{tf}}'_{\mathrm{maj}}=g^{\bar{U}'\bar{h}+\mathrm{sk}\left(g^{\bar{U}'\bar{\varphi}}/\bar{\varphi}\right)}$和$\overline{\mathrm{tf}}'_{\mathrm{sub}}=g^{\bar{U}'\bar{\varphi}}/\bar{\varphi}$，此时该标签只有$1/q$的概率满足$\mathrm{pk}^{\mathrm{tf}_{\mathrm{sub}}-\overline{\mathrm{tf}}_{\mathrm{sub}}}=g^{\mathrm{sk}\left(g^{U\varphi/\varphi}\right)(\mathrm{mod}\,q)}$。换句话说，如果文件本身是未知的，云服务器就不能执行数据查重。

注意，由于收敛密钥$k_c=H\left(\bar{U}'h+\mathrm{sk}\cdot g^{U\varphi/\varphi}(\mathrm{mod}\,q)\right)$的计算是根据标签来完成的，即文件重复被检测到，所以云服务器也不可能解密该文件。

类似地，如果事先没有文件，对恶意车辆来说也可以得到如下结论。

引理 3-8　恶意车辆无法使用哈希值h来骗取未经授权的下载权限。

证明　假设某一车辆知道对应于h的链接，在下载之前，其必须出示文件的证明。然而，由于不知道文件块对应的$p_k=f_{\mathrm{PRF}}\left(H\left(B_k\right)\|k\right)$，所以其只能通过猜测以$\left\{1-\left[1-1/(l-1)\right]^{\mathrm{KT}}\right\}^T$的概率通过 BF 的验证，该概率是可忽略的，其中$T$表示 BF 中独立哈希函数的个数。

引理 3-9　当只具有哈希值 h 时，恶意车辆无法解密其对应的密文 c，即使云服务器与之合作。

证明　由于密文 c 由对称密钥 $k_c = H\left(Uh + \mathrm{sk} \cdot g^{\varphi}\right)$ 加密得到，该值由原始上传者计算。在不知道文件 m 的情况下，只能随机猜测 $\bar{U}'$ 值，随后实施式(3-17)中计算收敛密钥的操作，它们获得 $\bar{k}_c' = H\left(\bar{U}'h + \mathrm{sk} \cdot g^{\varphi} / \varphi (\mathrm{mod}\, q)\right)$，$k_c$ 概率为 $1/q$，可以忽略不计。

以此为基础，还可以得到另一个有趣的安全属性，如下所述。

定理 3-6　利用已知的哈希值 h，恶意车辆无法阻止其他节点对合法文件 m 的上传。

证明　在 m 未知的条件下，攻击者只能用前面证明中的方法训练标签 $\overline{\mathrm{TF}}' = \left(\overline{\mathrm{tf}}'_{\mathrm{maj}}, \overline{\mathrm{tf}}'_{\mathrm{sub}}\right)$。因此，即使外包了伪造的密文，有效标签后续用户上传的去重标签 $\mathrm{TF} = \left(\mathrm{tf}_{\mathrm{maj}}, \mathrm{tf}_{\mathrm{sub}}\right)$ 也与 $\overline{\mathrm{TF}}'$ 不同，真实拷贝可以独立外包。

根据引理 3-6，进一步考虑如果云服务器拥有某一文件，就会泄露车辆数据的隐私。

定理 3-7　如果相互勾结的密钥服务器少于 t 个，则云服务器无法确定哪个密文对应于某一给定的文件。

证明　假设 $\bar{m} = m$、$c = E_{k_c}(m)$，车联网云服务器能够根据已有的文件发出上传请求。然而，由于只有 $t' < t$ 个密钥服务器与其合作，其获得的去重标签将是 $\overline{\mathrm{TF}} = \left(\overline{\mathrm{tf}}_{\mathrm{maj}}, \overline{\mathrm{tf}}_{\mathrm{sub}}\right)$，这里 $\overline{\mathrm{tf}}_{\mathrm{sub}} = g^{U\bar{\varphi}/\bar{\varphi}}$、$\overline{\mathrm{tf}}_{\mathrm{maj}} = g^{Uh + \overrightarrow{\mathrm{sk}}\left(g^{U\bar{\varphi}/\bar{\varphi}}\right)}$。根据引理 3-5，即使 U 被准确生成，最多有 $1/q$ 的概率满足 $\overline{\mathrm{sk}}' = \sum_{i}^{n} \mathrm{sk}_i$。因此，在计算 $\frac{\mathrm{tf}_{\mathrm{maj}}}{\overline{\mathrm{tf}}_{\mathrm{maj}}} = g^{\mathrm{sk} \cdot g^{U\varphi/\varphi - \overline{\mathrm{sk}}' g^{U\bar{\varphi}/\bar{\varphi}}}} (\mathrm{mod}\, q)$ 及 $\mathrm{pk}\left(\mathrm{tf}_{\mathrm{sub}} - \overline{\mathrm{tf}}_{\mathrm{sub}}\right) = g^{\mathrm{sk}\left(g^{U\varphi/\varphi} - g^{U\bar{\varphi}/\bar{\varphi}}\right)} (\mathrm{mod}\, q)$ 时，与合法值同余的概率是可忽略的。对称密钥是从去重标签派生出来的，这也意味着云服务器无法解密相应的密文。

综上所述，本节方案可以在不破坏系统功能性的同时较好地保护车辆隐私。这主要是因为如果不拥有该文件或者只拥有该文件的部分信息，在少于 t 个密钥服务器与车辆串通的情况下，恶意车辆无法下载或解密任何未经授权的文件，甚至无法上传该文件。与之类似，即使车联网云服务器与少于 t 个密钥服务器相互勾结，也无法执行任何重复性检查，更不用说解密密文。

下面选择两个基于盲签名的数据去重方案[2,16]进行比较，以验证该方案的有效性。此外，将该方案与其他许多不基于盲签名的方案进行比较。为便于在性能评估中进行讨论，首先引入一些特定符号，用 Exp 表示模幂，用 H 表示收敛加密，用 n 表示 K-CSP 的总数，用 t 表示参与收敛密钥创建的 K-CSP 数量。请注意，为简化表示，将省略一般文件传输和文件加密/解密模块的描述。此外，文件下载过程只使用对称加密，这种加密系统非常高效，不会影响系统的计算效率，所以在讨论中对其进行忽略。

实验环境是一台配置 3.2GHzIntel(R) Core(TM) i5-3470 CPU 处理器和 8GB 内存的计算机，运行 Linux 操作系统。这里将可靠性水平设置为 $n-t=2$，上传的文件数量为10～70。

在系统建立阶段，主要的计算成本来自模幂运算，用于生成每个 K-CSP 的公共/私有密钥对和系统的公共/私有密钥对。在 Miao 等[2]的方案中，每个 K-CSP 需要 $n+2$ 次指数操作，并通过与其他 K-CSP 进行交互发布其公钥和私钥；在 Keelveedhi 等[21]的方案中，采用单台服务器构建系统，因此忽略了这方面的比较；在本节方案中，每个 K-CSP 仅需要三次指数操作就可以通过与其他 K-CSP 进行交互发布其公钥和私钥。在实验中，将 K-CSP 的数量设置为 5～10，系统初始化的时间成本如图 3-9 所示。

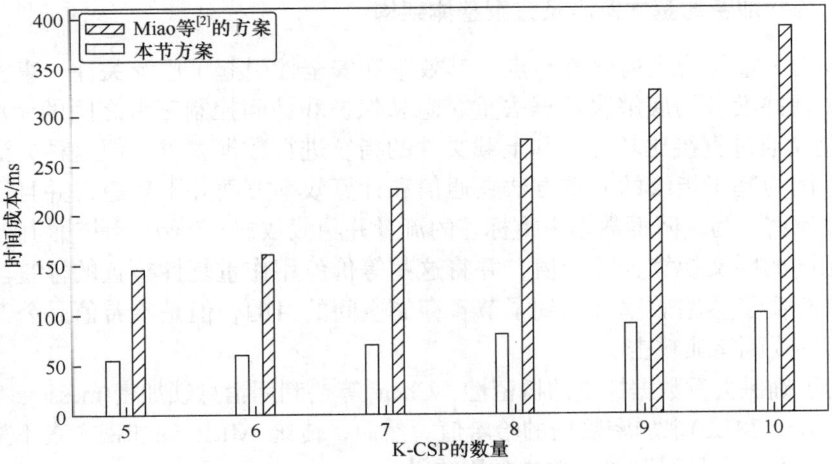

图 3-9　系统初始化的时间成本

在文件上传阶段，用户通过与 K-CSP 交互生成收敛密钥，时间成本包括所有签名及去重标签的生成操作。将上传文件的数量表示为 m，范围为 10～70，并且只考虑首次上传的情况。当 n=10 时，密钥服务器数量在 Miao 等[2]的方案中为 $2(t+1)\mathrm{Exp}(2H(m))$；在 Keelveedhi 等[21]的方案中可由 2 倍经验值乘以 $3H(m)$ 得到；而在本节方案中，则为 $(t+6)H(m)$，如图 3-10 所示。

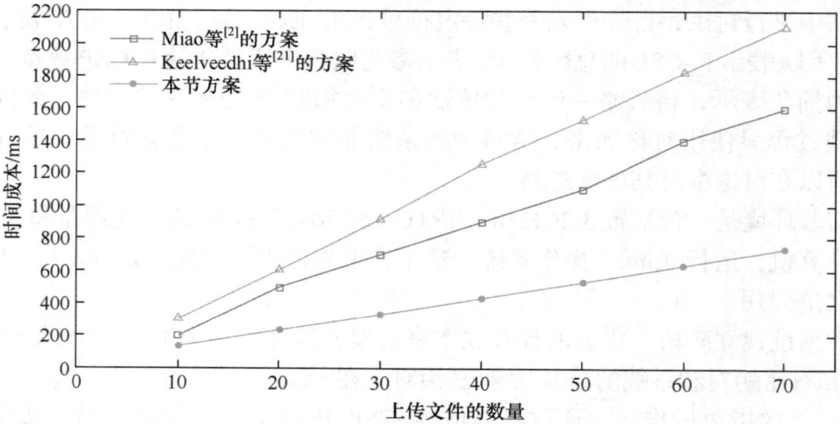

图 3-10　系统模型的安全删除复制上传文件时间成本

3.4　基于函数加密的车联网数据去重及访问控制方案

3.4.1　函数加密的基本概念及方案整体架构

数据去重作为当前研究热点，其效率和安全性引起了广泛关注。事实上，现有文献并没有彻底解决数据去重、隐私保护和访问控制三者之间的矛盾。Li 等[34]建议通过直接比较外包和上载文件的指纹进行数据去重。但这种方法存在缺陷，因为基于指纹的去重方法在通信和计算效率方面并不理想，并且数据内容易被泄露。为了降低数据去重标签的流量并隐藏数据，Puzio 等[35]使用哈希函数将相同的明文换算为等价值，并将这些等价值用作重复性检查的标签。尽管该方法提高了传输效率且达到了节省存储空间的目的，但是哈希值是公开的，因此容易受到字典攻击。

为了确保去重数据标签的机密性，Chen 等[36]利用消息锁加密(message-locked encryption，MLE)来加密数据的哈希值。然而，传统 MLE 的加密方案不是语义安全的，并且容易受到量子攻击的影响[2]。

幸运的是，近年来，密码学家一直致力于设计安全、高效的加密系统来抵抗量子攻击。其中，基于格的密码最有希望成为下一代加密标准。2009 年，Regev[16]提出了一种新的范式作为密码学基础，即错误学习。他证明了解决该问题的难度等同于求解格上的最短向量问题，因此可以抵抗量子攻击。此外，错误学习具有同态和线性计算的能力，因此本节考虑在方案中利用错误学习确保去重数据标签的功能、效率和安全性。

至于所有权证明，迄今最好的解决方案是基于 Merkle 树的，具体来说，就是云服务器和用户独立持有根据数据计算出来的 MHT。因此，用户可以将相同的 MHT 上传到云服务器中进行比较。这种方案的缺点是存储和通信开销大，计算效率也并不理想。

为提高所有权证明的性能，内积谓词的优势逐渐进入研究人员的视野。粗略地说，基于内积谓词的方案主要通过计算用户与云服务器之间保存和已提交的下载证书来执行所有权证明。仅当相应的数字证书内积结果为 0 时，才可以授予用户访问相应文件的存取权限。该方法最重要的优点是使用计算而不是比较来有效执行所有权证明。因此，本节方案主要使用内积谓词进行实现，从而平衡各种访问结构与用户隐私安全之间的冲突。

为构建语义安全的数据标签实现重复检验并实现细粒度的访问控制，本节提出一种新的车联网云隐私数据去重方案，该方案将错误学习与内积谓词一起使用，其基本数学模型如下。

为了更好地理解本节方案，首先引入与错误学习和内积谓词相关的概念。

定义 3-12 (整数格)　整数格 Λ 是矢量 $a_1,a_2,\cdots,a_k$ 在 $\mathbb{Z}^m$ 空间上的整系数线性组合，表示为

$$\Lambda(a_1,a_2,\cdots,a_k)=\left\{\sum_{i=1}^{k}a_i z_i, z_i\in\mathbb{Z}\right\} \tag{3-122}$$

定义 3-13 (LWE 困难性假设)　根据参数 n、m、q、α 和离散高斯分布 χ，其中

$$\Pr[x\leftarrow\chi:|x|>\alpha q]<\mathrm{negl}(n) \tag{3-123}$$

$x\in\mathbb{Z}_q$，从 χ^m 中选择噪声 e 并均匀采样矩阵 $P\in\mathbb{Z}_q^{n\times m}$ 及向量 $s\in\mathbb{Z}_q^n$。随后计算

$$b=[sP+e]_q \tag{3-124}$$

LWE 困难问题的两个版本可以定义如下。

(1) LWE 搜索问题：给定多项式对 (P,b)，其中 P 和 s 未知但固定，则寻找 s 是困难的。

(2) LWE 判定问题：对于均匀随机采样的 $b'\in\mathbb{Z}_q^n$，(P,b) 和 (P,b') 在统计上是无法区分的。这意味着很难判断这些二元组是从公式 $b=[sP+e]_q$ 中计算得出的，还是均匀随机选择出的。

事实上，LWE 搜索问题等同于在格上寻找足够短的向量问题(gap shortest vector problem，GapSVP)。在最坏的情况下，LWE 判定问题可以规约为求解格中线性独立的最短向量问题(shortest independent vector problem，SIVP)。因此，LWE 困难性假设可用于保证具有语义安全的单向属性加密。

定义 3-14 (内积谓词)　内积谓词 $P_{n,q}$ 在笛卡儿乘积 $K \times I$ 上可定义为

$$P_{n,q}(v,w)=\begin{cases}1, & \sum\limits_{i=1,\cdots,n} v_i w_i = 0 \\ 0, & \text{其他}\end{cases} \tag{3-125}$$

从函数加密(functional encryption，FE)的角度来看，I 可以看作密文的空间，K 由秘密密钥组成。在知道正确的密钥 v 后，就可以学习到函数 $P_{n,q}(v,w)$ 的输出。

为构造基于属性的访问控制策略，这里将访问结构编码为向量 w，从而可以面向授权证书的一致性验证访问权限 v。为避免混淆，本节预先列出将使用的符号，如表 3-6 所示。

表 3-6　本节方案所用符号及含义

符号	含义
f	一个文件长度
b	每个文件块的长度
g	哈希值的长度
N	参与密钥聚合的用户数
K	Bloom 过滤器总数
L	Bloom 过滤器的位长
$Q(n)$	用户组中常用属性数
n	单个用户的属性数
Hash	执行哈希函数的计算成本
CE_K	执行密钥聚合的计算成本
Enc	执行对称加密的计算成本
PoW	进行所有权证明的计算成本
Add	执行加法的计算成本

为防止因数据去重标签暴露而遭受字典攻击，本节方案将使其与重复性检查的执行过程不存在直接关联。其主要思想是采用 LWE 对文件的哈希值进行随机化，以确保数据去重标签的不可区分性，并抵抗量子攻击。此外，利用内积谓词控制客户端的可访问性，对跨用户共享和所有权转移等功能的实现非常有效。车联网数据安全去重及访问控制方案的整体逻辑思路如图 3-11 所示。

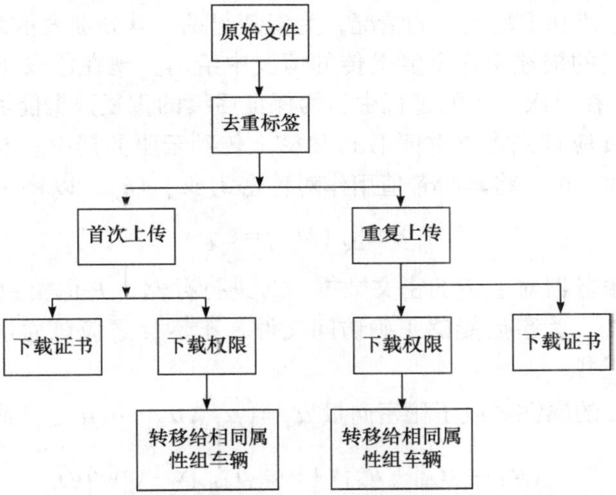

图 3-11　车联网数据安全去重及访问控制方案的整体逻辑思路

3.4.2　车联网数据安全去重及访问控制方案

现假设车辆 A 拥有文件 M_A 并希望上传该文件，但一开始车辆 A 并不知道该文件的副本在云服务器上是否存在。为了避免浪费不必要的存储空间及传输带宽，应该预先检查云服务器是否已经保存了文件的副本，这项功能可以通过任何抗强碰撞的哈希函数来提供支持，即

$$H:\{0,1\}^* \to \{0,1\}^\ell \tag{3-126}$$

定义车辆已计算出文件 M_A 的哈希值为

$$h_A = H(M_A) \tag{3-127}$$

并利用伪随机序列生成器(pseudo-random number generator，PRNG)将其编码为 $\mathbb{Z}_q$ 上含有 $n+1$ 个元素的向量：

$$s_A = \left(\text{PRNG}(h_A), -1\right) \in \mathbb{Z}_q^{n+1} \tag{3-128}$$

基于固定的公共随机矩阵 $P \in \mathbb{Z}_q^{n\times m}$，随后利用 LWE 得到

$$v_A = (P, b_A)\cdot r_A \in \mathbb{Z}_q^{n+1} \tag{3-129}$$

这里，$b_A = (\text{PRNG}(h_A)P + e_A)_q$ 代表 (P, b_A) 的最后一行，其中 $\text{PRNG}(h_A)$ 被视为一个 n 维向量，且 r_A 从 $\{-1,0,1\}^m$ 中随机均匀选择。至此，车辆即可将 $n+1$ 维向量 v_A 作为数据去重标签并上传到云服务器。

车辆和云服务器采取的后续措施直接取决于重复性检查的结果，因此下面

分别讨论首次上传和重复上传的情况，为清楚起见，其分别表示为 A 和 B 。

重复性检查的描述将在重复上传的情况中给出，现在假设车辆 A 被告知文件 M_A 不存在。在首次上传的过程中，为保证后续的重复数据能够被检查到以避免资源浪费，A 应首先将查重证书 s_A 秘密上传到云服务器中。与此同时，为确保文件的机密性，可以将其哈希值用作对称密钥 $\mathrm{sk}_A = h_A$ ，以将明文隐藏为

$$\mathrm{Enc}_{\mathrm{sk}_A}\left(M_A\right)=C_A \tag{3-130}$$

随后，云服务器对上传的密文数据 C_A 进行存储，并保留数据去重证书 s_A 以进行重复检查。为事后能够正确访问文件，车辆 A 还应该通过下面的步骤获取文件的下载证书。

假设车辆 A 的属性对应于秘密向量 $\mu_A=\left(\mu_{A,0},\mu_{A,1},\cdots,\mu_{A,n-1}\right)$ 或多项式：

$$f\left(\mu_A\right)=\mu_{A,0}+\mu_{A,1}x+\cdots+\mu_{A,n-1}x^{n-1}(\mathrm{mod}\,q) \tag{3-131}$$

同时，规定车辆只有在与这些属性相对应时，才知道完整的向量 μ_A 。为确保能够以一种隐蔽方式构建访问结构，需要均匀采样两个向量 $w_i\,(i=0,1,\cdots,n-2)$ 及 $u_A=\left[u_{A,0},u_{A,n-1},u_{A,n-2},\cdots,u_{A,1}\right]$ ，而向量 $u_A=\left[u_{A,0},u_{A,n-1},\cdots,u_{A,1}\right]\in\mathbb{Z}_q^n$ 也同样可以表示为多项式 $g\left(u_A\right)=u_{A,0}+u_{A,n-1}x+\cdots+u_{A,1}x^{n-1}(\mathrm{mod}\,q)$ 的形式，且多项式和循环矩阵之间的运算同质性等效于

$$U_A=\begin{bmatrix} u_{A,0} & u_{A,n-1} & \cdots & u_{A,1} \\ u_{A,1} & u_{A,0} & \cdots & u_{A,2} \\ \vdots & \vdots & & \vdots \\ u_{A,n-1} & u_{A,n-2} & \cdots & u_{A,0} \end{bmatrix}\in\mathbb{Z}_q^{n\times n} \tag{3-132}$$

为构造正确的下载证书，进一步计算 $U_A\cdot\mu_A=X_A=\left[x_{A,0},x_{A,1},\cdots,x_{A,n-1}\right]^{\mathrm{T}}$ 并通过

$$w_{n-1}=-\frac{\sum_{i=0}^{n-2}x_{A,i}w_i}{x_{n-1}}(\mathrm{mod}\,q) \tag{3-133}$$

计算出 w 以满足 $X_A,w=0(\mathrm{mod}\ q)$ 。

随后，车辆上传 $w=\left[w_0,w_1,\cdots,w_{n-1}\right]$ 作为下载证书并提交

$$y=w_{n-2}x_{A,n-2}+w_{n-1}x_{A,n-1}=-\left(\sum_{i=0}^{n-3}w_i x_{A,i}\right) \tag{3-134}$$

到云服务器用于进一步扩展访问结构。

最后，车辆保留哈希值 sk_A 、矩阵 U_A 的基本元素 $u_A=\left[u_{A,n-1},\cdots,u_{A,1},u_{A,0}\right]$ 以

及外包文件在云上的链接，而密文 C_A 则由云服务器保存，并附带 s_A、y 和 w 用于重复检查、访问结构扩展及所有权证明。

类似地，将重复上传者 B 的属性所对应的密钥标记为 $\mu_B=[\mu_{B,0},\mu_{B,1},\cdots,\mu_{B,n-1}]^{\mathrm{T}}$。为了将访问结构与自己的属性绑定在一起，重复上传者 B 也应该找到一个循环矩阵 U_B，并能够使用该矩阵完成所有权证明，即

$$\langle U_B\cdot\mu_B,w\rangle=0 \tag{3-135}$$

为防止未经授权访问而不能够公开下载证书 w，云服务器可以为重复上传者 B 间接提供 $(w_{n-3},w_{n-2},w_{n-1})$ 和 y 的值，帮助其计算正确的循环矩阵 U_B。因此，车辆 B 可以按照算法 3-1 中的执行过程获得下载权限。

算法 3-1　车辆 *B* 权限下载

车辆 *B* 权限下载

Download$((w_{n-3},w_{n-2},w_{n-1}),y,\mu_B)$。

输入：云服务器为车辆 B 提供 $(w_{n-3},w_{n-2},w_{n-1})$ 和 y，车辆输入自己的属性对应的密钥标记 $\mu_B=(\mu_{B,0},\mu_{B,1},\cdots,\mu_{B,n-1})$。

输出：车辆获得下载权限 μ_B。

抽样 $u_B=\left[u_{B,0},u_{B,n-1},u_{B,n-2},\cdots,u_{B,1}\right]$，$u_{B,i}\varphi_s(\mathrm{mod}q)$ 是不可逆的，并且其系数属于 $\mathbb{Z}_q$。

计算 $f(\mu_B)\leftarrow\mu_B$，$g(u_B)\leftarrow u_B$，$x_{B,0}\leftarrow g(u_B)\cdot f(u_B)$；对所有的 $k\in\{1,\cdots,n-1\}$，有

$$g(u_{B,k})\leftarrow g(u_B)\cdot x\ (\mathrm{mod}\ x^n),\ x_{B,k}\leftarrow g(u_{B,k})\cdot f(\mu_B),\ u_B\leftarrow u_{B,k};\quad k\leftarrow k+1。$$

计算 $y'\leftarrow w_{n-2}\cdot x_{B,n-2}+w_{n-1}\cdot x_{B,n-1}$，$x'_{B,n-3}\leftarrow x_{3,n-3}-\dfrac{y-y'}{w_{n-3}}$。

样本 $x'_{B,n-2}\xleftarrow{\$}\mathbb{Z}_q^n$，$x_{B,n-2}\leftarrow x'_{B,n-2}$，并且计算 $x_{B,n-1}\leftarrow\dfrac{y-w_{n-2}\cdot x'_{B,n-2}}{w_{n-1}}$。

对所有的 $k\in\{1,\cdots,n-1\}$，有

$$u_{B,i}\mu_{3,0}+u_{B,(i+(n-1))(\mathrm{mod}\,n)}\mu_{B,1}+\cdots+u_{B,(i+1)(\mathrm{mod}\,n)}\mu_{B,n-1}\leftarrow x_{B,i}。$$

输出：$\left\{u_B=\left(u_{B,n-1},\cdots,u_{B,1},u_{B,0}\right)\right\}$。

一旦任何合法车辆获得了某文件的下载权，就应该授权它从云中访问到相应的文件。为了提高所有权证明的效率，本节方案将以计算方式执行访问授权。

在文件上传后，云将为合法车辆 A 提供循环矩阵的最后一行 $u_A=\left(u_{A,n-1},\cdots,u_{A,1},u_{A,0}\right)$。因此，它只需要据此构造循环矩阵 U_A 并将其与他的属性向量 u_A 相结合即可确定下载权限。基于结果向量，云可以通过函数加密轻松地验证文件的可访问性。算法 3-2 给出了所有权证明的完整过程。

算法 3-2　所有权证明

所有权证明
Verify$(u_A,\mu_A,n,\mathrm{sk}_A,w,X_A,C_A,\alpha,q)$。 输入：车辆输入 $(u_A,\mu_A,n,\mathrm{sk}_A)$,云输入 w, X_A, C_A, α, q 。 输出：验证成功输出 $\{C_A,(w_{n-3},w_{n-2},w_{n-1}),y\}$ ，否则输出 Null。 车辆 A 执行以下操作： 计算 $f(\mu_A)\leftarrow\mu_A$, $g(u'_A)\leftarrow g(u_A)\cdot x\ (\mathrm{mod}\ x^n)$ ； $u_A\leftarrow u'_A$, $x_{A,0}\leftarrow g(u_A)\cdot f(\mu_A)$ 。 计算 $f(\mu_B)\leftarrow\mu_B$, $g(u_B)\leftarrow u_B$ ； $x_{B,0}\leftarrow g(u_B)\cdot f(\mu_B)$ 。 对所有的 $k\in\{1,\cdots,n-1\}$ ： $g(u_{A,k})\leftarrow g(u_A)\cdot x\ (\mathrm{mod}\ x^n)$, $x_{A,k}\leftarrow g(u_{A,k})\cdot f(\mu_A)$ $u_A\leftarrow u_{A,k}$, $k\leftarrow k+1$ 。 发送 $\{X_A=[x_{A,0},x_{A,1},\cdots,x_{A,n-1}]\}$ 到云服务器。 云服务器执行以下操作： 计算 $\langle w,X_A\rangle\leftarrow\sum_{i=0}^{n-1}w_i\cdot x_{A,i}$ 。 若满足 $\langle w,X_A\rangle=0$ ，输出 $\{C_A,(w_{n-3},w_{n-2},w_{n-1}),y\}$ ； 若不满足，输出 NULL。 发送 $\{C_A,(w_{n-3},w_{n-2},w_{n-1}),y\}$ $(e_1,e_2,\cdots,e_n)$ 给用户 A。

在获得密文之后，车辆 A 可以通过计算 $\mathrm{Dec}_{\mathrm{sk}_A}(C_A)=M_A$ 来解密文件，因为其知道密钥 $\mathrm{sk}_A=H(M_A)$。事实上，车辆 B 的所有权证明过程与车辆 A 类似，这是因为明文 M_A 和 M_B 相等，所以它也可以解密出密文 C_A ，即根据 $\mathrm{sk}_B=H(M_A)$ 并执行 $\mathrm{Dec}_{\mathrm{sk}_B}(C_A)=M_A$ 获取相应的文件。

值得注意的是，如果车辆没有与文件所有者属性相对应的秘密向量，即使知道循环矩阵的最后一行也无法计算出正确的下载权限。考虑到访问控制的灵活性需求，任何合法车辆都能够将其文件的下载权限直接转让给其他车辆，以避免诸如对等传输之类的冗余操作。然而，这可能会导致下载权限滥用，并侵犯车辆属性的机密性。事实上，合法车辆更倾向于将其文件的下载权限转让给与其有部分共同属性的一方，但又希望该权限不被进一步转让。因此，作者设计了一个子协议，可确保任何合法车辆都能更新下载权限，并将其转移给具有相同属性集的一组车辆。这样，所有者不必从云服务器中下载文件，而只需将下载权限转移给其他车辆即可完成文件共享，从而有效降低了通信带宽的消耗。

定义 3-15 (公共属性向量)　假设文件所有者 A 可以通过秘密属性向量 $\mu_A=$

$\left[\mu_{A,0},\mu_{A,1},\cdots,\mu_{A,n-1}\right]$进行标识，并且同一组中的所有车辆都具有以$\mu_{\text{all}}=\left[\mu_{\text{all},0},\cdots,\mu_{\text{all},n-1},\cdots,\mu_{\text{all},Q(n)}\right]$表示的公共属性$Q(n)$，则公共属性向量$\mu_{\text{team}}=\left[\mu_{\text{team},0},\cdots,\mu_{\text{team},n-1}\right]$可以定义为一种偏序关系，如果满足$\mu_{A,i}\in\{\mu_{\text{tall},j}\mid j=0,\cdots,Q(n)\}$，则$\mu_{\text{team},i}=0$，否则，$\mu_{\text{team},i}=\mu_{A,i}$。

具体而言，车辆A构造公共属性矢量$\mu_{\text{team}}=\left[\mu_{\text{team},0},\mu_{\text{team},1},\cdots,\mu_{\text{team},n-1}\right]$的详细过程如图 3-12 和图 3-13 所示。

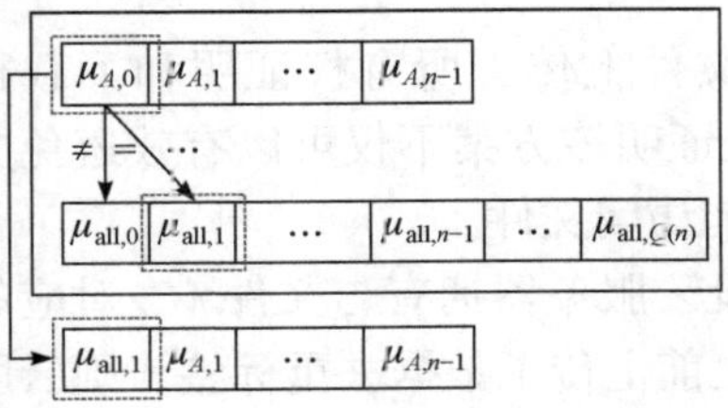

图 3-12　通用属性

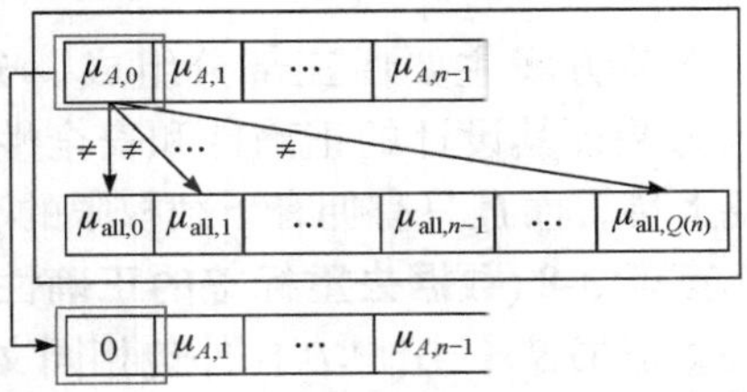

图 3-13　非公共属性

图 3-12 中，车辆A主要保留同一组共同的秘密属性，并将用户组中不同的属性设置为 0。最后，输出一个公共属性向量μ_{team}。

随后，它从云服务器中检索$(w_{n-3},w_{n-2},w_{n-1})$和$y$并执行以下步骤来实现所有权证明。如果下载权限有效，则云服务器可计算出内积为 0，这意味着车辆A被授权检索该文件。为了将文件共享给组，车辆A可以进行下载权限更新处理，如算法 3-3 所示。

算法 3-3　下载权限更新

算法 3-3　下载权限更新

Update$(\mu_{\text{team}},n,(w_{n-3},w_{n-2},w_{n-1}),y)$。

输入：车辆A构造公共属性向量μ_{team}和云服务器检索$(w_{n-3},w_{n-2},w_{n-1}),y$一起作为输入。

输出：更新后的下载权限μ_{team}。

抽样$u_{\text{team}}=\left[u_{\text{team},0},u_{\text{team},1},\cdots,u_{\text{team},n-1}\right]$，$u_{\text{team},0}$不可逆，其系数属于$\mathbb{Z}_q$。

计算$f(\mu_{\text{team}})\leftarrow\mu_{\text{team}}$对所有$k\in\{1,\cdots,n-1\}$有

$g(u_{\text{team},k})\leftarrow g(u_{\text{team}})\cdot x\ (\text{mod}\ x^{n+1})$；$x_{\text{team},(n-k-1)}\leftarrow g(u_{\text{team},k})\cdot f(\mu_{\text{team}})$；$u_{\text{team}}\leftarrow u_{\text{team},k}$，$k\leftarrow k+1$。

计算$y'\leftarrow w_{n-2}\cdot x_{\text{team},n-2}+w_{n-1}\cdot x_{\text{team},n-1}$。

计算$x'_{\text{team},n-3}\leftarrow x_{\text{team},n-3}-\dfrac{y-y'}{w_{n-3}}$。

样本$x'_{\text{team},n-2}\overset{\$}{\leftarrow}\mathbb{Z}_q^n$，$x_{\text{team},n-2}\leftarrow x'_{\text{team},n-2}$，并计算$x_{\text{team},n-1}\leftarrow\dfrac{y-w_{n-2}\cdot x'_{\text{team},n-2}}{w_{n-1}}$。

对于所有$k\in\{1,\cdots,n-1\}$，有

$u_{\text{team},i}\cdot\mu_{\text{team},0}+u_{\text{team},[i+(n-1)](\text{mod}\,n)}\cdot\mu_{\text{team},1}+\cdots+u_{\text{team},(i+1)(\text{mod}\,n)}\cdot\mu_{\text{team},n-1}\leftarrow x_{\text{team},i}$。

输出为 $\left\{u_{\text{team}}=\left(u_{\text{team},0},u_{\text{team},n-1},\cdots,u_{\text{team},1}\right)\right\}$。

在上述过程执行完之后，车辆 A 可以与同一属性集中的所有车辆共享向量 $\mu'_{\text{team}}=\left(u'_{\text{team},n-1},\cdots,u'_{\text{team},1},u'_{\text{team},0}\right)$ 及密钥 sk_A，从而使同组车辆获得完整的下载权限和解密密钥。值得注意的是，只有已知公共属性矢量 μ_{team}，该下载权限才有效。

3.4.3 方案的安全性证明及性能分析

本节方案主要由三部分组成，分别为文件上传、所有权证明和下载权转让。为验证其设计的正确性和安全性，首先证明该方案不仅可以有效避免文件重复上传，而且只有拥有下载权限的车辆才能访问文件。

定理 3-8 (数据去重标签的正确性) 假设云服务器拥有与文件 M_A 对应的数据去重证书 S_A。用户 B 在外包相同文件 v_A 之前上传了数据去重标签，则云服务器可以正确执行数据查重操作，其误报率可以忽略不计。

证明 由于数据去重证书 $S_A=\left(\text{PRNG}\left(h_A\right),-1\right)\in\mathbb{Z}_q^{n+1}$ 存储在云服务器中，其中 $h_A=H\left(M_A\right)$，且车辆 B 将相同文件 M_A 的数据去重标签 $v_B=\left(P,b_B\right)\cdot r_B\in\mathbb{Z}_q^{n+1}$ 上载到云服务器后有 $b_B=\left[\text{PRNG}\left(h_B\right)+e_B\right]$，那么云服务器将对每个数据去重证书执行以下计算：

$$
\begin{aligned}
\left\langle S_A,v_B\right\rangle&=\left\{\left(\underbrace{\text{PRNG}\left(h_A\right),-1}_{n\text{bits}}\right)\cdot\left[\left(\begin{matrix}\underbrace{P}_{n\times m}\\\underbrace{b_B}_{1\times m}\end{matrix}\right)^{(n+1)\times m}\cdot r_B\right]\right\}\\
&=\left[\left(\underbrace{\text{PRNG}(h_A),-1}_{1\times n}\right)\cdot\left(\begin{matrix}\underbrace{P}_{n\times m}\\\underbrace{b_B}_{1\times m}\end{matrix}\right)^{(n+1)\times m}\right]\cdot r_B\\
&=\left(\text{PRNG}\left(h_A\right)\cdot P-b_B\right)\cdot r_B\\
&=\left\langle\text{PRNG}\left(h_A\right)\cdot P-\left(\text{PRNG}\left(h_B\right)\cdot P+e_B\right),r_B\right\rangle\\
&=\left\langle\text{PRNG}\left(h_A\right)\cdot P-\text{PRNG}\left(h_B\right)\cdot P-e_B,r_B\right\rangle
\end{aligned}
\tag{3-136}
$$

由于 $\text{PRNG}(\cdot)$ 是确定性算法，所以 $h_A=h_B$，$\text{PRNG}\left(h_A\right)=\text{PRNG}\left(h_B\right)$。同时，由于 P 是公共矩阵，所以 $\text{PRNG}\left(h_A\right)\cdot P=\text{PRNG}\left(h_B\right)\cdot P$ 是显而易见的。因此，可以很容易地从式(3-86)中看出 $\left\langle S_A,v_B\right\rangle=\left\langle -e_B,r_B\right\rangle$。由于 $\left\langle -e_B,r_B\right\rangle\leqslant\dfrac{1}{Q(m)}$

的内积是确定的，所以也可以保证 $\langle S_A, v_B \rangle \leqslant \frac{1}{Q(m)}$，这意味着可以以接近 100% 的概率检测到重复数据。

定理 3-9 (下载权的正确性) 假设云拥有与某文件对应的下载证书，则任何合法车辆都可以根据其下载权限正确通过所有权验证。

证明 对于将原始文件 M_A 上传到云的车辆 A，它可以将 $\mu_A = [u_{A,n-1},\cdots, u_{A,1}, u_{A,0}]$ 向右移一位以获取 $u'_A = [u_{A,0}, u_{A,n-1},\cdots,u_{A,1}]$，从而构造循环矩阵 U_A。随后，车辆 A 即可计算下载权限：

$$X_A = U_A \cdot \mu_A = [x_{A,0}, x_{A,1},\cdots,x_{A,n-1}]^{\mathrm{T}} \tag{3-137}$$

其中，$\mu_A = [\mu_{A,0}, \mu_{A,1},\cdots,u_{A,n-1}]$ 是车辆 A 的属性。随后，它将下载权限 X_A 发送到云服务器，云服务器相应地计算出

$$\begin{aligned}\langle w, X_A \rangle &= \sum_{i=0}^{n-1} w_i \cdot x_{A,i} = \sum_{i=0}^{n-2} w_i \cdot x_{A,i} + w_{n-1} \cdot x_{A,n-1} \\ &= \sum_{i=0}^{n-2} w_i \cdot x_{A,i} + \left(-\sum_{i=0}^{n-2} w_i \cdot x_{A,i}\right) = 0\end{aligned} \tag{3-138}$$

下载证书 w 的最后一个元素是 $w_{n-1} = -\frac{\sum_{i=0}^{n-2} x_{A,i} w_i}{x_{n-1}} (\bmod q)$，因此 $w_{n-1} x_{A,n-1}$ 的结果可以转换为 $\left(-\sum_{i=0}^{n-2} w_i x_{A,i}\right)$，从而使 $\langle X_A, w \rangle$ 的内积为零。

对于重复的文件上传者 B，这两个计算步骤相同。当其将获得的下载权限 X'_B 发送到云服务器，云服务器也可以计算 $\langle w, X'_B \rangle$ 内积得到如下结果：

$$\begin{aligned}\langle w, X'_B \rangle &\geqslant w \cdot [x_{B,0}, x_{B,0},\cdots,x'_{B,n-3}, x'_{B,n-2}, x'_{B,n-1}]^{\mathrm{T}} \\ &= \sum_{i=0}^{n-4} w_i x_{B,i} + w_{n-3} x'_{B,n-3} + w_{n-2} x'_{B,n-2} - w_{n-1} x'_{B,n-1} \\ &= \sum_{i=0}^{n-4} w_i x_{B,i} + w_{n-3} x'_{B,n-3} + y \\ &= \left[\sum_{i=0}^{n-4} w_i x_{B,i} + w_{n-3} x_{B,n-3} + (y' - y)\right] + y \\ &= [-y' + (y' - y)] + y = -y + y = 0\end{aligned} \tag{3-139}$$

因此，所有拥有与文件相对应下载权限的合法用户可以通过 PoW。

进一步地，证明去重标签在重复检查过程之外是无法区分的，且下载权限

无法被伪造。

定理 3-10 (数据去重标签的安全性) 对合法车辆而言，无论是上传相同或不同的文件以执行数据去重，去重标签仅在重复性检查过程中具有可区分性。

证明 对应于相同文件和不同文件的数据去重标签，可分为两种情况进行分析。

情况 1：假设车辆 A 和车辆 B 具有相同的文件，即它们具有两个相同文件的相同哈希值 $h_A = h_B$，其数据去重标签分别为

$$v_A^{(1)} = \left(\mathrm{PRNG}\left(h_A\right)\cdot P + e_A^{(1)}\right)\cdot r_A^{(1)} \tag{3-140}$$

和

$$v_B^{(1)} = \left(\mathrm{PRNG}\left(h_B\right)\cdot P + e_B^{(1)}\right)\cdot r_B^{(1)} \tag{3-141}$$

那么根据确定性算法 $\mathrm{PRNG}(\cdot)$，可以得出 $\mathrm{PRNG}\left(h_A\right) = \mathrm{PRNG}\left(h_B\right)$。而且，基于公共矩阵 P，显然有 $\mathrm{PRNG}\left(h_A\right)\cdot P = \mathrm{PRNG}\left(h_B\right)\cdot P$。但是，由于 e_A、e_B 和 r_A、r_B 分别从 χ_q^m 和 $\{-1,0,1\}^m$ 中随机采样得到，数据去重标签相同的概率满足 $\dfrac{1}{(3q)^m} < \dfrac{1}{Q(m)}$，可以忽略不计。因此，得到 $v_A^{(1)} = v_B^{(1)}$ 的结果几乎是不可能的，这意味着 $v_A^{(1)}$ 和 $v_B^{(1)}$ 满足语义安全性。

情况 2：假设车辆 A 和车辆 B 具有不同的文件，即它们拥有不同的文件哈希值 $h_A \neq h_B$，则数据去重标签分别为

$$v_A^{(2)} = \left(\mathrm{PRNG}\left(h_A\right)\cdot P + e_A^{(2)}\right)\cdot r_A^{(2)} \tag{3-142}$$

和

$$v_B^{(2)} = \left(\mathrm{PRNG}\left(h_B\right)\cdot P + e_B^{(2)}\right)\cdot r_B^{(2)} \tag{3-143}$$

显然，由于 $\mathrm{PRNG}\left(h_A\right) \neq \mathrm{PRNG}\left(h_B\right)$，数据去重标签相同的概率满足 $\dfrac{1}{(n+1)(3q)^m} < \dfrac{1}{Q(m)}$，这与情况 1 的分布是无法区分的。

显然，由于相同文件的数据去重标签不同，并且情况 1 与情况 2 中的标签具有相同分布，所以数据去重标签在语义上是安全的，即对应于相同文件和不同文件的数据去重标签是无法区分的。

定理 3-11 (下载权限的安全性证明) 没有用户可以伪造能够欺骗访问控制的有效下载权限 X_A。

引理 3-10　原始上传者 A 将文件 M_A 外包到云服务器后，整个下载证书 w 仅由云服务器知道。

证明　根据内积谓词的定义，用户 A 的下载权限 X_A 可使内积 $\langle X_A, w\rangle$ 输出为 0。但是，下载证书 w 是由用户 A 抽样 $w_i(i=0,\cdots,n-2)$ 计算得到的，且下载证书 w 的最后一个元素 w_{n-1} 被设置为

$$w_{n-1} = -\frac{\sum_{i=0}^{n-2} x_{A,i} w_i}{x_{n-1}} (\bmod q) \tag{3-144}$$

因此，当车辆 A 首次上传时，云服务器将获得与车辆 A 的秘密属性相对应的完整下载证书 w。然而，如果某一非法车辆试图伪造下载证书 $w \stackrel{\$}{\leftarrow} \mathbb{Z}_q^n$ 以欺骗 PoW 系统，那么其优势是

$$\Pr\left[\langle X_A, w'\rangle = 0\right] = \frac{1}{q^{(n-1)}} \leqslant \frac{1}{Q(n)} \tag{3-145}$$

这可以忽略不计。

引理 3-11　对于重复文件的上传者 B，它不知道除 $(w_{n-3}, w_{n-2}, w_{n-1})$ 之外的下载证书 w 中的其余元素。

证明　对于重复文件上传者 B，其需要使用 $(w_{n-3}, w_{n-2}, w_{n-1})$ 将下载权限的最后三个元素 X_B 更新为 $(x'_{B,n-3}, x'_{B,n-2}, x'_{B,n-1},)$，即计算

$$x'_{B,n-3} = x_{B,n-3} - \frac{y-y'}{w_{n-3}} \tag{3-146}$$

$$w_{n-2}x'_{B,n-2} + w_{n-1}x'_{B,n-1} = y \tag{3-147}$$

由于 w_{n-3} 的值是已知的，所以它可以计算得到 $x'_{B,n-3}$ 的值。然而，由于式(3-147)的秩等于 1，并且 $w_{n-2}x'_{B,n-2} + w_{n-1}x'_{B,n-1} = y$，其中包含了两个未知变量，所以 $x'_{B,n-2}$ 和 $x'_{B,n-1}$ 的结果有无穷多个。可见，当车辆 B 计算下载权限时，不会知道下载证书 w 中除 $(w_{n-3}, w_{n-2}, w_{n-1})$ 之外的其余内容。

由于式(3-147)的解有穷多个，这就可以有效保护车辆 B 的下载权限 X_B 的安全，同时保证了合法车辆属性的机密性。如果恶意车辆试图伪造 w 中剩余的 $n-3$ 元素以获得新的下载证书 $w'' = \left[w''_0, \cdots, w''_{n-4}, w_{n-3}, \cdots, w_{n-1}\right]$，那么其优势就是

$$\Pr\left[\langle X'_B, w''\rangle = 0\right] = \frac{1}{q^{(n-3)}} \leqslant \frac{1}{Q(n)} \tag{3-148}$$

可以忽略不计。因此，该方案不会暴露下载证书 w 的其余元素。

引理 3-10 和引理 3-11 表明，没有任何车辆能够伪造有效的下载权限，因为完整的下载证书和属性向量 μ_A 不会被公开。

最后，作者将其与其他相关的主要技术进行比较来分析本节方案的性能，对应的符号和标志可以在表 3-7 中找到。就其他功能而言，如第三方、去重级别、参与者、密钥融合等可以在表 3-7 中找到。

表 3-7　主要数据去重方案之间的功能比较

方案	技术	第三方	去重级别	参数者	密钥融合
文献[36]方案	BL-MLE+PoW	—	块	单一用户	是
文献[2]方案	TBS 门限盲签名+ VSS	密钥	文件	单一用户	是
文献[3]方案	认证协议 + 授权检测	云服务器	文件	多用户	是
文献[38]方案	属性加密 + 随机抽样	属性集	块	多用户	是
本节方案	属性访问策略 + 内积谓词	—	文件	多用户	否

与文献[37]方案相比，本节方案不需要任何第三方，有效避免了额外的信任问题，并且能够节省大量的计算/通信资源。此外，本节方案还可以在多个用户之间执行文件数据去重，这意味着其更加灵活且更适应车联网云环境。从密钥融合的角度来看，与文献[37]方案相比，本节方案中不需要任何密钥融合过程，因此即使用户资源有限，也可以应用。

对性能而言，表 3-8 详细给出了客户端、第三方和云服务器执行数据去重的计算开销。

表 3-8　数据去重的计算开销

方案	客户端	第三方	云服务器
文献[36]方案	$O(b)$Hash·Hash	—	$O(b)$PoW
文献[2]方案	$O(f)$Hash $+O(N)$CE_K	$O(f)$Hash	$O(g)$
文献[3]方案	$O(f)$	$O(f)$	—
文献[37]方案	$O(f)$Hash $+O(f)$PoW	$O(f)$Hash	$O(f)$PoW
本节方案	$O(f)$Hash + $O(1)$PRNG	—	$O(g)$

与文献[2]方案中客户端的计算开销相比，本节方案的计算开销为

$O(f)$Hash+$O(1)$ PRNG，其中 PRNG 生成的是伪随机数序列而非收敛密钥。事实上，这意味着本节方案更加有效，因为PRNG可以通过少量的迭代来实现。此外，本节方案不包含任何第三方，从而可将文件的哈希值进行相应的加密。此外，由于不需要多个第三方服务器重构收敛密钥，本节方案也很好地避免了密钥分发和融合的消耗，从而更优于文献[2]方案。

与文献[36]方案和文献[2]方案相比，本节方案不需要在客户端构造 Bloom 过滤器或属性二叉树，因此计算、存储成本略有优势。至于云服务器方面的开销，与文献[36]方案和文献[2]方案相比，本节方案不必初始化任何所有权数据结构，且计算开销与文件大小无关而仅与哈希值的长度有关。

表 3-9 分别给出了客户端、第三方、云服务器的所有权证明计算开销。

表 3-9　PoW 计算开销

方案	客户端	第三方	云服务器
文献[36]方案	$O(b)$Hash + $O(b)$	—	$O(f)$Add
文献[2]方案	$O(f)$Hash + $O(kL)$	$O(N)$CE_K	$O(kLf)$Add
文献[3]方案	$O(f)+O(kL)$	—	$O(kLf)$Add
文献[38]方案	$O(f)$Hash + $O(N\log_2 N)$	$O(N)$CE_K	$O(kLf)$Add
本节方案	$O(f)$Hash + $O(n)$Add	—	$O(n)$Add

从表 3-9 可以看出，文献[34]方案中的车辆必须保留并搜索 Bloom 过滤器或属性二叉树才能完成 PoW 过程，因而在客户端存在$O(kL)$或$O(N\log N)$的额外计算成本。然而，本节方案不需要此过程，因此计算成本仅为$O(f)$Hash+$O(n)$Add，其中第二项表明只需进行n次加法运算。对云服务器的成本计算而言，本节方案也以$O(n)$Add 的优势胜过文献[36]方案，其原因类似，即云服务器的计算成本与文件大小无关，仅与属性数相关。

最后，以 256 位文件为例，对数据去重和所有权证明过程的通信开销进行了比较，详情如图 3-14 所示。

如图 3-14 所示，与其他方案相比，本节方案在通信开销方面具有明显的优势。也就是说，本节方案可以有效减少带宽的使用以及时间延迟，而且由于所有数据去重和所有权证明过程都是独立的，它们在方案中都可以并行处理，这更适合在车联网中批量实现。

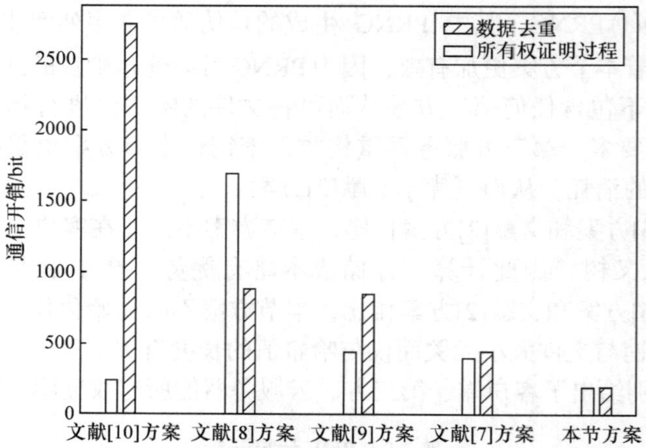

图 3-14　类似方案的通信开销直方图

3.5 本章小结

随着车联网的蓬勃发展，服务于车联网应用的云数据面临大量的重复存储和隐私泄露问题，而如何平衡隐私和降低云存储成本之间矛盾的问题也亟待解决。与此同时，在保证用户隐私的前提下，为降低通信和存储负荷而实现高效、安全的数据聚合也是安全数据去重值得研究的一个方向。为了解决已有方案中存在的安全性不足和效率低下的问题，本章提出了基于 Bloom 过滤器和阈值盲签名的车联网数据安全去重方案以及基于函数加密的车联网访问控制及隐私保护去重方案，这两种方案都能够有效地在系统功能性和安全性两者之间取得平衡。考虑车联网所具有的局部效应和冗余数据的处理，本章也提出了在群集中基于多密钥全同态的车联网的数据安全聚合协议。本章提出的所有方案均严格按照密码学原理进行了形式化的安全性证明，并进行了对比性的仿真实验。

参考文献

[1] Wen M, Ota K, Li H, et al. Secure data deduplication with reliable key management for dynamic updates in CPSS[J]. IEEE Transactions on Computational Social Systems, 2015, 2(4): 137-147.
[2] Miao M, Wang J, Li H, et al. Secure multi-server-aided data deduplication in cloud computing[J]. Pervasive and Mobile Computing, 2015, 24: 129-137.
[3] Li J, Li Y K, Chen X, et al. A hybrid cloud approach for secure authorized deduplication[J]. IEEE Transactions on Parallel and Distributed Systems, 2014, 26(5): 1206-1216.
[4] Mi B, Huang D, Wan S, et al. Oblivious transfer based on NTRUencrypt[J]. IEEE Access, 2018, 6:

35283-35291.

[5] Gentry C. Fully homomorphic encryption using ideal lattices[C]. Proceedings of the 45th Annual ACM Symposium on Theory of Computing, 2009: 169-178.

[6] Regev O. On Lattices, Learning with errors, random linear codes, and cryptography[J]. Journal of the ACM, 2009, 56(6): 1-40.

[7] Lyubashevsky V, Peikert C, Regev O. On ideal lattices and learning with errors over rings[C]. Annual International Conference on the Theory and Applications of Cryptographic Techniques, 2010: 1-23.

[8] Applebaum B, Cash D, Peikert C, et al. Fast cryptographic primitives and circular-secure encryption based on hard learning problems[C]. Annual International Cryptology Conference, 2009: 595-618.

[9] Lópezalt A, Tromer E, Vaikuntanathan V. On-the-fly multiparty computation on the cloud via multikey fully homomorphic encryption[C]. Proceedings of the 44th Annual ACM Symposium on Theory of Computing, 2012: 1219-1234.

[10] Mukherjee P, Wichs D. Two Round Multiparty Computation via Multi-Key FHE[M]. Berlin: Springer, 2016.

[11] Clear M, Mcgoldrick C. Multi-identity and multi-key leveled FHE from learning with errors[C]. Cryptology Conference, 2015: 630-656.

[12] Nguyen P Q, Regev O. Learning a parallelepiped: Cryptanalysis of GGH and NTRU signatures[J]. Journal of Cryptology, 2009, 22(2): 139-160.

[13] Hoffstein J, Pipher J, Silverman J H. NTRU: A ring-based public key cryptosystem[C]. International Algorithmic Number Theory Symposium. Springer, 1998: 267-288.

[14] Gentry C, Peikert C, Vaikuntanathan V. Trapdoors for hard lattices and new cryptographic constructions[C]. Proceedings of the 40th Annual ACM Symposium on Theory of Computing, 2008: 197-206.

[15] Wan S, Goudos S. Faster R-CNN for multi-class fruit detection using a robotic vision system[J]. Computer Networks, 2020, 168: 107036.

[16] Chen C, Hu J, Qiu T, et al. Cvcg: Cooperative V2V-aided transmission scheme based on coalitional game for popular content distribution in vehicular ad-hoc networks[J]. IEEE Transactions on Mobile Computing, 2018, 18(12): 2811-2828.

[17] Wan S, Xia Y, Qi L, et al. Automated colorization of a grayscale image with seed points propagation[J]. IEEE Transactions on Multimedia, 2020, 22(7): 1756-1768.

[18] Cisco. Cisco lobal cloud index: Forecast and methodology, 2015–2020[R]. San Jose:Cisco Public, 2016.

[19] Douceur J R, Adya A, Bolosky W J, et al. Reclaiming space from duplicate files in a serverless distributed file system[C]. Proceedings of the 22nd International Conference on Distributed Computing Systems, 2002: 617-624.

[20] Bellare M, Keelveedhi S, Ristenpart T. Message-locked encryption and secure eduplication [C]. Annual International Conference on the Theory and Applications of Cryptographic Techniques. 2013: 296-312.

[21] Keelveedhi S, Bellare M, Ristenpart T. Dupless: Server-aided encryption for deduplicated storage[C]. 22nd Security Symposium, 2013: 179-194.
[22] Li M, Qin C, Lee P P C. Cdstore: Toward reliable, secure, and cost-efficient cloud storage via convergent dispersal[C]. 2015 Annual Technical Conference, 2015: 111-124.
[23] Qin C, Li J, Lee P P C. The design and implementation of a rekeying-aware encrypted deduplication storage system[J]. ACM Transactions on Storage, 2017, 13(1): 1-30.
[24] Halevi S, Harnik D, Pinkas B, et al. Proofs of ownership in remote storage systems[C]. Proceedings of the 18th ACM Conference on Computer and Communications Security, 2011: 491-500.
[25] Blasco J, Di Pietro R, Orfila A, et al. A tunable proof of ownership scheme for deduplication using bloom filters[C]. 2014 IEEE Conference on Communications and Network Security, 2014: 481-489.
[26] Wan S, Zhao Y, Wang T, et al. Multi-dimensional data indexing and range query processing via voronoi diagram for internet of things[J]. Future Generation Computer Systems, 2019, 91: 382-391.
[27] Zhu R, Zhang X, Liu X, et al. ERDT: Energy-efficient reliable decision transmission for intelligent cooperative spectrum sensing in industrial IoT[J]. IEEE Access, 2015, 3: 2366-2378.
[28] Xiong J, Zhang Y, Lin L, et al. Ms - PoSW: A multi - server aided proof of shared ownership scheme for secure deduplication in cloud[J]. Concurrency and Computation: Practice and Experience, 2020, 32(3): e4252.
[29] Tang J, Zhang B, Zhou Y, et al. An energy-aware spatial index tree for multi-region attribute query aggregation processing in wireless sensor networks[J]. IEEE Access, 2017, 5: 2080-2095.
[30] Zhao Y, Li H, Wan S, et al. Knowledge-aided convolutional neural network for small organ segmentation[J]. IEEE Journal of Biomedical and Health informatics, 2019, 23(4): 1363-1373.
[31] Qi L, Zhang X, Li S, et al. Spatial-temporal data-driven service recommendation with privacy-preservation[J]. Information Sciences, 2020, 515: 91-102.
[32] Yin Y, Chen L, Xu Y, et al. QoS prediction for service recommendation with deep feature learning in edge computing environment[J]. Mobile Networks and Applications, 2019, 25(1): 1-11.
[33] Chaum D. Blind signatures for untraceable payments[C]. Advances in Cryptology, 1983: 199-203.
[34] Li J, Chen X, Li M, et al. Secure deduplication with efficient and reliable convergent key management[J]. IEEE Transactions on Parallel and Distributed Systems, 2013, 25(6): 1615-1625.
[35] Puzio P, Molva R, Önen M, et al. Cloudedup: Secure deduplication with encrypted data for cloud storage[C]. 2013 IEEE 5th International Conference on Cloud Computing Technology and Science, 2013: 363-370.
[36] Chen R, Mu Y, Yang G, et al. BL-MLE: Block-level message-locked encryption for secure large file deduplication[J]. IEEE Transactions on Information Forensics and Security, 2015, 10(12): 2643-2652.
[37] Li J, Chen X, Huang X, et al. Secure distributed deduplication systems with improved reliability[J]. IEEE Transactions on Computers, 2015, 64(12): 3569-3579.
[38] Boneh D, Sahai A, Waters B. Functional encryption: Definitions and challenges[C]Theory of Cryptography Conference, 2011: 253-273.

第 4 章　车联网位置信息保护方法

4.1　车联网位置数据的安全需求

近年来，随着智能交通系统的蓬勃发展，自动化已成为降低人工成本、提高效率和可靠性的必然趋势。尽管目前车联网的建设与发展已具备较为成熟的实验平台与部分实地运营案例，但当前体系并未对车联网内部节点的位置数据进行有效保护。作者认为，这种现象出现的主要原因包括：车联网是一种主要通过广播进行通信的开放型网络，而现实中却缺乏高效的数据加密方案，缺少对加密数据进行处理的数学算法设计，同时缺乏不影响数据传输实效性的安全路由策略。

自动化性能较好的控制系统往往需要依靠大量数据的采集与传输，而车联网中的通信数据必然包含大量的用户隐私信息。面临这样的问题，目前学术界和工业界研究的重点主要包括：设计隐藏式的编码方案对数据进行保护，利用流量监测技术对网络中的传输行为进行实时监测，利用同态加密方案对数据进行加密处理，以及将信息存储在密文域从而予以保护。

本章利用基于密码学的秘密共享方案与同态加密方案设计几种能够实现隐私保护及可靠传输，同时不影响自动化控制效果的车联网位置数据安全策略，并对这些方法进行优缺点分析及实验验证。

4.2　车联网中基于 NTRU 的隐私保护位置的高效查询方法

随着传感、控制、通信、定位以及云计算等技术的发展和融合，车载自组织网络被认为是物联网的一种特殊应用，已成为增强交通安全和便捷性的一种很有前途的结构。作为智能交通系统(intelligent traffic system，ITS)的一个重要组成部分，VANET 通常由许多车载单元组成，路侧单元作为基础设施[1]。与传统网络不同，车载自组织网络在很大程度上强调了车载终端和边缘设备的自适应计算以及通信，其特点是本地化数据存储、密集的地理分布、提供边界服务和复合数据聚合或分析。利用这种基本装置，可以支持广泛的应用程序，例如，当行驶在道路上时，用户可以依靠 VANET 定位其路线上的服务(商店、加油站等)，甚至可以获知其行程沿途的任何预测交通状况。虽然设想的未来交通将是“信息驱动的”和“无线支持的”，但由于 VANET[2]的广播性质，保密和保护隐私的通信问题仍未得到充分解决。此外，由于 VANET 最有吸引力的应用之一是基于位置的查询，它总是自我扩展到传统网络，如互联网。如图 4-1 所示，任何授权的车载单元都可以访问主干线或本地 RSU 中的查询服务提供商，通过各种通信通道查询感兴趣的信息，使得在这种雾状环境下的安全问题更加复杂。

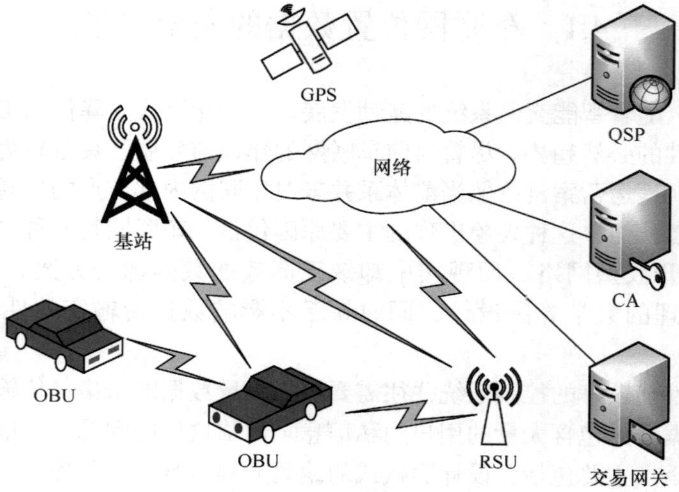

图 4-1　VANET 扩展

4.2.1　车联网隐私保护

在隐私方面，用户不希望任何人(包括基础设施单位或服务提供商)知道其查询的任何信息。这意味着要么不能将查询与用户的真实身份连接起来，要么在某种程度上使查询本身模糊不清。为了达到隐私要求，本节遵循以下两种方式。

1. 相关性隐藏

基于位置的查询具有交互性，很容易将用户的身份与特定的位置联系起来，这可能严重侵犯用户健康状况、社会关系、习惯等隐私。因此，一旦模糊了所查询位置和用户 ID 的连通性，敏感信息就可能在一定程度上得到保护。这种隐私保护方法包括以下方面。

(1) 匿名和假名。匿名和假名的目的是防止攻击者利用任何暴露的信息重新识别数据源，通常依赖这样一个事实，即大多数基于位置的服务并不严格依赖用户身份的知识。因此，最具挑战性的问题变成了假名认证、完整性和不可否认性。具体来说，大量的证书通常是为每辆车预装的，在短时间内使用后将被放弃，再加上声誉机制，这些证书可用于评估匿名来源的可信度或实现回溯的目的[3]。

然而，匿名和假名只对半诚实的安全模型具有鲁棒性，因为恶意车辆不能按照协议的要求丢弃或更新其证书[4]。

(2) 混合区。混合区最初是由 Beresford 等[5]引入的，假名应在同一区域内的所有用户之间交换。车辆通过混合区的时间间隔称为静默期，这意味着车辆必须保持沉默，以切断其身份在出入点之间的连接。Palanisamy 等[6]调查了交通环境中可能揭示几何约束或时间约束等详细轨迹的各种上下文信息，并设计了 Mobi 混合方法，以防止这种隐私侵犯行为。值得提及的是，Gruteser 等[7]提出的 k-anonymity 思想总是作为匿名(假名)和混合区实现的结合。例如，Molina-Gil[8]利用空间和时间伪装计算 k-anonymity 集，这使得车辆与其他 $k-1$ 对应方无法区分，避免了主动破坏。如果收到与恶意节点相关的一些投诉，也可以进行跟踪，以防止进一步的损害。针对 Sybil 攻击，Feng 等[9]将有界的 k-anonymity 方案和承诺方案结合，可以有效抑制虚假消息在更新匿名时的传播。

2. 查询模糊化

基于位置的查询服务可以视为信息检索过程，这意味着只有用户关心研究结果的正确性或准确性。因此，本节利用用户和服务器之间的信息不对称，提出许多方法，包括如下方面。

(1) 位置假人。位置假人的目的是欺骗查询服务提供商(query service provider，QSP)，以混淆用户的真实位置和多个错误位置[10-13]。然而，交通网络虽总是分散的，但也是结构化的，因此很难创建与真实位置无法区分的位置假人。为了生成可信的位置假人，Shankar 等[14]提出了 Sybil 查询方法，通过从历史流量数据库中选择位置假人来混淆真实位置。

(2) 位置混淆。位置混淆背后的思想是有意降低查询消息的精度。Ardagna 等[15]提出的协议使用圆形区域代替用户的确切位置。虽然模糊区域可以由查询者自行决定，但隐私与精度之间的权衡具有重要意义。Cheng 等[16]根据查询区域的重叠大小和混淆形状，引入了概率范围查询模型。其他混淆用户位置的方法是坐标转换，其中一些几何映射是在发送到服务器之前针对一系列用户坐标进行的。然而，为了确保 QSP 的功能，不可能找到纯粹基于坐标转换的全面保护方案，因为服务提供商必须能够确定对象和区域对彼此[17]的相对位置。此外，为了保持用户的轨迹，学者还提出了大量时空位置混淆方案，其中考虑了与位置相关的时间信息[18-22]。

(3) 位置共享。由于存在几个不信任的服务器，所以可以在数学上计算出位置信息作为一系列的共享份额，并分布在不同的数据库上。Dürr 等[23]提出了将位置信息分割成多份，严格限制精度，再从多个服务器检索足够的共享份额，用户可以执行一种组合算法，将其融合到更高精度的消息中。为了防止攻击者通过地图的坐标关系导出精确位置，Skvortsov 等[24]考虑到地图知识并进一步改进了其协议，优化了服务器可信度[25]份额布局。虽然位置共享方案也可以在位置混淆或坐标转换[26]的情况下实现，但出于安全考虑，最好采用基于密码的方式[27]。

(4) 密码学方法。由于保密性、完整性和真实性等原因，密码原语被视为实现位置隐私的理想构建块。为了隐藏用户的真实身份，环签名或群签名通常用于混淆作为车辆集成员[28,29]的查询者。通过使用私有信息检索技术，QSP 可以在不学习或不泄露查询[27,28]的任何信息的情况下回答查询。同时，由于密文的计算结果与明文的计算结果相匹配，同态密码系统也被认为是很有前途的位置隐私应用工具[30,31]。

然而，上述方法只将查询者的位置信息作为保护的目标，而忽略了 QSP 的数据所有权。实际上，现在的收费模式总是建立在每个查询的基础上，使车载终端能够临时使用服务，并根据数量支付他们的查询。关于 QSP 记录的所有权，Paulet 等[32]提出了一种基于位置的查询方法，该方法考虑了 1-out-n 不经意传输协议(OT_n^1)。他们的方案使用了一个 ElGamal 密码系统，该系统为发送者施加一个额外的隐私属性，使接收方最多只能学习其中一项。然而，Jannati 等[33]看到了它的安全缺陷，认为接收者能够解密所有加密的记录，因此 QSP 的数据所有权无法得到保证。为了纠正 Paulet 等方案的缺陷，Jannati 等以较高的计算开销为代价重建了其不经意传输部分。

众所周知，ElGamal 加密是在循环群 G 上定义的，其安全性取决于离散对数的计算难度。因此，必须考虑一个大的安全参数，以确保它是不可破坏的。不同公钥密码体制的安全参数比较，见表 4-1。

表 4-1　不同公钥密码体制的安全参数比较

安全级别	数学问题		
	整数因式分解 RSA/bit	椭圆曲线离散对数 ECC/bit	离散对数 ElGamal/bit
低安全	1024	160	1024
适度安全	2048	224	2048
标准安全	3072	256	3072
高度安全	7680	384	7680
最高安全	15360	512	15360

在加密阶段，ElGamal 需要两个指数运算，而其中一个指数运算应该相应地

进行解密。对大数取幂总是耗时的且会占用大量的内存，因此 Jannati 等的方案显得不够有效，特别是在嵌入式环境下。此外，虽然其方案在基于游戏的验证下被证明是安全的，但是 ElGamal 密码系统本身无法实现 CCA 安全，因此主动攻击和自适应攻击被忽略[34]。

为了消除 Jannati 等方案的缺陷，可以利用 NTRUEncrypt 实现基于隐私保护位置的查询，作为 1996 年发展起来的一个相对较新的公钥密码系统，数字理论研究格密码[35]比其他非对称加密方案运行得更快，在移动设备或智能卡等资源约束环境中实现更具竞争力。文献[36]、[37]发现了可以引入新的参数来抵抗当前已知的攻击，并增强其计算能力。根据最新研究[38]，以下参数被认为是安全的。

在表4-2 中，N定义了 NTRUEncrypt 中使用的截断多项式环 $R=\mathbb{Z}[x]/\left(x^N-1\right)$，$q$ 和 p 是两个模，其参数比传统公钥密码系统的参数小。此外，它只使用简单的多项式乘法，执行 NTRU 操作的时间呈平方增加。据报道，使用现代 GTX980 GPU 在 256 位[39]的安全级别上可以达到每秒 200000 个加密的吞吐量，该速度约是最近的高级加密标准实现[40]的 1/20。因此，可以利用高效率和后量子安全的特点，将 NTRUEncrypt 作为实现不经意传输的基石。然后，基于新的 OT_n^1 协议，可以实现自适应安全的基于位置的查询方案。

表 4-2 NTRUEncrypt 的安全参数

安全级别	最短向量问题		
	N	q	p
适度安全	167	128	3
标准安全	251	128	3
高度安全	347	128	3
最高安全	503	256	3

4.2.2 基于 NTRU 的 1-out-*n* 不经意传输协议

1. 1-out-*n* 不经意传输协议和 NTRUEncrypt 的初步研究

不经意传输最初使用的是共轭编码，由 Rabin[40]引入。在不同类型的 OT 中，1-out-*n* 不经意传输协议得到了广泛研究，因为任何密码任务都可以通过这种基本原语[41]来实现。在密码学中，1-out-*n* 不经意传输协议是一种协议，其中接收者 R 有权在不学习任何其他消息的情况下获得发送者 S 持有的 n 条消息中的 1 条，而发送者不知道接收者选择了哪些信息。协议正式描述如算法 4-1 所示。

算法 4-1 1-out-*n* 不经意传输协议

1-out-*n* 不经意传输协议
$\mathcal{F}_{\mathrm{OT}}(m_0, m_1, \cdots, m_{n-1}, \delta)$ 。
输入： $m_0, m_2, \cdots, m_{n-1} \in M$ ：-S 输入；
-R 输入 $\delta \in \{0, 2, \cdots, n-1\}$ 。
输出：-S 输出 $\perp$ ；
-R 输出 m_δ 。

为了优化不经意传输协议的性能，可以对其施加几个技巧。例如，Ishai 等[42]允许以正常成本从 k OT 计算具有较小基本成本的许多 OT，并且允许使用伪随机生成器减少长字符串的不经意传输到短字符串的不经意传输。

于是，将基于 NTRUEncrypt 对量子计算的抵抗力，构建一种高效安全的 OT_n^1 协议。NTRUEncrypt 算法工作在一个具有卷积乘法的截断多项式环上，环中的所有多项式最多具有整数系数和阶数 $N-1$：

$$a(x) = a_0 + a_1 x + a_2 x^2 + L + a_{N-1} x^{N-1} \tag{4-1}$$

与 RSA 利用的素数分解问题相似，NTRUEncrypt 的安全性依赖分解可约多项式的难度，这相当于最短向量问题。因此，如果选择的参数足够安全，密钥就不可能被破解。

对于每个系统，指定三个整数参数 (N, p, q)，其中 p 和 q 是两个模数，将环 R 截断为 $R_p = (\mathbb{Z}/p\mathbb{Z})[x]/(x^N - 1)$ 和 $R_q = (\mathbb{Z}/q\mathbb{Z})[x]/(x^N - 1)$。假设 N、p 是质数，而 q 是 p 和 N 的互素数。为了生成一个密钥对，必须预先生成系数在 $\{-1, 0, 1\}$ 内的两个密钥多项式 f 和 g。另外，还必须满足 f_p 和 f_q 这两个逆函数，其中，$f \cdot f_q = 1(\mathrm{mod}\, p)$。然后将 f 和 f_p 保留为密钥，而将 $h = p \cdot f_q \cdot g$ 在加密阶段发布为公钥。

在加密阶段，消息 m 应表示为二进制或三元字符串，并转换为环内的截断多项式。然后随机选择一个系数较小的绑定多项式 r 计算密文。

$$c = r \cdot h + m(\mathrm{mod}\ p) \tag{4-2}$$

为了解密密文 c，接收者首先计算：

$$a = f \cdot c(\mathrm{mod}\, q) \tag{4-3}$$

然后将其系数提升到区间 $[-q/2, q/2]$，并实现明文作为

$$m = f_p \cdot a(\mathrm{mod}\, p) \tag{4-4}$$

为了证明协议的正确性，预先定义了两个参数指定的多项式集合 $T(d_1, d_2)$。

定义 4-1　对于任何正整数 d_1 和 d_2，有

$$\mathcal{T}(d_1,d_2)=\begin{cases}a(s)\text{的多项式参数}d_1\text{为}1\\ a(x)\in R_q:a(s)\text{ 的多项式参数}d_2\text{为}-1\\ \text{其他}a(s)\text{的多项式参数为}0\end{cases}\tag{4-5}$$

根据定义 4-1，可以根据下面描述的条件保证 NTRU 解密的正确性。

引理 4-1　如果选择 NTRU 密码体制的多项式：

$$\begin{cases}f\in\mathcal{T}(d+1,d)\\ g\in\mathcal{T}(d,d)\\ r\in\mathcal{T}(d,d)\end{cases}\tag{4-6}$$

其系数满足

$$q>p(6d+1)\tag{4-7}$$

然后，合法接收者可以用其私钥准确地恢复密文。

证明　因为所有的多项式：

$$c=p\cdot g\cdot r+f\cdot m(\bmod q)\tag{4-8}$$

由式(4-6)指定的系数提供。卷积多项式乘法后的参数 $g\cdot r$ 永远不会超过范围 $[-2d,2d]$。同样地，参数 f 以及 m 位于 $[-p/2,p/2]$，这意味着最大参数 $f\cdot m$ 在很大程度上为 $p(d+1/2)$。因此，一旦满足条件 $q>p(6d+1)$，在式(4-8)中的所有参数都可以提升到 $[-q/2,q/2]$ 且不丢失任何信息。然后通过计算

$$m=f_p\cdot a(\bmod p)=f_p\cdot(p\cdot g\cdot r+f\cdot m)=m\tag{4-9}$$

可以准确地恢复消息。

2. NTRU 实现 1-out-n 不经意传输

与传统的公钥密码体制不同的是，NTRU 是在截断多项式环上构造的，该环具有加法和乘法两种功能。卷积乘法的时间比大多数模幂运算快得多，因此 NTRU 的高效性和安全性更适合构建基础的不经意传输协议。

NTRU 加密算法基于格中的最短向量问题，量子计算机无法破解最短向量问题，因此可以利用其更好的效率和安全性预先构造一个 1-out-n 不经意传输协议。事实上，它依赖这样的假设，即在截断多项式环中，将某一多项式分解为两个参数较小的多项式是困难的。因此，破解密码系统相当于在某些格中进行格约化。

如本书 OT_n^1 所述，假设 QSP 具有 n 个消息 $m_0,m_1,\cdots,m_{n-1}$，而车载终端期望在不向任何人透露数据的情况下获取数据 δ，但将其他数据 $m_{\delta'}(\delta'\neq\delta)$ 隐藏起

来。基于 NTRUEncrypt 的 1-out-n 不经意传输协议如下所述。

1) 密钥生成阶段

如4.2 节所示，两个车联网服务器都构造了一对密钥，可以表示为$\mathrm{sk}_S=\left(f_S,f_{qS}\right)$和$\mathrm{pk}_S=h_S$。

2) 无视转移阶段

车联网服务器随机抽取小系数多项式$r_0,r_1,\cdots,r_{n-1}$并加密$m_0,m_1,\cdots,m_{n-1}$为

$$c_i=r_i\cdot h_S+m_i(\mathrm{mod}\,q) \tag{4-10}$$

然后把它们送到车载终端。

收到全部$c_i\left(i\in\mathbb{Z}_n\right)$后，车载终端选择并计算$c'_\delta$

$$c'_\delta=r'\cdot h_S+s\cdot c_\delta(\mathrm{mod}\,q) \tag{4-11}$$

根据随机多项式r'和s，用户把c'_δ送回车联网服务器。

车联网服务器计算

$$a_\delta=f_S\cdot c'_\delta(\mathrm{mod}\,q) \tag{4-12}$$

$$b_\delta=a_\delta(\mathrm{mod}\,p) \tag{4-13}$$

和

$$c''_\delta=f_{pS}(\mathrm{mod}\,p) \tag{4-14}$$

作为车联网服务器对车载终端的回应。

由于车载终端知道多项式s，所以用户可以通过c''_δ与$s^{-1}\,\mathrm{mod}\,p$相乘实现预期的消息m_δ。

上述过程的特征如算法 4-2 所示。

算法 4-2　基于 NTRUEncrypt 的 OT_n^1 协议

基于 NTRUEncrypt 的 OT_n^1 协议

$\mathrm{NTRU\_ON}_n^1(m_0,m_1,\cdots,m_{n-1},\delta)$。

输入：车联网服务器输入持有的 n 条消息 $m_i\in\{0,1\}^n$，$i\in\mathbb{Z}_n$；车载终端输入查询标签 δ，$\delta\in\mathbb{Z}_n$。

输出：查询者获得 m_δ。

生成密钥：

　　$\left(q,p,f_S,f_{qS},f_{pS},g_S\right)\leftarrow\mathrm{KeyGen}(\kappa)$；

　　$\mathrm{sk}_S:\left(f_S,f_{qS}\right)$；

　　$\mathrm{pk}_S:h_S$。

无视转移阶段：

　服务器端

　　　对所有 $i\in\mathbb{Z}_n$ 有

$r_i \leftarrow_R \mathcal{T}(d,d)$；

$c_i = r_i \times h_S + m_i \pmod q$；

发送所有 c_i 给查询者。

车载终端:

$r' \leftarrow_R \mathcal{T}(d,d)$；

$s \leftarrow_R \mathcal{T}(d,d)$，$s$ 可逆模 p；

$c'_\delta = r' \cdot h_S + s \cdot c_S \pmod q$；

发送 c'_δ 回车联网服务器，$r' \leftarrow_R (\mathbb{Z}/q\mathbb{Z})[x]/(x^N-1)$。

服务器端:

$a_\delta = f_S \cdot c'_\delta \pmod q$；

$b_\delta = a_\delta \pmod p$；

$c''_\delta = f_{pS} \cdot b_\delta \pmod p$；

发送 c''_δ 给车载终端。

车载终端:

$m_\delta = c''_\delta \cdot s^{-1} \pmod p$。

1-out-n 不经意传输协议的正确性依赖截断多项式环中多项式的计算。

引理 4-2　车载终端可以正确地获取 m_δ 消息如 $q > 6p\left(2d^2+d\right)$。

证明　由于多项式 $c'_\delta = r' \cdot h_S + s \cdot r_\delta \cdot h_S + s \cdot m_\delta \pmod q$。如果 $q > 6p(2d^2 + d)$，当提升 $a_\delta = f_S \cdot c'_\delta \pmod q$ 的系数为 $[-q/2, q/2]$ 时，不会丢失任何信息。通过计算 $m_\delta = c''_\delta \cdot s^{-1} \pmod p$，其中 $c''_\delta = s \cdot m_\delta \pmod p$，车载终端可以实现用户期望的确切消息 m_δ。

3. 基于位置的高效和安全查询

该系统被配置为 QSP 和一系列车辆，其中任何车载终端都可以通过 GPS 或 Wi-Fi 等定位设备确定其当前位置的坐标。

在初始化阶段，车联网服务器首先生成密钥对，并将地理区域划分为具有 V 行和 W 列的公共网格 G。对于网格的单元格 $v \times w$，用户将网格中的所有数据作为消息 d_i 打包在一起，其中 $i = w + v \cdot W$，$0 \leqslant v \leqslant V-1$，$0 \leqslant w \leqslant W-1$，并分别为每行和每列指定一个对称密钥 k_v、k_w。在计算会话密钥 $m_i = k_w \cdot k_v \pmod q$ 后，用户通过对称密码系统 E 将所有消息加密为 $d'_i = E_{m_i}(d_i)$。然后，QSP 存储所有 m_i 相关 d'_i 的本地 RSU。

在检索阶段，车载终端通过使用最近的 RSU 执行上述 1-out-n 不经意传输协议来获得对应于用户坐标的 m_δ。然后，用户检索与其查询位置相关的密钥，并计算 $d_\delta = D_{m_\delta}(d'_\delta)$ 以恢复用户期望的数据。值得注意的是，服务器可以对 $v+w$ 随机多项式 r_v、r_w 进行采样和计算，$r_i = r_v + r_w$，以减少其计算和存储负荷。LBS

方案如算法 4-3 所示。

算法 4-3　LBS 方案

LBS 方案

LBS(d_i, m_δ)。

输入：车联网服务器输入持有的 $V \times W$ 条消息 d_i，$i = w + v \cdot W \in \mathbb{Z}_{V \times W}$；车载终端者输入查询范围标签 (v_δ, w_δ)，$v_\delta \in \mathbb{Z}_V, w_\delta \in \mathbb{Z}_W$。

输出：查询者获得 d_δ。

初始化

车联网服务器：

$(\mathrm{sk}_S, \mathrm{pk}_S) \leftarrow \mathrm{KeyGen}(\mathcal{K})$；

$G \leftarrow$ Geography，G 是一个 $V \times W$ 公共网格；

对于所有 $v \in \mathbb{Z}_V$，$w \in \mathbb{Z}_W$，有

$k_v, k_w \leftarrow_R \{0,1\}^{\log_2(\mathcal{K})}$；

$m_i = k_w \cdot k_v (\mathrm{mod}\, q)$；

$d_i' = E_{m_i}(d_i)$，$i \in \mathbb{Z}_{V \times W}$；

全部 d_i' 放入相关 RSU。

检索阶段

本地 RSU：

使用随机多项式 $r_i = r_v + r_w$，$r_v + r_w \in \mathcal{T}(d, d)$，使用车载终端执行基于 NTRU 的 OT_n^l 协议。

车载终端：

从本地 RSU 检索所有 d_i'；

$\delta = w_\delta + v_\delta \cdot W, \delta \in \mathbb{Z}_{V \times W}$；

使用 RSU 执行基于 NTRU 的 OT_n^1 协议，并获取 m_δ；

$d_\delta = D_{m_\delta}(d_\delta')$。

由于与单元格 $v_\delta \cdot w_\delta$ 相关的所有数据都作为密文 d_δ 存储，一旦用户获得 m_δ，就可以简单地计算 $d_\delta = E_{m_\delta}(d_\delta')$ 以获取该单元格中的所有信息。因此，基于 NTRU 的 OT_n^1 协议的正确性，上述基于位置的查询方案是正确的。

4.2.3　安全性分析和性能评估

1. 安全性分析

首先验证服务器数据库安全性和客户端位置隐私，在客户端位置隐私方面，可以有以下引理。

引理 4-3　在所提出的 OT_n^1 协议中，QSP 没有获得关于车载终端选择 δ 的信息。

证明　快速启动程序可以使用用户私钥 sk_S 计算 $c_\delta'' = s \cdot m_\delta (\mathrm{mod}\, p)$。然而，用户不知道车载终端的秘密多项式 s，也不能区分子索引 δ 和其他索引。幸运的

是，QSP 可以计算 $r'+r_\delta \cdot s(\bmod q)$ 是否可逆，这意味着用户能够计算 $(r'+r_\delta \cdot s)\cdot(s\cdot m_\delta)^{-1}=r'\cdot s^{-1}\cdot m_\delta^{-1}+r_\delta\cdot m_\delta^{-1}$。但是，由于 r' 和 s 是均匀分布的，所以 m_δ 和 $m_{\delta'}$ 是完全不可区分的，其中 $\delta'\neq\delta$。

车联网服务器的数据所有权可以按如下方式找到。

引理 4-4　对于 $i\neq\delta$，车载终端没有获得关于 m_i 的信息。

证明　车载终端接收所有相邻单元 $c_i=r_i\cdot h_S+m_i(\bmod q)$。由于用户没有车联网服务器的私钥，所以来自 c_i 的 m_i 错误很容易被发现。

现在，可以认为在通用可组合框架下，完整的方案是安全的。为了证明方案的实际实现与其模拟是不可区分的，首先定义了理想的功能。

定义 4-2　理想的功能 $\mathcal{F}_{\mathrm{OT}}^{-}(n,1,l)$ 从接收器 R 接收索引 $\delta\in\{0,1,\cdots,n-1\}$ 和 1 位来自服务器 S 的位消息向量，但只输出一个 1 位字符串给接收器 R。

定理 4-1　如果对称加密方案 (E,D) 没有提交，那么该协议安全地实现了该功能 $\mathcal{F}_{\mathrm{OT}}^{-}(n,1,1)$。

证明　根据引理 4-3 和引理 4-4，很明显

$$\left|\Pr\left[\mathcal{F}_{\mathrm{OT}}(n,1,l)=\tau\right]-\Pr\left[\mathcal{F}_{\mathrm{OT}}^{-}(n,1,l)=\tau\right]\right|<\varepsilon(\kappa) \tag{4-15}$$

因此有

$$\Pr\left[\mathcal{F}_{\mathrm{OT}}^{-}(n,1,l)=\tau\right]=1/n \tag{4-16}$$

这样就可以实现车载终端的隐私保护。

由于 (E,D) 的非交托性质，d_i 的分布在 $\mathcal{F}_{\mathrm{OT}}(n,1,l)$ 和 $\mathcal{F}_{\mathrm{OT}}^{-}(n,1,l)$ 之间是一致的，所以有

$$\left|\Pr\left[\mathcal{F}_{\mathrm{OT}}(n,1,l)=d\right]-\Pr\left[\mathcal{F}_{\mathrm{OT}}^{-}(n,1,l)=d\right]\right|<\varepsilon(\kappa) \tag{4-17}$$

同时有

$$\Pr\left[\mathcal{F}_{\mathrm{OT}}^{-}(n,1,l)=d_i\right]=1/|M| \tag{4-18}$$

其中，$|M|$ 代表明文空间的大小。因此，该协议也保留了发送者的数据所有权。

2. 性能评估

由于加密和解密都只使用简单的多项式乘法，与 RSA、ElGamal 和椭圆曲线密码等其他非对称加密方案相比，NTRUEncrypt 的运算速度非常快。事实上，NTRUEncrypt 中使用的模量大小与决策 DDH 中离散对数问题的模量大小的对数相当，这使得 NTRU 密码系统快速、实用。上述模多项式乘法比大模量上的指

数运算更可取，其具体计算与通信的比较如表 4-3 所示。

表 4-3　计算与通信的比较

参数	车联网服务器		车载终端	
	Jannati 等方案	本节方案	Jannati 等方案	本节方案
模块化指数	$3(v+w+1)$	0	9	0
模块化(多项式)乘法	$2(v+w)+1$	$v+w+2$	7	3
生成随机数(多项式)	$v+w+2$	$v+w$	2	2
秘密钥匙	2	1	2	0
公用钥匙	2	1	0	0
通信负担(多项式)	$2(v+w)+1$	$v\times w+1$	2	1

与 Jannati 等方案相比，本节方案的计算效率优于 Jannati 等方案，即使不考虑模块的规模。特别是考虑到 OBU 对资源的限制，本节方案只需要驱动端的 3 个模块多项式乘法，就可使其与嵌入式环境一样具有更大的应用价值。虽然 RSU 必须向车载终端发送 $V\times W+1$ 消息，但用户可以简单地忽略除 c_δ 和 c''_δ 之外的任何其他消息。

4.3　车联网中物流设备定位的真实性保护方法

4.3.1　物流设备定位的基本工作原理

随着物流业的蓬勃发展，自动化已成为降低人工成本、提高效率和确保系统可靠性的必然趋势。分级仓储作为整个物流作业的关键组成部分，对货物的整合、安排及分配起着至关重要的作用。大多数仓库控制系统(warehouse control system，WCS)需要由一个车联网服务器负责分析各种传感器收集到的环境数据，将工作负荷分配给适当的执行器，管理后端数据库，并提供用户图形界面[43]。考虑到 WCS 的鲁棒性和经济性，自主引导车辆(automated guided vehicle，AGV)系统被普遍认为是散货运输的一种良好解决方案。

如图 4-2 所示，舍入式自主引导车辆（rounded automated guided vehicle，RAGV）系统由一系列车厢组成，它们围绕着一个椭圆形的单轨移动，该单轨能够将货物放置在货架上或从货架上取出[44]。所有车厢都朝着相同的方向前进，在闲置车厢的调度工作中，合理的算法起到了至关重要的作用。调度策略的目标不仅是要防止车厢相互碰撞或锁死、优化整个系统的效率，而且需要针对工作平衡、紧迫性和优先级等特定目标进行实时性调整。更具体地说，当运输任务分配给位于单轨上方任何位置所对应的货架时，选定车厢应该迅速移动到卸货架，取走货物，然后将其重新装载到目标货架上。目前，文献[45]～[50]已提出了大量针对 RAGV 应用的优化调度方案。例如，Ren 等[46]在编码、交叉、变异等方面对传统遗传算法进行了改进，以高效协作为目标实现任务规划。文献[47]研究了具有非多项式困难(non-deterministic polynomial hard，NP-Hard)复杂度的非抢占式调度问题，并通过列表调度(list scheduling，LS)和最长处理时间(longest processing time，LPT)等启发式方法对其进行了求解。Xue 等[50]以最小化任务的广度和工作平衡为目标，将调度策略转化为马尔可夫决策问题，并通过强化学习予以求解。

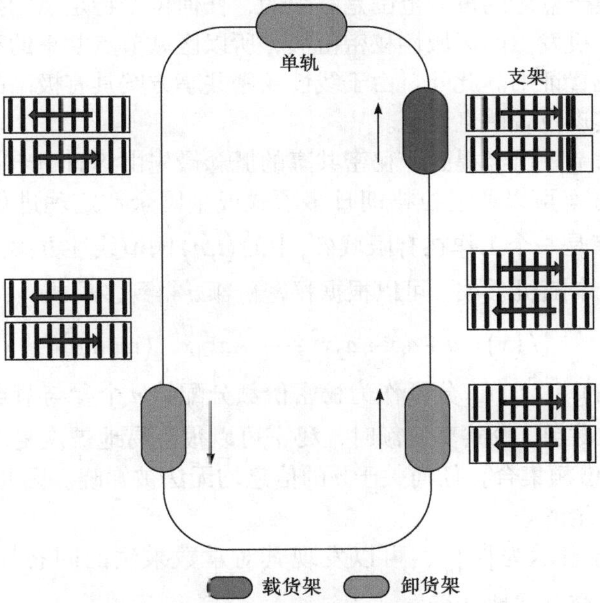

图 4-2　舍入式自主引导车辆系统的体系结构

为了实现合理调度，车辆位置信息一直被认为是实现优化算法的关键变量。然而，与室外移动终端不同，GPS 在室内几乎无法工作。在单轨定位中，由于其极高的可靠性和准确性需求，室内定位方法可能是最佳选择。当前，室内定位方法已经相当成熟，可以简单地分为三角剖分方法、场景分析方法和接近方法[51]。尽管大多数室内定位方法的精度都能胜任 RAGV 方案的实现，但由于信道和锚点(anchor point，AP)[52]容易损坏或遭受攻击，位置信息的真实性无法完全得到保证。例如，一个恶意的客户可能会设法篡改车辆的位置信息，以获得自己任务的优先权，一个精明的小偷可能会欺骗工作分配而把一些货物送到他指定的货架上。更严重的是，恶意攻击者可能伪造一些虚假信息，通过宕机或事故使输送过程瘫痪。对信息的有效性和完整性而言，虽然有许多加密技术可以避免消息的伪造和篡改，但其不能直接用于 RAGV，因为机架或 AP 的开发性更容易受到联合形式的攻击，而且这种系统的拓扑结构是动态的。幸运的是，大多数舍入式自主引导车辆系统都是分层的，因而可以使用具有较强抗攻击性的车联网服务器承担安全决策任务。综合考虑 RAGV 中集中式管理和离散网络拓扑的特性，有望设计出一种密码学机制保证位置信息的真实性，并防止针对系统可靠性的攻击。

为平衡安全性和操作效率之间的矛盾，作者采用一种名为 Shamir 秘密共享的轻量级密码原语实现车联网中物流设备定位的真实性保护方法。该方法背后的主要思想是：由于蓝牙的覆盖范围是有限的，任何位于特定点的接收器都能够获取从分散的发射机发出的区域性秘密份额，所以区域节点共享的秘密份额可以用作身份验证的位置证书。此外，由于线性秘密共享方案具有极高的效率，可以花费较小的代价实现位置消息认证。

在前面的章节中已经提到，秘密共享的概念最先由 Shamir[53]和 Blakley[54]提出，目前主流方案可以通过拉格朗日多项式或中国余数定理进行构造。其中，Shamir 秘密共享是一个工作在有限域 $\mathbb{Z}_p^*$ 中的 (t,n) 阈值线性方案。具体而言，通过均匀采样 $t-1$ 个随机系数，可以根据秘密份额 a 得到多项式：

$$f(x)=a+a_1x+a_2x^2+\cdots+a_{t-1}x^{t-1}(\bmod p) \tag{4-19}$$

并将 $f_a(i_1),f_a(i_2),\cdots,f_a(i_n)$ 分别作为秘密份额分配给 n 个参与节点。根据拉格朗日插值法，当收集到 t 份共享份额时，秘密可以很容易地被恢复。然而，对于任何少于 t 的秘密份额集合，任何关于 a 的信息均无法被知晓。因此，Shamir 秘密分享是无条件安全的。

将分享集合表示为 $[g]_p$，可以发现其对常数乘法的同态加法而言是线性的，从而可以非交互式地计算

$$c[a]_p+d[b]_p=[ca+db]_p \tag{4-20}$$

然而，如果两个分享者直接相乘，多项式结果的阶数将是 $2t-2$，这意味着其阈值属性将不复存在。幸运的是，如果至少有 $2t-1$ 个秘密份额可用，则可以在保留首项系数的同时将该多项式的阶数整体减少到 $t-1$ 阶[55]，该过程可描述如下。

(1) 各方单独计算 $f_a(i)f_b(i)$，从而获得下述随机多项式的一个秘密份额，即

$$h_{ab}^i(x)=f_a(i)f_b(i)+a_1^ix+a_2^ix^2+\cdots+a_{t-1}^ix^{t-1}(\bmod p) \tag{4-21}$$

其中，$i=i_1,i_2,\cdots,i_n$ 代表参与者的身份。然后，参与者与所有其他各方分享 $h_{ab}^{i}(j)$，$j=i_1,i_2,L,i_n$。

(2) 收到所有分享的 $h_{ab}^{i}(j)$ 后，每一方 j 计算

$$f_{ab}(j)=\sum_{i=i_1}^{i_n}\left(\prod_{\substack{j=i_1\\ j\neq i}}^{i_n}\frac{-j}{i-j}f_{ab}^{i}(j)\right) \tag{4-22}$$

以作为其秘密 ab。

根据拉格朗日插值法，可以证明 $f_{ab}(0)=ab$，其中 f 的阶数为 $t-1$。至此，秘密共享者可以获得对应的份额 $[ab]_p$。值得一提的是，由于式(4-22)的所有操作都是线性的，并且大多数操作都可以离线计算，所以秘密乘法的延迟主要取决于共享份额的传递。关于秘密共享可验证版本的更多细节可以在文献[56]中找到。为了确保各方共享的秘密是一致的，将其作为本节方案中的基本原语。

4.3.2　分布式物流设备定位信息认证方案

为确保输入到车联网服务器中的位置信息是准确和真实的，作者将三角测量法扩展为三个以上的锚点。图 4-3 说明了本节方案中使用的安全室内定位系统的主要配置框架。可以看出，系统所配备的蓝牙信号接收器及低功耗芯片等一系列

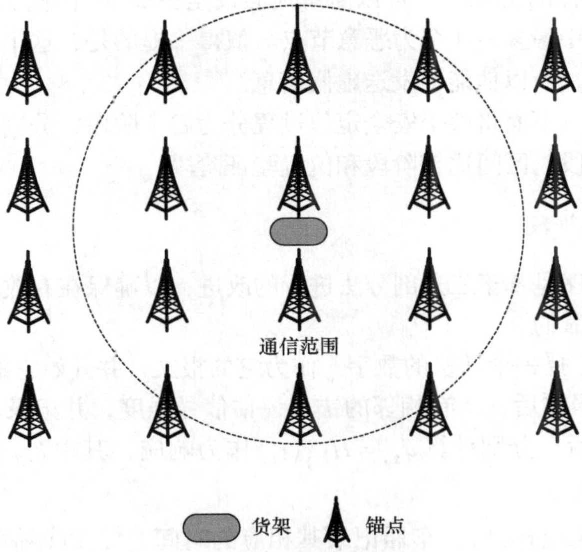

图 4-3　安全室内定位系统的主要配置框架

节点均被安装在仓库。由于蓝牙的传输距离相当有限，所以具有相同计算和半通信容量的车联网服务器只能与其相邻的 AP 进行交互。假设一个车辆的传输半径是 d_s ，在传输环境理想的情况下，其通信范围内所有锚点之间的链路可构成一个完全的图。对车联网服务器来说，还假设其可以通过多跳或有线信道与所有车厢及 AP 进行通信。

因为锚点和定位器在定位协助的过程中可以因为攻击而部分损坏，所以将事先定义如下三个安全需求。

(1) 系统之外的节点在伪装成有效的设备进行身份或位置信息欺骗时能够被发现。

(2) 即使部分 AP 已遭受攻击，对一个诚实的车载终端来说，也应该保证它所达到的位置是正确的。

(3) 当一个车载终端和大多数 AP 都遭受攻击时，车联网服务器应拒绝接受它们提交的位置信息，从而防止攻击者对调度策略进行恶意操纵。

基于上述安全目标，并假设攻击者可利用的资源是有限的，即只能够攻破少数锚点和车厢，那么一个与实际情况相符的攻击模型可描述如下。

攻击模型：假设存在一个 PPT 能力的攻击者，他能够拦截所有通信并通过选择明文攻击查询消息认证代码 $H_k(g)$ 以及对称解密预言机 $D_k(g)$。在所有内部参与者中，存在经过认证和保密的信道，但可能某一通信范围内的一个车厢及少数锚点已经被攻破，且其能够伪造或篡改任何信息。

在不失一般性的情况下，可以简单地假设至少 $2t-1$ 个锚点位于某一车厢的通信范围内，其中最多 $t-1$ 个为恶意节点。值得一提的是，这个车厢自身可能已经被攻击者攻破，所以他能够发送虚假信息。

为简单起见，下面将整个安全定位过程分为四个阶段，分别对应位置获取阶段、证书生成阶段、区间比较阶段和位置验证阶段。

1. 位置获取阶段

位置计算程序是基于三角剖分法进行的改进，以确保在有攻击者的情况下定位结果仍然是可靠的。

(1) 车厢 S 广播一个随机的数字 r_s 作为它的报文，并开始它的计时器。

(2) 在收到报文后，所有相邻的锚点评估信号强度，并记录其与定位器的估计距离 $d_{s,i}$ 。然后，分别计算 $d_{s,i}=H_{k_{s,i}}(r_s)$ 作为响应，其中 $k_{s,i}$ 表示其与车厢事先共享的对称密钥。

(3) 在收到响应 $h_{s,i}$ 后，车厢记录其相应的时间 $t_{s,i}$ ，以评估它与 AP_i 的距离 $d_{i,s}$ 。在此之后，通过消息认证码(message authentication code，MAC)验证数据的

完整性，分析哪些锚点是可信的，并构造数组 $D=\left\{d_{s,i}:h_{s,i}=H_{k_{s,i}}\left(r_s\right)\right\}$ 作为真实距离的集合。值得注意的是，它估计的距离 $d_{i,s}$ 可能不同于 AP_s 所记录的距离。

(4) 使用三角剖分法进行定位，即如果至少 t 个锚点是诚实的，那么由于 $\left|\left\{\mathrm{AP}_i:\left|l_s-l_i-d_{i,s}\right|<\varepsilon\right\}\right|>t$，车厢能够根据容错参数 ε 计算出一个坐标 l_s，并作为它的位置。

2. 证书生成阶段

在证书生成阶段，所有相邻的 AP 将根据验证的 Shamir(t,n) 阈值秘密共享来协作生成一个证书。值得一提的是，由于可验证的秘密共享(verifiable secret sharing，VSS)原语被使用，所以可以简单地假设所有的共享份额都是按照协议的规定真实生成的，而所有可疑的共享份额都将被忽略。证书生成阶段的具体过程如下。

(1) 车厢将其位置 l_s 连同其消息身份验证码 $H_{k_{s,i}}\left(l_s\right)$ 一起广播到相邻锚点。

(2) 在确认过位置信息 l_s 的完整性后，每个 AP 计算 $e_{s,i}=\left|l_s-l_i-d_{s,i}\right|$，并将 $\left[e_{s,i}\right]_p$ 共享到该车厢通信范围内的所有锚点。

(3) 基于容错参数 δ，所有相邻 AP 独立计算 e_s 的份额为 $\left[e_s\right]_p=\left[\sum_{i=0}^{n}e_{s,i}\right]_p$，然后协同执行以下间隔比较协议并期望得到 $f\left(e_s\right)=1$。如果 $e_s<n\delta$，则可以正确恢复出份额 $\left[f\left(e_s\right)\right]_p$ 所对应的明文。

3. 区间比较阶段

(1) 每个 AP 独立计算 $\left[2\left(n\delta-e_S\right)(\bmod p)\right]_p$。

(2) 在车厢的通信范围 d_s 之内，所有 AP 共享一个随机数 $[r]_p=\left[\sum_{i=0}^{n}r_i\right]_p$，其中 $r_i<(p-2nd)/n$ 且 AP_i 随机均匀选择。此外，还将秘密地共享 r_i 的最不显著位(last significant bit，LSB)并秘密地计算其份额 $\left[(r)_0\right]_p$。可以看到，由于 $\sum_i r_i<p-2nd$ 且在加法操作期间无须额外通信，所以 $\left[(r)_0\right]_p$ 的计算相当于 $\left[\oplus_i\left(r_i\right)_0\right]_p$ 操作，可以 $\log_2 n$ 的时间复杂度将其封装为 $\left[\left(r_i\right)_0\oplus\left(r_j\right)_0\right]_p=\left[\left(r_i\right)_0\right]_p+\left[\left(r_j\right)_0\right]_p-2\left[\left(r_i\right)_0\left(r_j\right)_0\right]_p$ 运算。随后，计算 $(c)_p=\left[2\left(n\delta-e_s\right)(\bmod p)\right]_p+(r)_p$ 并共同恢复秘密 c，从而得到 $(c)_0$。值得注意的是，在这一步中，由于 r 很大，所以

e_s 可直接忽略。

(3) 因为 $r < p - 2nd$，可以推导出 $c > r$，所以 AP 可以共同计算为

$$\begin{cases} \left[(r)_0\right]_p, & (c)_0 = 0 \\ 1 - \left[(r)\right]_0, & (c)_0 = 1 \end{cases} \tag{4-23}$$

而对 $(e_s < p/2)_p$ 的计算结果也可以以同样的方式得到。

(4) 由于误差限制较小，可以认为 $(n\delta < p/2) = 1$，从而将其份额 $\left[f(e_s)\right]_p$ 计算为

$$\left[f(e_s)\right]_p = \left[(e_s < p/2)(n\delta - e_s \bmod p < p/2)\right]_p \tag{4-24}$$

(5) 所有 AP 共同恢复 e_s 并检查 $e_s < n\delta$ 是否成立。如果成立，则即可通过具备身份认证的私有通道将其共享 $\left[f(e_s)\right]_p$ 以密文 $E_{k_{i,H}}\left[f(e_s)\right]$ 的形式传输到车联网服务器，其中 $k_{i,H}$ 表示车联网服务器和 AP_i 之间的对称密钥。

(6) 车厢发送 $l_s \| H_{k_{s,H}}(l_s)$ 到车联网服务器进行验证，其中 $k_{s,H}$ 代表车厢和车联网服务器之间预定义的对称密钥。

4. 位置验证阶段

在收集到至少 t 块共享份额并恢复出其对应的证书 $f(e_s)$ 后，如果所得到的证书值为 1，并且 l_s 通过了完整性检查，那么车联网服务器即可接收该车厢的位置数据 l_s。

下面给出关于位置获取和证书生成/验证的两个定理，以证明该方案在 RAGV 应用中是正确和可行的。

定理 4-2　对于可信的终端车厢，如果在其通信范围内的 AP 至多有 $t-1$ 个被攻破，那么能够计算出其正确位置。

证明　由于 $t \sim 2t-1$ 个 AP 是诚实的，所以在大多数共享份额持有者的 $d_{i,s}$ 满足 $\left|l_s - l_i - d_{i,s}\right| < \int$，从而很容易计算出正确位置 l_s。

定理 4-3　如果 l_s 是真实的，那么车联网服务器能够将 $f(e_s)$ 恢复为 1 并接受它。

证明　如果 $e_s \geqslant n\delta$，那么证书不会被最终提交给车联网服务器。因此，只考虑 $e_s < n\delta$ 的情况。由于 $r < p - 2nd$ 和 $n\delta \leqslant nd$，可计算出 $c = \left[2(n\delta - e_S)(\bmod p)\right] + r(\bmod p)$ 或 $c = \left(2e_s(\bmod p)\right) + r(\bmod p)$，这意味着 $c > r$ 条件是绝对真实的。将 LSB 表示为 $2(n\delta - e_s)(\bmod p)$ 和 $2e_s(\bmod p)$ 的解 $(x)_0$，可以通过式(4-25)得到：

$$(x)_0 = (c < r) + (c)_0 \cdot (r)_0 - 2(c < r)\left[(c)_0 \cdot (r)_0\right] \tag{4-25}$$

那么

$$(x)_0=\begin{cases}(r)_0, & (c)_0=0\\ 1-(r)_0, & (c)_0=1\end{cases} \tag{4-26}$$

需要注意的是，x 通过 $(n\delta-e_s)(\mathrm{mod}\,p)$ 进行倍乘，或通过判定 e_s 在 $\mathbb{Z}_p^*$ 域中是否溢出计算得到，这意味着当 x 取 $2\left[(n\delta-e_s)(\mathrm{mod}\,p)\right]-p$ 或者 $2e_s-p$ 且都大于 $p/2$ 时，才可以计算得到。考虑到 p 是奇数，x 的 LSB 等于 $n\delta-e_s(\mathrm{mod}\,p)<p/2$ 或 e_s 的最不显著位。

至于密钥 $\left[f(e_s)\right]_p$，表 4-4 给出了其值的描述。

表 4-4　$e_s<n\delta$ 的真实值

$e_s<n\delta$	$n\delta<p/2$	$e_s<p/2$	$n\delta-e_s(\mathrm{mod}\,p)<p/2$
0	1	0	任意
1	0	1	任意
0	0	0	0
1	0	0	1
0	1	1	0
1	1	1	1

用 v、x、y、z 分别表示 $e_s<n\delta$、$n\delta<p/2$、$e_s<p/2$ 和 $n\delta-e_s(\mathrm{mod}\,p)<p/2$ 的判定结果，表 4-4 可以统一表示为如下表达式：

$$v=y+z-yz-x(y+z-2yz) \tag{4-27}$$

因为 $n\delta$ 总是小于 $p/2$，所以式(4-24)是正确的。如果 l_s 的误差小于 δ，则车联网服务器可以恢复出 $f(e_s)$ 为 1。

4.3.3　物流设备定位信息认证方案的安全性验证及性能分析

为验证该方案的安全性，假设所有相邻节点之间与前面所述安全模型一样，都经过了身份验证并配置了私有通信信道。与此同时，也可以很容易地利用密码学方法保证车联网服务器能够安全地与所有其他节点进行安全通信。如定理 4-3 所证明的，即使至多 $t-1$ 个 AP 与车厢终端一起发起攻击，但由于可信的车厢终端始终可以获得其真实位置 l_s，所以这里只需要进一步关注的是车联网服务器接收到的位置信息的真实性。

定理 4-4　如果 $H_k(\cdot)$ 和 $E_k(\cdot)$ 是单向函数，则恶意的车厢终端与 $t-1$ 被攻破 AP 不能通过勾结发动选择明文攻击来共同伪造证书。

证明　根据单向函数[57]的定义，没有攻击者能够在不知道密钥 k 和不确定 l_s 的情况下得到 $H_k(l_s)$ 或 $E_k(l_s)$。如果一个恶意终端伪造了它的位置 l_s 并寻求可通过验证的证书，那么由于至少 $n-t-1 \geqslant t$ 个可信的 AP 将遵循协议，所以 Shamir 秘密共享的无条件安全性可以保证基于 e_s 的 $\left[f(e_s)\right]_p$ 份额未被恢复之前不会泄露。当 $\left[f(e_s)\right]_p$ 对应的值超过容错范围时，被攻破的锚点无法协助其伪造正确的验证消息。因此，如果 $f(e_s)=1$，则该位置在可接受的误差范围之内方可认为是正确的。

对计算和通信负荷而言，假设位置信息和消息身份验证码的长度分别为 m 位和 n 位。可以看到，对称加密算法具有将明文编码为相同长度密文的特性，并且密文是从位置信息导出的，因此任何密码流的位数与 m 位相同。同样，将对称加密/解密和 MAC 的计算时间表示为 t_e/t_d 和 t_c。由于秘密共享的线性同态计算优势，加法和常数乘法的计算时间可以被忽略，所以可简单假设这些运算在没有交互作用的条件下为 0。与之相反，对于大量的随机多项式生成、秘密交换和数据聚合操作，两个共享秘密值之间的乘法具有显著的时间延迟，故而将其标注为 T_m。假设在一个车厢终端的通信范围内有 k 个 AP，则表 4-5 和表 4-6 中展示出与本节方案安全机制相关的计算开销及通信开销。

表 4-5　安全机制的计算开销

安全定位过程	车载终端	AP
位置获取	kt_c	t_c
证书获取	$(k+1)t_c$	$t_c+(2\log_2 k)T_m+3(k-1)(t_e+t_d)+t_e$

表 4-6　安全机制的通信开销

安全定位过程	车载终端	AP
位置获取	m	n
证书获取	$2m+(k+1)n$	$\left[(3+(2\log_2 k)k+k)(k-1)+3\right]m$

如表 4-5 所示，考虑到对称加密和消息认证算法是高效的，其相应的计算时间可以忽略不计，所以只考虑两个秘密份额相乘的计算时间。幸运的是，当车厢通信范围内的 AP 数量非常少时，非线性乘法操作只需被调用 $O(\log_2 k)$ 次，因此该方案在实际应用中是可行的。同样，大多数通信开销也仅是由非线性乘法引入的，因此表 4-6 中的所有变量都足够小，可以认为该方案适用于 RAGV 场景。

4.4 基于 NTRUEncrypt 的车联网拓扑隐藏广播协议

4.4.1 车联网拓扑隐私保护需求

多方安全计算的基本概率早在多年前就已经被提出。在 Moran 等[58]、Yao[59]及 Goldreich 等[60]的开创性著作之后，从一般的完备性结果[61,62]到对特定问题的有效解决[63-65]，MPC 方面的研究取得了诸多进展。正如 Goldwasser[66]所预测的，现在的多方安全计算领域就与十年前的公钥加密领域一样，对隐藏输入的协同计算能力使多方安全计算成为一种极其强大的工具，学者们在这个领域上建立起丰富的理论，对现实生活的应用也具有重大的实际意义。虽然已有的多方计算在计算机网络上进行足以确保安全目标，但一个重要的问题往往被忽视，即底层通信网络上的 MPC。这是因为网络拓扑结构本身可能也是一种敏感信息。以车联网为例，如果网络拓扑暴露，很可能会对节点间的关系或位置隐私产生严重影响。

针对如何设计一个能够隐藏车联网底层网络拓扑的 MPC 协议这一问题，Moran 等[58]在 2015 年发表的一篇开创性论文中正式定义了基于不可分辨博弈和基于模拟的拓扑隐藏 MPC。简单而言，如果用一个非完全连通的图构建网络，基于不可分辨博弈的定义可以总结如下：一个攻击者在顶点集 V 中劫持了节点集合 $A\subset V$ 并向挑战者发送了两个网络拓扑 G_0 和 G_1，两个图必须在集合 A 上拥有相同的邻域。然后挑战者随机选择 G_b，并返回 A 中各方的集体视图，而这些视图是在 G_b 上执行 MPC 协议时产生的。攻击者输出 b'，如果 $b'=b$，则获得胜利。如果不存在一个在统计和计算能力上有界的攻击者能以可忽略的概率赢得上述博弈，则认为该协议是安全的。

文献[58]除了对 MPC 的拓扑隐藏模型进行了定义，还提出了一种概念性的广播协议，只要攻击者不破坏给定拓扑图的任意邻域，那么该协议就是安全的。然而 Moran 等只是简单地假设了存在一种秘密共享方案，可以用来在本地相邻的节点之间隐藏敏感信息，但并未对其真正实现。受 Moran 等拓扑隐藏广播思想的启发，可以利用改进 NTRUEncrypt 算法的半同态特性，设计一个有效的车联网拓扑隐藏广播协议。

事实上，大多数 MPC 相关文献忽略了多方安全计算和网络拓扑之间的关系，因此文献[58]中的成果可以视为拓扑隐私保护领域的开创性贡献。除此之外，唯一能找到的与 MPC 拓扑隐私保护相关的文献来自 Hinkelmann 等[67]，他们主要关注信息理论方面。在文献[67]中发现，只有当某个中间节点 v_z 知道其位于 v_i 和 v_j 之间时，G 中的两个不相邻节点 v_i 和 v_j 才能相互通信。该发现表明，在信息理论框架下，任何 MPC 协议都会泄露关于 G 的信息给攻击者。幸运的是，他们还得到了一个较好的结果：给定网络拓扑信息被泄露的最小边界，可以构建一个不会泄露更多信息的 MPC 协议[67]。利用这种有趣的可能性和 Moran 等的创新思想，作者将 NTRUEncrypt 作为工具来实现所需方案。

对 NTRUEncrypt[41]而言，其是一种较新的公钥密码系统，由三位数学家在 1996 年左右开发。截至 2013 年，已有文献发现能够通过引入新的参数来抵抗所有当前已知攻击，并提高其计算能力[68-70]。由于在 NTRUEncrypt 中加密和解密都只使用简单的多项式卷积乘法，所以将其用于车联网这类资源受限的应用将更具竞争力。这也是本书将其作为基本密码学工具的主要原因，此外还将充分利用其半同态计算的特性。

下面首先描述车联网拓扑隐私保护广播协议的系统模型及为实现安全机制的朴素广播协议。随后，对一种改进的 NTRUEncrypt 算法进行简要介绍。以此为基础，可以得到一种面向车联网拓扑隐藏的 MPC 协议，确保即使攻击者能够攻破网络中的任何部分节点，该协议仍然是安全的。实时上，该方案并没有严格遵守 Moran 等[58]的实施框架，并且在一定程度上与之有明显差异。当然，本节将在最后给出该方案的安全性分析及性能评估。

4.4.2　车联网拓扑隐私暴露问题及方案系统模型

首先，用一个非完全连通无向图 $G=(V,E)$ 对车联网拓扑进行网络建模，对于 $v_i \in V$，其闭邻域记为 $N(v_i)=\left\{v_j \in V,(v_i,v_j)\in E\right\}\cup\left\{v_i\right\}$。在该模型中引入一个在统计和计算能力上有界的攻击者，他能够控制节点集合 V 的某个子集。此外，假设攻击者是半诚实的，也可以看到每轮诚实参与者所发送的任何信息。

为了将一条消息泛洪到整个网络，作者引入一种朴素的消息广播协议，其中消息可表示为一个比特串。

(1) 在第一轮广播中，发送者将消息 m 广播给它所有的邻居，而其他每一方也将 0 串广播给其相邻节点。注意，所有这些广播的长度是相等的，且发生冲突时所有节点均进行中断并延迟进入下一轮。

(2) 对于后续步骤，每一方将从其相邻节点收到的所有信息进行按位异或操作，并将结果继续进行广播以作为下一轮的输入。

经过 k 轮之后可以明显看出，任何距离发送者 k 跳及以下的节点都将收到该消息。经过总共 $\mathrm{diam}(G)$ 轮后，各方将收到一致的消息 m，其中 $\mathrm{diam}(G)$ 为图的直径。

然而，尽管这个协议能够实现基本的广播功能，但车联网拓扑将暴露：每一方可以通过其第一次收到一个非零位字符串的轮数轻易地找出其与发送者的距离。甚至当其观察到某个邻居首次发送一个非零信息时，它也能够推导出发送者所在的方向。为了解决上述车联网拓扑隐私暴露的问题，引入一个半诚实的服务器，该服务器能使邻近节点安全地计算广播数据的异或值，并隐藏其中间结果。实际上，在下面的方案中，车联网拓扑结构对服务器也是保密的，所利用的密码学工具如下所述。

本小节所提出协议将利用基于格上最短向量问题的 NTRU 加密算法进行半同态计算。它作用于一个截断的多项式环 $R=\mathbb{Z}[X]/\left(X^N-1\right)$，具有卷积乘法的性质，环上的所有多项式都是整数系数，次数最多为 $N-1$：

$$a=a_0+a_1X^1+a_2X^2+\cdots+a_{N-2}X^{N-2}+a_{N-1}X^{N-1} \tag{4-28}$$

对于每个系统，需指定三个整数参数 (N,p,q)，其中 N 规定了环 R 中所有多项式的最大次数 $N-1$。其中，p 和 q 分别是两个模数，要求 N 是质数，q 比 p 大得多，且 p 和 q 是互素的。为了向接收者发送一个秘密信息，必须预先生成次数最多为 $N-1$、系数取自 $\{-1,0,1\}$ 的两个关键多项式 f 和 g。其中，多项式 f 还必须满足附加条件，即它在模 q 和模 p 下的逆存在，这意味着 $f\cdot f_p=1(\bmod p)$ 和 $f\cdot f_q=1(\bmod q)$ 必须同时成立。如果所选择的 f 不可逆，则需要重新寻找 f，直到可逆为止。随后，保留 f 和 f_p 作为密钥，计算 $h=pf_qg$ 用作公钥。

为了加密消息 m，需要将其表示为二进制或三元字符串，并将其以系数为 $\{-1,0,1\}$ 的多项式的形式进行表示。然后，随机选取系数小的系数多项式 r，将密文编码为

$$c=r\cdot h+m(\bmod q) \tag{4-29}$$

在解密过程中，接收者首先将加密的消息 c 及其部分私钥 f 相乘，得到

$$\begin{aligned}a&=f\cdot c(\bmod q)\\&=p\cdot r\cdot g+f\cdot m\end{aligned} \tag{4-30}$$

其系数在 $[-q/2,q/2]$ 的范围之内。由于多项式 r、g、f、m 的系数和质数 p 都比 q 小，所以可计算

$$\begin{aligned}b&=a(\bmod p)\\&=f\cdot m(\bmod p)\end{aligned} \tag{4-31}$$

并且通过

$$\begin{aligned} m &= f_p \cdot b(\bmod p) \\ &= f \cdot f_p \cdot m(\bmod p) \end{aligned} \tag{4-32}$$

来解密密文。

值得注意的是，如果将多项式的系数 m 约束在区间 $[-p/2, p/2]$ 而非 $\{-1,0,1\}$ 的范围之内，当取足够大的模数 p 时，明文也可以被正确恢复。利用这一性质，可以设计一种半同态计算方案以用于车联网拓扑隐私保护。该同态计算方案的具体实现方法如下：

用 m_1、m_2 表示两个比特串，其系数为 $\left[a_{1,1}, a_{1,2}, \cdots, a_{1,N-2}, a_{1,N-1}\right]$ 和 $[a_{2,1}, a_{2,2}, \cdots, a_{2,N-2}, a_{2,N-1}]$，对于 $0 \leqslant i \leqslant N-1$，显然有 $a_{1,i} + a_{2,i} \in [-p/2, p/2]$，从而其对应的密文之和可以写为

$$c_1 + c_2 = (r_1 + r_2) \cdot p \cdot f_q \cdot g + m_1 + m_2 (\bmod q) \tag{4-33}$$

对上述结果进行解密，可以得到对应的明文之和 $m_1 + m_2 (\bmod p)$，其对应的多项式系数为 $\left[a_{1,1} + a_{2,1}, a_{1,2} + a_{2,2}, \cdots, a_{1,N-2} + a_{2,N-2}, a_{1,N-1} + a_{2,N-1}\right]$。

4.4.3 车联网拓扑隐藏广播协议

本小节描述一种针对半诚实攻击者的车联网拓扑隐藏广播协议。该协议面向以下三个主要安全目标。

(1) 即使攻击者有能力攻破车联网的任意部分节点，也不会暴露网络其他部分的拓扑。

(2) 即使使用了半诚实的第三方，也不能从所收到的数据中获得任何车联网拓扑信息。

(3) 广播数据的所有中间结果将以隐藏的形式进行传播和处理，但所有节点最终都能收到发送者的消息。

为表述清晰，该协议将被分为三个阶段进行介绍。

1. 初始化阶段

初始化阶段的目标是在相邻节点和服务器之间分配秘密共享份额。首先，根据 NTRUEncrypt 生成一个密钥对，将私钥 sk 分配给服务器，同时将公钥 pk 分配给所有车联网节点。同时，一个大于任意节点度数的正整数 d 也被分配给所有节点和服务器。对于每个节点 v_i，需预先配置一个随机选择的多项式 k_i^1，其次数最多为 $N-1$，系数取自集合 $\{-1,0,1\}$。随后根据 k_i^1 计算出一个与之匹配的多项

式 $k_i^{1'}$，满足 $\sum_{j\in N[v_i]} k_j^1 - k_i^{1'} (\bmod p) = 0$，其中 $N[v_i]$ 表示节点 v_i 的闭邻域，也将 $k_i^{1'}$ 分配给 v_i。值得注意的是，这里用多项式 k_i^1 和 $k_i^{1'}$ 分别表示其参数的初值，而这些参数将在每次广播时进行更新。

2. 广播阶段

在本阶段中，前面提到的朴素广播协议被改进为拓扑隐藏版本。根据广播的深度(只广播到一个有限的范围，如本地信息查询)或网络直径 $\mathrm{diam}(G)$(广播到整个网络)，每一轮的协议执行过程如下：

对每一轮中的节点 v_i 而言，首先将朴素广播协议中的中间异或结果表示为 m_i。值得注意的是，除了第一轮和最后一轮，中间异或结果应该对任何节点或服务器保密。因此，任何节点 v_i 都只能将其加密版本 $E_{\mathrm{pk}}\left(m_i + k_i^t\right)$ 作为当前第 t 轮的输入。至于第一轮，最初的广播消息作为一个多项式直接进行编码，即 $m_i = m_s$。任意其他节点 $v_i (i \neq s)$ 的系数属于集合 $\{0,1\}$，且初始化为 $m_i = 0$。因此，所有节点通过将 $E_{\mathrm{pk}}(m_i)$ 和 $E_{\mathrm{pk}}\left(k_i^1\right)$ 进行异或即可得到中间输出 $E_{\mathrm{pk}}\left(m_i + k_i^1\right)$。

在第 t 轮开始时，每个节点 v_i 将其消息 $E_{\mathrm{pk}}\left(m_i + k_i^t\right)$ 广播给相邻节点，并将接收到的消息(包括自己的消息) $E_{\mathrm{pk}}\left(dk_i^{t+1}\right)$ 和 $E_{\mathrm{pk}}\left(k_i^{t'}\right)$ 进行同态相加，即

$$
\begin{aligned}
E_{\mathrm{pk}} &= \left[\sum_{j\in N[v_i]} m_j + \sum_{j\in N[v_i]} (\, k_j^t + dk_i^{t+1} + k_i^{t'}) \right] \\
&= \sum_{j\in N[v_i]} E_{\mathrm{pk}}\left(m_j + k_j^t\right) + E_{\mathrm{pk}}\left(dk_i^{t+1}\right) + E_{\mathrm{pk}}\left(k_i^{t'}\right)
\end{aligned} \tag{4-34}
$$

从而将所有节点的多项式系数 k_i^t 升级为 k_i^{t+1}。然后，它将结果发送给服务器，服务器可以基于 $\sum_{j\in N[v_i]} k_j^t + k_i^{t'} (\bmod p) = 0$ 恢复出明文：

$$
\sum_{j\in N[v_i]} m_j + dk_i^{t+1} = D_{\mathrm{sk}}\left\{ E_{\mathrm{pk}}\left[\sum_{j\in N[v_i]} m_j + \sum_{j\in N[v_i]} \left(k_j^t + dk_i^{t+1} + k_i^{t'} \right) \right] \right\} \tag{4-35}
$$

值得注意的是，$\sum_{j\in N[v_i]} m_j$ 的系数都在 $\{0,1,\cdots,\deg(v_i)+1\}$ 范围之内，其中 $\deg(v_i)$ 表示节点 v_i 的度数，因此邻域节点 v_j 所对应的系数 m_j 可计算为 $\sum_{j\in N[v_i]} m_j / d$，其中 h 表示对多项式 h 的系数进行向上取整。然而，在对密文进行解码后，服务

器可以通过识别 $\left(\sum_{j\in N[v_i]} m_j + dk_i^{t+1}\right)/d$ 中的小数部分轻松推断出发送者与当前节点的距离。

为解决这一问题，节点 v_i 需利用一些假的中间结果 m_i^c 和参数 k_i^c 伪造出其他 n 个密文 $E_{\mathrm{pk}}\left(m_i^c + dk_i^c\right)$，其中 $i=\{1,2,\cdots,n\}$。多项式 m_i^c 有50%的概率被选为0，而对于任何其他 m_i^c，则随机地从 $\{1,2,\cdots,d\}$ 中选择一个数字，并将其分配给多项式的部分系数。k_i^c 是通过对多项式 k_i^{t+1} 的系数进行置换得到的。在此之后，将伪造的密文与正常密文进行置换，并把结果发送给服务器解密。随后服务器重新排列密文顺序将其封装为 $E_{\mathrm{pk}}\left[\left(m_i^c + dk_i^c\right)/d\right], c=\{0,1,\cdots,n\}$。值得注意的是，$E_{\mathrm{pk}}\left[\left(m_i^0 + dk_i^0\right)/d\right] = E_{\mathrm{pk}}\left[\left(\sum_{j\in N[v_i]} m_j + dk_i^{t+1}\right)/d\right]$ 代表真正的1，但服务器不知道排列顺序，无法根据取整操作判断广播是否到达当前节点。

节点 v_i 在接收到服务器重新封装的信息后，选取真实的信息作为下一轮的输入，并将密文中的 $\sum_{j\in N[v_i]} m_j/d$ 视为新的 m_i。还应该注意的是，p 必须足够大，以便多项式 $\sum_{j\in N[v_i]} m_j + dk_i^{t+1}$ 中的任何系数都在 $[-p/2, p/2]$ 范围之内。在当前一轮的最后，节点 v_i 需要以同样的方式更新 k_i^t 的系数将其升级为 $k_i^{t'}$，以确保继续满足 $\sum_{j\in N[v_i]} k_j^{t+1} + k_i^{t+1'} (\bmod p) = 0$。

3. 结束阶段

为保证任何节点在结束时都能够收到广播的消息，将最后一轮描述为一个单独的阶段。在最后一轮中，每个节点将其接收到的信息同态相加为

$$E_{\mathrm{pk}}\left(\sum_{j\in N[v_i]} m_j + \sum_{j\in N[v_i]} k_j^e + k_j^{e'}\right) = \sum_{j\in N[v_i]} E_{\mathrm{pk}}\left(m_j + k_j^e\right) + E_{\mathrm{pk}}\left(k_j^{e'}\right) \tag{4-36}$$

其中，$t=e$ 代表最后一轮，但不再继续计算 $E_{\mathrm{pk}}\left(dk_i^{e+1}\right)$。然后，它直接将密文发送给服务器，服务器将其解码为 $\sum_{j\in N[v_i]} m_j/d$ 并发送回结果。根据接收到的多项式，节点可以简单地从其中推导出广播的原始消息。该协议的完整描述如算法 4-4 所示。

算法 4-4 车联网拓扑隐藏广播

车联网拓扑隐藏广播

节点 v_i 。

秘密份额:

PK: 公钥。

s ：大于最大节点度的整数；

k_i^t ：秘密多项式，按先前定义升级；

$k_i^{t'}$ ：秘密多项式，升级方式与 k_i^t 相同。

第 t 轮:

Broadcast $E_{\text{pk}}(m_i + k_i^t)$ 向相邻节点广播。

在收到其封闭邻居的广播后，进行升级和计算。

v_j 、 v_i 更新 k_i^t 并计算:

$\sum_{j\in N[v_i]} E_{\text{pk}}\left(m_j + k_j^t\right) + E_{\text{pk}}\left(dk_i^{t+1}\right) + E_{\text{pk}}\left(k_i^{t'}\right)$ 。

v_i 用伪造品处理结果并提交服务器。

$E_{\text{pk}}\left(m_i^c + dk_i^c\right), c = \{1, 2, L, n\}$ 并提交给服务器。

服务器:

取真，作为当前的中间结果并升级 $k_i^{t'}$ 。

在最后一轮中 $t = e$ ， v_i 计算 $\sum_{j\in N[v_i]} E_{\text{pk}}\left(m_j + k_j^e\right) + E_{\text{pk}}\left(k_i^{e'}\right)$ 代替并直接发送到服务器，服务器解码如 $\sum_{j\in N[v_i]} m_j / d$ 并直接发送回来。

在算法 4-4 中，节点 v_i 正执行协议的第 t 轮，其中 m_i 代表当前明文信息，如果 $m_i^c + dk_i^c = \sum_{j\in N[v_i]} m_j + dk_i^{t+1}$ ，那么 $c = 0$ 。

4.4.4 车联网拓扑隐藏广播协议的性能和安全性分析

为验证上述车联网拓扑隐藏 MPC 协议的性能，作者使用一个名为 Repast Symphony[70]的代理建模工具对其进行仿真。考虑到该方案是第一次对车联网拓扑隐藏进行的实例化，分别基于 RSA 密码体系和 NTRUEncrypt 实现了文献[58]描述的协议，以便于进行比较。事实上，虽然该协议的灵感来自 Moran 等[58]的开创性工作，但其与文献[58]使用的秘密共享机制及密码学方案等框架有所不同。由于 Moran 等完全忽略了如何处理从相邻节点的秘密共享中恢复密钥的问题，所以简单地将其密钥恢复任务及协议的加密-解密操作分配给服务器，这意味着 Moran 等的方法将向第三方服务器暴露车联网拓扑。在仿真模型的建立过程中，节点被连接成一个 Watts-Strogatz 网络[71]，参数的选择如表 4-7 所示。

表 4-7　模拟参数

参数	数值
多项式的最大值 $N-1$	346
模块 q	512
模块 p	83
伪造的密文数量 n	6
RSA 密钥长度	1024
节点数	500

基于上述实验设置，作者在配备 IntelCorei5-2430M2.40GHz 处理器和 3GB 内存的个人计算机上实现了模拟。针对服务器为每个节点在每轮所承担的计算负荷和通信开销，实验的平均测试次数约为 50 次。

如图 4-4 所示，本节方案明显优于 Moran 等方案，尤其是在平均节点度较大的情况下。这是由于 Moran 等方案中的解密-加密操作必须执行 $\deg(v_i)+1$ 次(节点 v_i 的闭邻域节点数)，而本节方案中的执行次数则固定为 $n+1$。即使采用 NTRUEncrypt 实现 Moran 等方案，其负荷也将随着平均节点层数的增加而增加，性能的下降仍然很明显。虽然同态和虚假密文的计算必须在每个节点上进行，但多项式计算是高效的，因此无须担心额外负载。当车联网规模较大时，还可以通过部署一系列服务器将计算量分配给局部代理。

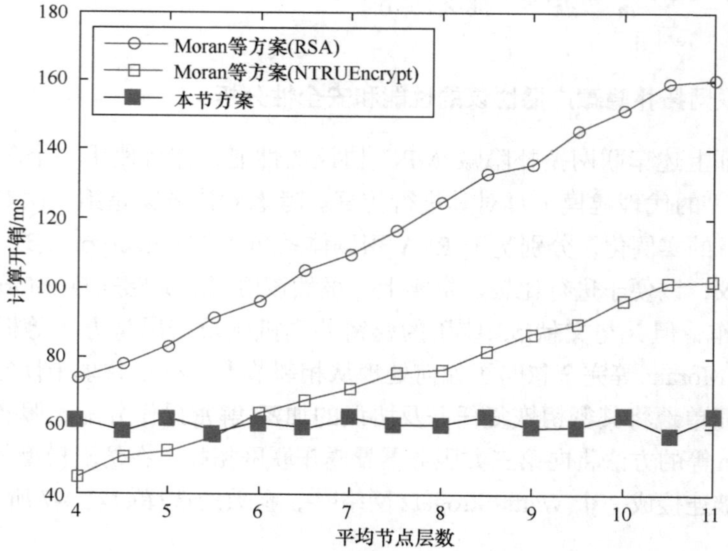

图 4-4　每个节点每轮由服务器承担的计算开销

在通信开销方面，本节方案中每个节点需首先向相邻节点广播其当前的中间结果，为 $N\log_2 q$ 比特，因此提交给服务器的多项式总共为 $(n+1)N\log_2 q$ 比特，而服务器发回的消息与其接收到的消息数量相等。假设 Moran 等方案中 RSA 或 NTRUEncrypt 密钥长度为 K 位(RSA 中 $K=1024$，NTRUEncrypt 中 $K=N(2+\log_2 p)=3123$)，那么服务器必须检索至少 $(\deg(v_i)+1)K$ 位来为节点恢复私钥，而且这仅是按位异或的秘密份额。同时，在用 RSA 进行实现时，它发送和接收的密文为 $(\deg(v_i)+1)K$ 位，而在用 NTRUEncrypt 实现时，为 $(\deg(v_i)+1)N\log_2 q$ 位。图 4-5 表明，由于密文较长(NTRUEncrypt 版本中的 Moran 等方案共享密钥份额更长)，基于 Moran 等方案将带来更多的通信开销。然而，由于本节方案的通信开销只与伪造密文的数量有关，所以不会像 Moran 等方案中那样随着平均节点层数的增加而增加。

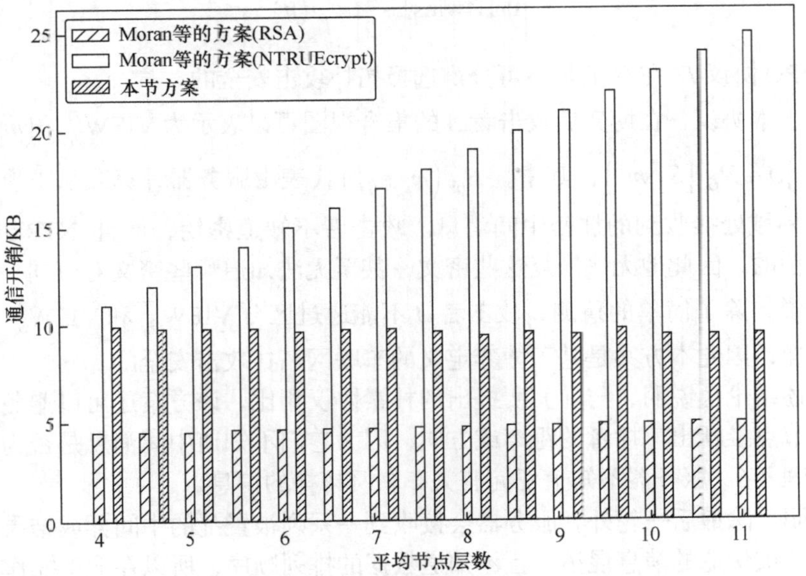

图 4-5　每个节点每轮服务器的通信开销

随后，本节将给出关于本节方案安全性的两个定理。

定理 4-5　在车联网任何部分的节点被攻破后，其余节点的拓扑仍然被隐藏。

证明　可以利用 Moran 等[58]提出的基于博弈的拓扑隐私安全性定义进行证明。设 G 为车联网拓扑图，而 Π 为 G 中任意联通子图上运行的本协议，其中每个节点 v_i 都有一个输入 $m_i \in \{0, m_s\}$，m_s 代表广播者的输入。

假设攻击者 A 任意选择了一个子集 S 进行控制，其中被攻破节点 $v_j \in S$ 的输

入为 m_j。攻击者按照上述博弈方法构造图 $G_k=(V_k,E_k)\in G$，其中 $k\in\{0,1\}$，$S\subset V_0\cap V_1$ 和 $N_{G_0}[S]=N_{G_1}[S]$。然后，将 $(S;G_0,G_1;\{m_j\})$ 输出给挑战者 C。如果 $S\not\subset V_0\cap V_1$ 或一些输入 m_j 无效，则 C 自动获胜。

挑战者 C 随机选择 $b\in\{0,1\}$，在图 G_b 中运行 Π。A 能够接收到协议执行过程中 S 集合各方的视图。

最后要求 A 输出 $b'\in\{0,1\}$。如果是 $b'=b$，则 A 赢得了安全博弈，否则，A 未赢得安全博弈。

根据上述博弈规则，基于博弈的拓扑隐藏安全可形式化定义如下。

定义 4-3　如果对于任何概率多项式时间攻击者 A，存在可忽略的函数 $\mu(\cdot)$，对于任意 n 有

$$\left|\Pr[A\text{wins}]-\frac{1}{2}\right|<\mu(n) \tag{4-37}$$

那么 MPC 协议 Π 在 G 上是不可分辨选择拓扑攻击安全的。

对于本协议，在博弈后攻击者 A 的集合视图可以表示为 $\mathrm{VIEW}_{G_b}^{\Pi}=\left(m_{j\in S};E_{\mathrm{pk}}\left(m_i+k_i^t\right),i\in N_{G_b}[S];m_s\right)$，其中，$E_{\mathrm{pk}}\left(m_i+k_i^t\right)$ 代表由服务器计算或从被攻破节点的封闭领域处接收到的加密中间消息。攻击者不知道密钥，而且 NTRUEncrypt 是概率性的，因此他无法恢复这些密文，甚至无法知道哪些密文对应同一明文。也就是说，除了简单的猜测，攻击者 A 不能通过区分 $\mathrm{VIEW}_{G_0}^{\Pi}$ 和 $\mathrm{VIEW}_{G_1}^{\Pi}$ 而赢得安全博弈，因此本方案是基于博弈定义的车联网拓扑攻击安全的。

上述结论也说明，与前面所提出的朴素协议相比，该方案还可以避免任何被攻破的节点推断出广播者的距离或方向，因为它们不知道中间消息是否为零。

定理 4-6　服务器不知道任何有关车联网拓扑的信息。

证明　除最后一轮外，服务器会接收到一系列被置乱的中间异或结果。由于真实消息被伪造的消息混淆，且不知道数据的排列顺序，所以在取整操作中无法通过辨别小数部分的存在来判断真实结果是否为零。此外，由于 k_i^c 的引入和定期更新，服务器也无法跟踪真实消息在排列中的位置。因此，服务器获得的信息不会多于任何其他节点。

另外，在 Moran 等方案中，任何节点的私钥都是被邻居秘密共享的，所以不能对其隐藏身份，且网络必须是静态的，这明显与车联网的实际部署情况相违背。与此同时，Moran 等方案并没有解决如何安全恢复共享密钥的问题，这意味着一旦协议执行完成，被暴露的密钥就可以被其他节点重复使用。值得一提的是，上述缺陷在本节方案中并不存在。

综上所述，本节提出了一种特定的车联网拓扑隐藏广播协议。通过修改文献[58]中所描述的朴素方案，并利用 NTRUEncrypt 的半同态特性和秘密共享算法，该协议可以防止任何恶意的参与者通过中间结果推导出车联网拓扑信息。通过性能和安全性分析，表明该协议与 Moran 等方案相比具有明显优点。

4.5　自适应车联网拓扑隐藏广播协议

4.5.1　车联网拓扑隐私保护简介

随着通信技术的发展，人们越来越关注车联网中的隐私保护。由于需要正确的路由，大多数节点必须在某种程度上传递其拓扑信息。但是，攻击者可能会受益于分析这些信息转而侵犯专用节点的隐私，甚至基于拓扑信息之间的缺陷发起一些积极的攻击。这就是说，隐藏通信通道的拓扑结构被认为是防止车联网遭受各种攻击的原始手段。

保留拓扑隐私意味着每个节点应不了解其他节点之间的任何关系。尽管要防止节点推断出指向其自身的连接是不可避免的，但本书仍然可以努力避免暴露邻居的身份、接收到消息的来源，甚至消息的方向和跳数。目前，众多学者为研究车联网中的拓扑隐藏做出了许多贡献。其中，Akavia 等[72]利用拓扑隐私首次以基于游戏的安全性精确地对其进行定义。

在广播的情况下，解决方案看起来很琐碎。对于任意图 $G=(V,E)$，可以表示节点的邻域为 $N(v_i)=\left\{v_j|(v_i,V_j)\in E\right\}_{V_i}\in V$。然后，最多迭代次数相当于图直径，任何消息都可以通过以下方式广播到整个“车-路-云”网络。

$m\in\{0,l\}^l$ 表示消息，l 表示消息的长度。同时，所有接收器保留一个 l 位缓冲区 b，该缓冲区被初始化为 $b=0$。

对于每一轮，每个节点都向邻居广播其缓冲区 b。值得一提的是，发送者也可以将其消息的存储作为缓冲区，但初始化为 m。然后，在接收到来自其邻域的所有包之后，每个节点将其逐位地组合在一起，以更新缓冲区 $b_i=\left(\mathrm{OR}_{v_i\in N(v_i)}b_j\right)\mathrm{OR}(b_i)$。

很容易看出，一旦进行了某一轮，整个“车-路-云”网络中的所有缓冲区都会被消化为原始消息，这正是消息广播的结果。虽然这种过程独立于任何关于网络拓扑的信息，并且在拓扑隐藏上似乎是完全安全的，下面根据拓扑保护的标准定义来论证上述过程的不足之处。

定义 4-4(拓扑隐藏)　拓扑隐藏意味着节点在能保证正常通信的同时，不能知道整个拓扑的结构。

根据基于游戏的拓扑隐藏定义，可以很容易地看到，任何破坏网络信号节点的攻击者都能够根据第一个非零包的方向或延迟伪装成所选的图形。幸运的是，Moran 等提出了一个实现拓扑保持目标的框架，但是没有实现。目前，将这种框架实例化的只有文献[72]。然而，文献[72]方案有以下三个缺陷。

(1) 该协议在很大程度上依赖第三方，第三方很容易成为吸引恶意攻击的目标。

(2) 为了在下一轮中传递该包，实现了一个名为不经意传输的子协议，该协议重新封装了通信，并用一些伪造的包混淆了真正的消息。此后，系统效率与复合规模(意味着安全)之间的冲突很难平衡。

(3) 由于半同态的使用，简单地修改同态计算的输入很容易破坏数据的完整性。

考虑到这些缺陷，如果在实际“车-路-云”网络中应用，协议容易受到多种主动攻击，并且时间延迟可能会很长。为了解决这些问题，本节通过将整个“车-路-云”网络分割成重叠集群和同态聚合秘密共享来实现拓扑隐私保护，从而实现无条件安全广播。更具体地说，CRT 可以有效地实现访问结构上的秘密共享 Q_2[67]，也就是说，任何攻击者都无法在不知道一组参与节点所持有股份门槛的情况下直接收回秘密。为了同态地在上述方案中的不同秘密之间进行 OR 运算，将 1 和 0 表示为理想或其他元素。然而很难保持理想的操作性质，并确保理想元素或非理想元素之间的不可区分性。因此，本节将求助于由发送者人工构造的虚假理想元素，当该元素与剩余节点发送的消息复合时，结果是一个特定的值。由于秘密共享的阈值属性在此过程中不会暴露此类消息，所以所有消息都是不可区分的。在共享传输方面，为了确保每个共享只能通过广播信道被其指定的节点解密，故利用基于身份的加密(identity-based encryption，IBE)方案实现其机密性。为了实现上述拓扑隐藏秘密共享的思想，本节使用一个特定的数字来表示节点的 ID。

4.5.2　基于 CRT 的车联网拓扑隐私保护方案

本节方案由基于商环的中国剩余定理和基于身份的加密这两部分构成，下面对其进行简要介绍。

1. 商环上的 CRT

中国剩余定理可以在理想的基础上定义，虽然理想元素被用来构建 CRT 的核心关系，但它的吸收率被独立利用以实现同态。

当使用理想元素时，任何输入都会在理想元素中产生值，为了保留非理想元素的特性，本节只需要确保它们相互操作时结果仍然是非理想元素。在本节方案中，在编码秘密时，发送者应该将代码 1 表示为理想元素，而代码 0 表示为与所有接收者相同的非理想元素。此后，如果 0 被广播，则整个过程将只对非理想元素起效，如果 1 是原始消息，则所有接收者将输出非理想元素。

为了保证所有份额的不可区分性，必须确保非理想元素不能简单地从非理想元素中被告知，而是保持接收者能正确确定最后结果的理想性质。因此，下面的方案采用人工控制的方法，以确保理想元素是可伪装和可分析的。

定义 4-5(商环)　商环是抽象代数的一个分支，也称为因子环、差环或剩余类环，是一种与群论的商群和线性代数的商空间相似的构造。从基本代数的一般集合来看，商环是商的一个具体例子。从一个环 R 和 R 中的一个双面理想 I 开始，构造一个新的环，即商环 R/I，其元素是 R 中 I 的陪集，受特殊操作的 + 和 ∗ 影响。

基于 CRT 的这种抽象定义，本节在满足抵抗伪造的 Q_2 结构上对其进行实现。

2. 基于 CRT 的可验证阈值秘密共享

本节将子协议表示为以下三个阶段。

1) 初始化

假设 DC 是分发者。$p=\{p_1,p_2,\cdots,p_n\}$，$Ad=\{d_1,d_2,\cdots,d_n\}$ 是 n 个成员的集合，阈值是 t，S 是秘密，Q 选择一个大素数 $q(q\geqslant S)$ 和正整数序列 $d=\{d_1,d_2,\cdots,d_n\}$，并满足以下条件。

(1) $0\leqslant A\leqslant[N/q]-1$。

(2) $d_1,d_2,\cdots,d_n$ 严格单调减小，$(d_i,d_j)=1(i\neq j),(d_i,d_j)=1$。

(3) $(d_i,q)=1(i=1,2,\cdots,n)$，$(d_i,q)=1$。

(4) $N=\prod_{i=1}^{t}d_i\geqslant q\prod_{i=1}^{t-1}d_{n-i+1}N=\prod_{i=1}^{t}d_i>q\prod_{i=1}^{t-1}d_{n-i+1}$。

2) 秘密共享

秘密共享是指将密文分配给多个节点，只有一定数量的节点在提供自己秘密份额时才可以恢复原秘密。

DC：

$$z=S+Aq,\quad z_i=z\operatorname{mod}d_i,\quad i=1,2,\cdots \tag{4-38}$$

发送 (z_i,d_i) 给 $p_i(i=1,2,\cdots,t)$ 作为秘密共享。

3) 秘密恢复

任何成员都可以通过相互交换他们的秘密份额来恢复秘密 S。假设 $W=\{p_1,p_2,\cdots,p_t\}$ 是一组 t 成员，用于恢复秘密。在互相交换秘密后，

$p_i(i=1,2,\cdots,t)$ 可以构建为 $P_i(i=1,2,\cdots,t)$。

$$Z \equiv Z_i(\bmod d_i), \quad i=1,2,\cdots,t \tag{4-39}$$

根据 CRT，方程系统有唯一的解 Z：

$$Z = \sum_{i=1}^{t} \frac{D}{d_i} \times e_i \times Z_i(\bmod D) \tag{4-40}$$

$$D = \sum_{i=1}^{t} d_i \tag{4-41}$$

$$e_i : \frac{D}{d_i} e_i \equiv 1(\bmod d_i), \quad i=1,2,\cdots,n \tag{4-42}$$

秘密 S：

$$S = z - Aq \tag{4-43}$$

该方案基于中国剩余定理，计算量较小但有可信中心参与，无法验证成员秘密份额的真实性。

3. 基于身份的加密

IBE 方案是一种已知的基于身份的加密方案，其中不需要使用证书来指示用户作为公钥的身份，从而简化了公钥基础体系中基于证书的密钥管理过程。该方案避免了公钥密码系统中公钥证书从生成、签发、存储、维护、更新到撤销的复杂生命周期。一种 IBE 方案由四种算法组成：初始化、加密、密钥生成和解密。该方案使用 IBE 场景来分配秘密份额。

4.5.3 基于 CRT 的自适应车联网拓扑隐藏广播协议

自适应车联网拓扑隐藏广播协议通过 CRT 实现秘密共享，具体而言，将利用环上的理想元素保证解密的正确性，并基于 IBE 方案实现秘密份额的分发。自适应车联网拓扑隐藏广播协议的实施步骤如下。

1. 初始化阶段

初始化阶段分为两步，主要是将整个“车-路-云”网络划分为多个小规模拓扑网络。

每个节点各自生成一个随机值 r 并向相邻节点广播，在接收到所有相邻节点的随机数后，节点 i 根据这些值将其发送到车联网服务器(包括其自身的随机数)，并基于不重叠聚类划分节点集，例如，每个节点收到的随机数如下。

$$\text{node1} : r_1, r_2$$

$$\text{node2}: r_1, r_2, r_3$$

$$\text{node3}: r_2, r_3, r_4, r_5$$

$$\text{node4}: r_3, r_4, r_5, r_6$$

$$\text{node5}: r_3, r_4, r_5, r_6$$

$$\text{node6}: r_4, r_5, r_6$$

基于上述随机数及聚类方法，车联网服务器能够知道整个“车-路-云”网络的拓扑结构(假设车联网服务器是可信的)，且能够将整个车联网划分为 n 个小拓扑网络，每个拓扑网络都是连接的，上例中网络可分为 $\{r_1, r_2, r_3\}$ 和 $\{r_4, r_5, r_6\}$ 两个子网络。

值得注意的是，该聚类算法需要满足每组的节点数大于或等于 k_1，其中 k_1 由 CRT 的阈值参数来确定。此外，每组的节点数应该尽可能相同，即彼此之间节点数量的差异需小于预定义的值 k_2。

$m = \{m_1, m_2, \cdots, m_n\}$ 选择一个成员互素的正整数序列 $m = \{m_1, m_2, \cdots, m_n\}$，对齐并予以分配以作为整个网络中 n 个节点的 ID，密钥服务器通过 IBE 方案把公钥和私钥分配给对应的节点 m_i，$(i = 1, 2, 3, \cdots, n)$。

2. 广播阶段

广播阶段主要通过多轮对各个节点中间结果的秘密份额进行分发，分三步进行：

车联网服务器在每一轮发送消息之前生成 n 个随机数 r_k，满足 $\sum_{k=0}^{n} r_k$，并将随机数 r_k 分配给对应的节点 m_k。

广播节点 m_i 将消息 1 编码为

$$a = g^{w + r_i - \sum_{k=1}^{n} r_k + m_i - \sum_{k=1}^{n} m_k} \left(\bmod m_j\right) \tag{4-44}$$

其中，w 为随机均匀选择的一个足够大的数字，满足 $g^w (\bmod M) = 1$，$M = \prod_{i=0}^{n} m_i$。

若消息为 0，则节点 m_i 将其编码为

$$a = g^{m_i + r_i} \left(\bmod m_j\right) \tag{4-45}$$

然后根据 IBE 方案对消息进行加密并分发到其相邻节点 m_k。

其余 m_i 节点则发送

$$a = g^{m_k + r_k} \left(\bmod m_j\right) \tag{4-46}$$

给相邻节点 m_k，其中 r_k 是 m_k 节点从主服务器获取的随机数。

3. 解密阶段

解密阶段是由所有参与者解密广播者所发送的消息，这在经过多次迭代获得足够数量节点的共享份额后才能执行。

m_j 在足够的轮数之后，每个节点 m_j 将获得其余所有分组节点的秘密份额。因此，节点 m_j 可以计算所有消息的乘积，也包括其自身所发送的消息，即

$$b=\prod_{k=0}^{n} a_k \left(\bmod m_j\right) \tag{4-47}$$

通过上述步骤，接收者能够通过确定解密结果是否为 1 来判断广播的内容是 1 还是 0。

如果不同子网络中的两个节点需要通信，则主服务器需要在生成随机数时重新生成一个节点 ID，以冗余的方式将一个节点合并到另一个子网络中。同时，它也需要重新分配每个节点的 ID，即 m_i。

4.5.4 自适应车联网拓扑隐藏广播协议的正确性及安全性证明

本方案对“车-路-云”网络的拓扑隐私保护需满足以下两大需求。

(1) 用户不能知道车联网的拓扑。

(2) 用户无法从计算结果中推导出网络拓扑。

当接收者接收到每个节点的共享秘密份额时，无法推断出消息来自哪个节点，这是因为它不知道 r_i 属于哪个节点。

此外，由于消息被加密为

$$a=g^{w+r_i-\sum_{k=1}^{n} r_k+m_i-\sum_{k=1}^{n} m_k} \left(\bmod m_j\right) \tag{4-48}$$

或

$$a=g^{m_i+r_i}\left(\bmod m_j\right) \tag{4-49}$$

接收者无法区分消息来自何处，也无法猜测发送者是哪个节点，更无法进一步推断出车联网的拓扑结构。

若考虑攻击者希望通过遍历获得每轮一个节点的随机数这种情况，则假设所有随机数之和为 Q。若遍历一个节点，则有 $1/Q$ 的概率得到正确的随机数。然而，由于 n 个参与者，攻击者正确判断某一节点随机数的概率约等于 $(1/Q)^n$。因此，当 Q 足够大时，这个概率几乎可以忽略，可以认为本方案是安全的。

如果 m_i 发送的消息是

$$b = g^{w+r_i-\sum_{k=1}^{n} r_k + m_i - \sum_{k=1}^{n} m_k} \times \prod_{\substack{k=0 \\ k\neq 1}}^{n} g^{m_K+r_K} \left(\bmod m_j\right) \tag{4-50}$$

那么有

$$b = g^{w} \left(\bmod m_j\right) \tag{4-51}$$

同时，由于

$$g^{w} (\bmod M) = 1 \tag{4-52}$$

所以

$$b = g^{w} \left(\bmod m_j\right) = g^{w} (\bmod M) = 1 \tag{4-53}$$

如果 m_i 发送的消息是 0，则有

$$b = \prod_{k=0}^{n} g^{m_K+r_K} \left(\bmod m_j\right) \neq 1 \tag{4-54}$$

从而接收者能够通过判定解密结果是否为 1，来确定发送者广播的是 1 还是 0。

4.5.5 自适应车联网拓扑隐藏广播协议的性能分析

假设“车-路-云”网络中两个节点之间的最远距离是 d，需要通过 t_1 进行通信。密钥服务器利用 t_1 完成每轮消息的分发。发送节点和剩余节点可以利用 nt_1 完成广播阶段。假设每个节点在计算上的开销为 t_2(每个节点花费相同的计算成本)。由于每个节点在计算之前都会收到所有的消息，所以计算所花费的时间都是 t_2，完成广播所需的最长时间是 $(n+1)t_1+t_2$。

在两个节点所属子网络不同的情况下，车联网服务器需要进行一次秘密共享分配。所以，在这种情况下完成一轮广播的时间是 $(n+2)t_1+t_2$。

从这个公式可以看出，t_1 对整个广播的效率影响最大。如果网络拓扑结构更接近于星型，则本协议也更有效率。效率最低的情况是当所有节点的拓扑结构都是线型时。

对于其他已有的广播协议，难以在整个网络上完成广播的成本估计。 这是因为可能存在无限循环，而所有节点需要很长时间才能完成广播。考虑到网络中的节点总数往往很大，所以花费的时间 t_1 往往比较长。即使它通过最优路径广播到每个节点，整个网络也需要大量的时间来完成单个广播。

4.6　基于秘密共享的车联网拓扑隐藏广播协议

无线通信技术飞速发展，车联网的应用和普及正在随之增长，所带来的安全问题也越来越普遍。在智能交通中的隐私保护领域，存在大量民众广泛关注的问题。路径规程、行程记录等个人隐私被一些运营商非法滥用，带来了不容忽视的社会信任缺失乃至经济破坏。然而，在大数据时代，车联网行业或用户个人都不可避免地要交换或共享其数据以进行有效协作，这造成了该系统功能性和用户隐私之间的严重冲突。

文献[58]正式定义了面向拓扑隐藏的安全多方计算概念，同时提出了基于博弈和基于仿真的理论性安全广播协议框架。然而，其只是假定存在某种秘密共享方案，该方案可以在不进行中间解密操作的情况下在节点之间传递信息，并保护敏感的网络拓扑信息。随后，文献[73]设计了一种基于 NTRUEncrypt 的拓扑隐藏广播协议，该协议利用了不经意传输和多项式的半同态计算特性，其基本思想是可以将消息隐藏为多项式编码，而这些多项式的系数均为二进制形式，经过数轮同态计算后的最终数据结果才能恢复为被广播的消息。具体而言，信息发布者将明文加密为多项式密文中的最不显著位，并采用泛洪的方式传递到其他节点，而其他节点也相应地广播 0 所对应的密文发送到邻域范围。借助 NTRUEncrypt 的半同态特性，在多个回合中，所有节点都公平地接收其邻域所广播的多项式，并将其指定给受信任的第三方以进行同态或运算。显然，经过一定的轮数之后，车联网中所有泛洪的消息都可以通过隐蔽的方式转化为最初的广播值，这也意味着发送者广播的消息能够最终被所有网络节点接收。

可以看出，上述方案需要依靠位于车联网中心的可信任服务器同态计算或值，这便带来了集中式攻击所面临的瓶颈。对此，本节设计一种基于 Shamir (k,n) 门限阈值秘密共享的拓扑隐私保护广播方案，该方案完全不依赖任何车联网中的第三方。

4.6.1　基于 IBE 的 Shamir 秘密共享方案改进

Shamir 秘密共享具有 Q_2 类型的访问控制结构，即只要 (k,n) 门限中少于 k 节点遭受攻击，该结构就必然是无条件安全的。具体而言，秘密持有者可通过一个 $k-1$ 阶随机多项式将敏感消息 m 编码为 n 份秘密份额，任何 $k(2\leqslant k\leqslant n)$ 秘密份额可用于恢复秘密 m，而 $k-1$ 或更少的私密份额却不会暴露出有关数据 m 的任何信息。因此，Shamir 秘密共享算法主要基于原始的随机多项式：

$$f(x)=a_0+a_1x+a_2x^2+\cdots+a_{k-1}x^{k-1}(\bmod p) \tag{4-55}$$

其首项系数正好是消息$a_0=m$，p是一个奇素数，而$\mathbb{Z}_p=\{0,1,\cdots,p-1\}$可用于表示多项式系数位于有限域$\mathbb{Z}_p$之内。根据上述多项式，秘密$m$可以被划分为$n$份共享份额，表示为$(x_i,f(x_i))$，其中，$1\leqslant i\leqslant n$。由于对任意随机选择的$a_i\in\mathbb{Z}_p$，$1\leqslant i\leqslant k-1$，$k-1\leqslant\dfrac{n}{2}$，均可使多项式满足$f(0)=m$。因此，根据拉格朗日插值公式，任何$K$阶多项式可以由任意$k$个数据点唯一确定，即任何多项式$f(x)$可以通过足够多的$(x_i,f(x_i))$点对来恢复。拉格朗日插值公式的精确表述如下：

$$L(x)=\sum_{j=0}^{k}y_jl_j(x) \tag{4-56}$$

$$l_j(x)=\prod_{\substack{0\leqslant m\leqslant k\\ m\neq j}}\frac{x-x_m}{x_j-x_m} \tag{4-57}$$

为满足本节方案的安全性需求，在 Shamir 秘密共享算法的基础上进一步引入同样由 Shamir 提出的基于身份的加密系统。该系统不需要权威机构提供数字证书，可以直接将 ID、邮箱、IP 地址等用户的身份用作公钥[74]。尽管密钥通用化过程是此方案正确实施的前提，但用户的私钥是离线生成的，因此需要分别外包给其本地存储供进一步使用。如果车辆A打算安全地向车辆B发送信息，其可以简单地将B身份作为公钥进行数据加密，而无须通过其他任何辅助手段来验证其公钥本身的合法性。因此，密钥服务器在本节方案中将仅用于初始化，而私钥可以由接收者自己计算。可见，也可以将此方案视为一种分布式策略。该过程如图 4-6 所示。

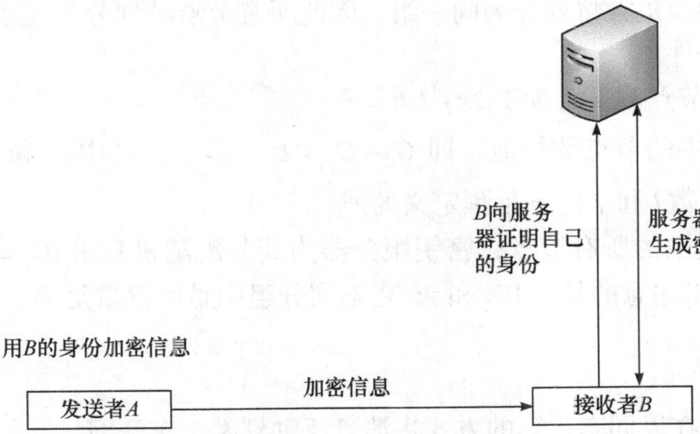

图 4-6　基于身份的加密方案

从形式上来讲，该方案中使用的 IBE 协议包含以下四种算法。

(1) 初始化：是一种概率性算法，表示为$(\text{params},\text{msk})\leftarrow \text{Init}(\lambda)$，其中$\lambda$代表安全参数。它输出 params 作为系统参数，并且将 msk 作为主密钥。

(2) 密钥生成：也是一种概率性算法，表示为$\text{sk}\leftarrow \text{IBEGen}(\text{ID},\text{params},\text{msk})$，输入的是系统参数 params 、接收者的身份 ID 和主密钥 msk ，输出接收者私钥。

(3) 加密：仍然是一种概率性算法，表示为$\text{CT}=E_{\text{ID}}(M)$，其中$M$是明文，ID 是接收者的身份，默认加密方也知晓系统参数 params 。输出的密文 CT 仅当接收者具有相同身份时才能解密。

(4) 解密：是一种确定性算法，表示为$M=D_{\text{sk}}(\text{CT})$，其中 sk 是接收者的解密密钥，CT 代表密文，输出明文M作为最终结果。

4.6.2 基于 Shamir 秘密共享的车联网拓扑隐藏广播协议

接下来，将 IBE 方案与车联网信息广播进行具体结合，以满足该过程中的拓扑隐私保护需求，协议主要包括三个阶段，即初始化阶段、广播阶段和恢复阶段。

1. 初始化阶段

初始化阶段的目的是按照所期望的门限值将节点聚类为一系列的组，其中每个组至少包括k个节点。也就是说，可以按照 Shamir 秘密共享的Q_2结构共同保存并最终恢复敏感数据。

正如图 4-6 所示，每个车辆节点i产生一个随机值r_i，并将其发送到相邻节点。从邻域收集到所有随机数后，分别将其发送到车联网中的分组服务器。分组服务器根据收到的所有节点发送的随机数集和随机数的重合度对这些节点进行分组。重合度高的随机数将划分为同一组，因此所有节点被划分为无重叠的组，并满足以下两个条件。

(1) 组中的节点数不得少于$2k-1$个。

(2) 每个组中的节点数相似，即$\left|G_i-G_j\right|<b$，$i\neq j$，其中G_i和G_j代表的是不同小组中节点数i和j，b是预定义的值。

对于任何组中的所有节点，密钥服务器为其分配随机身份$\text{ID}_i=x_i$以及相应的私钥sk_i。值得注意的是，ID_i和sk_i在不同分组中是可以重复的。

2. 广播阶段

广播阶段旨在以同态计算的方式将消息泛洪到整个车联网。

节点i生成随机多项式$f_i(x)$，并使用其同组相邻节点的身份ID_j计算多个

秘密份额为 $E_{\mathrm{ID}_j}\left(f_i\left(\mathrm{ID}_j\right)\right)$，其中

$$f_i\left(\mathrm{ID}_j\right)=a_0+a_1\mathrm{ID}_j+a_2\mathrm{ID}_j^2+\cdots+a_{k-1}\mathrm{ID}_j^{k-1}(\bmod p) \tag{4-58}$$

随后，它需要将不同的秘密份额发送到对应车辆节点 j，其中 $x_i \leqslant j \leqslant x_{2k-1}$。

具体而言，在某一车辆节点开始广播时，服务器首先对广播方的消息进行编码，其中 1 编码为 $m_i=0$，0 编码为 $m_i=1$，从而 $f_i(0)=m_i$，而其他车辆节点的多项式则被编码为 $f_j(0)=1$。为了保证安全性，在以上秘密份额发送的过程中必须使用同组车辆的身份作为公钥首先加密计算出 $E_{\mathrm{ID}_j}\left(f_i\left(\mathrm{ID}_j\right)\right)$。

每个节点 i 保存有两个集合，其中集合 A 表示属于该节点已收集的共享秘密 i，而集合 B 代表要发送的秘密份额。在每一回合，该节点从集合 B 中随机选择一个 $f_i\left(\mathrm{ID}_j\right)$ 并发送到相邻节点。相邻节点将其接收之后，首先使用 IBE 判定其是否是由自己加密的秘密共享，如果是，则将其放入自身的集合 A 中，否则，将其放入集合 B 中。值得注意的是，如果 $f_i\left(\mathrm{ID}_j\right)$ 被重复接收或发送，则不会放入相应集合。经过特定的轮数后，每个节点将接收到同组中所有节点的秘密份额。

同态计算 $\mathrm{OR}\left(f_i\left(\mathrm{ID}_j\right)\right)$，得到 $f'\left(\mathrm{ID}_j\right)$，其中 j 为车辆节点编号，即

$$f'\left(\mathrm{ID}_j\right)=f_{x_1}\left(\mathrm{ID}_j\right)\mid f_{x_2}\left(\mathrm{ID}_j\right)\mid\cdots\mid f_{x_n}\left(\mathrm{ID}_j\right) \tag{4-59}$$

使用类似于组内拓扑隐藏的方法发送 $f'(j)$ 到车辆节点 j，以便于组间计算 $\mathrm{OR}\left(f'\left(\mathrm{ID}_j\right)\right)$。

3. 恢复阶段

基于组内拓扑隐藏，任何车辆节点都能够收到该组的全部秘密份额，并通过共享多项式和拉格朗日插值法恢复明文消息。

根据文献[4]，对任意两个共享的多项式 $f_a(x)$ 和 $f_b(x)$ 而言，在计算 $f_{ab}(x)=f_a(x)f_b(x)$ 时需要节点之间进行交互，其中多项式 $f_a(x)$ 和 $f_b(x)$ 分别表示 a_0、b_0 所对应的编码，即

$$f_a(x)=a_0+a_1x+a_2x^2+\cdots+a_{k-1}x^{k-1}(\bmod p) \tag{4-60}$$

$$f_b(x)=b_0+b_1x+b_2x^2+\cdots+b_{k-1}x^{k-1}(\bmod p) \tag{4-61}$$

那么

$$f_{ab}(x) = a_0 b_0 + r_1 x + r_2 x^2 + \cdots + r_{2k-2} x^{2k-2} \pmod{p} \tag{4-62}$$

其中

$$f_{ab}(0) = a_0 b_0 \tag{4-63}$$

$$f_{ab}(0) = \sum_{j=0}^{2k-2} f_{ab}(x_j) l_j(0) \tag{4-64}$$

$$l_j(0) = \prod_{m \neq j}^{0 \leqslant m \leqslant 2k-2} \frac{-x_m}{x_j - x_m} \tag{4-65}$$

通过交互，车辆节点能够通过 $f_a(x)$、$f_b(x)$ 计算出 $f_{ab}(x)$，得到 $2k-1$ 阶多项式：

$$H_{x_i}(x) = f_{ab}(x_i) + a_1' x + a_2' x^2 + \cdots + a_{k-1}' x^{k-1}, \quad 1 \leqslant i \leqslant 2k-1 \tag{4-66}$$

并将新的秘密份额 $H_{x_i}(x_j)$ 分配给其他节点。因此，基于拉格朗日插值法恢复 $f_{ab}(x_i)$ 中的 $a_0 b_0$，至少需要 $2k-1$ 个参与方。

4.6.3 车联网拓扑隐藏广播协议的成本与安全性分析

本小节将简要分析广播阶段中数据通信的性能。车联网拓扑隐藏广播协议的最大优点是不依赖任何第三方。此外，由于集合 B 中的秘密份额将两次穿过子组的边界，所以每个节点只需对其广播一次。记 e 为同组中对应的边数，n 为车辆节点数量，并用 n_0 代表广播服务器，n_r 代表接收车辆，$\deg(n_i)$ 代表节点 n_i 的层数，则用于发送秘密份额的数据通信量为 $[2e - \deg(n_r)]\log_2 p$，其中每个车辆节点需要发送的通信数据负荷为 $\log_2 p\left[2e(n-1) - \sum_{i=1}^{n-1} n_i\right]$。对该结果进行简化，可将其表示为 $[2en - \deg(n_0)]\log_2 p$。因此，整个过程中的数据通信总量为 $\left[2en^2 - \sum_{i=0}^{n-1} \deg(n_i)\right]\log_2 p$，也可简化为 $2e(n^2-1)\log_2 p$。

以下是在两种极端情况下计算得出的数据通信，即最好情况和最坏情况。

在最好情况下，可以将车联网拓扑描述为一个强连接图，也就是说，任何两个节点之间都必然有一条边，实验只对发送的数据通信量进行统计。可见，在最好情况下，每一轮的数据通信量是 $[n(n-1)]\log_2 p$ 比特。

在最坏情况下，可以将车联网拓扑描述为线性网络。此时，每一轮的数据通信量为 $(2n-2)\log_2 p$。但是，通常这两种情况发生的可能性非常小。

文献[73]中的方案使用了 NTRUEncrypt 来具体实现 Moran 等[58]的方案。但是，在方案执行时，该方案依赖第三方服务器，并涉及将真、假消息混淆，因此每轮数据通信如表 4-8 所示。相应地，本节在两种极端情况下还计算了本节方案每轮的数据通信量，其中 N 表示每个车辆节点发送给服务器的混淆假消息数量，仍如表 4-8 所示。

表 4-8 数据通信

方案	基于 Shamir 方案	基于 NTRUEncrypt 方案
最好情况	$\left[n(n-1)\right]\log_2 p$	$\left[n(n-1)+n(N+1)\right]\log_2 p$
最坏情况	$(2n-2)\log_2 p$	$\left[(2n-2)+n(N+1)\right]\log_2 p$
服务器	不需要	需要

尽管本节方案的效率明显低于 Moran 等[58]方案，但本节方案的优势在于不需要依赖第三方，并且每轮只需执行固定数量的模块，这意味着数据长度不需要太大，在一定程度上数据通信量也不会太大。

接下来，将简单分析该方案的正确性，以证明该方案中的广播消息可以最终被正确恢复。

令 M 为广播消息，m 为编码为多项式后的广播消息。广播消息可表示为两种不同的形式，即 $M_1=m=0$、$M_0=m=1$。

首先考虑 $M_1=m=0$ 的情况，车辆节点 i 要进行广播，那么它需要构造多项式满足 $f_{x_i}(0)=m$，而其余节点则统一生成 $f_{x_j}(0)=1(i\neq j,1\leqslant j\leqslant n)$，其中 $m_1m_2\cdots m_n=0$。对车辆节点 j 来说，它将收到秘密份额 $f_{x_i}\left(\mathrm{ID}_j\right)$，其中 $1\leqslant i\leqslant n$，可计算出 $\mathrm{OR}\left(f_{x_i}\left(\mathrm{ID}_j\right)\right)=0$，而同态或计算后的多项式形式可以用 $f_{x_1x_2\cdots x_n}(x)=m_1m_2\cdots m_n+r_1'x+r_2'x^2+\cdots+r_{n(k-1)}'x^{n(k-1)}$ 进行表示，这种多项式乘法可以利用前面的方法成对计算完成，也就是说，需要 $2k-1$ 个车辆共同进行非线性乘法计算。

如果是 $M_0=m=1$，则发送者也同样将其编码为 $f_{x_i}(0)=m$，但其余的节点生成的多项式仍是 $f_{x_j}(0)=1(i\neq j,1\leqslant j\leqslant n)$，其中 $m_1m_2\cdots m_n=1$，那么车辆节点 j 在收到秘密份额 $f_{x_i}\left(\mathrm{ID}_j\right)$ $(1\leqslant i\leqslant n)$ 后，可计算 $\mathrm{OR}\left(f_{x_i}\left(\mathrm{ID}_j\right)\right)=1$，而后续步骤与第一种情况相似。

最后考虑该方案的安全性。

定理 4-7 网络的任何部分遭受攻击，该协议依然能够隐藏其余节点的拓扑结构。

证明 可以使用 Moran 等[58]所提出的基于游戏的拓扑隐藏定义来证明这一点。

令 G 代表一组车联网拓扑，Π 是在该网络 G 中每个车辆节点运行的协议，其中每个节点 v_i 的输入为 $m_i \in \{1, m_s\}$，m_s 是广播服务器的输入。

假设一个攻击者 A 控制了部分节点 $S \subset V$，它将生成两个网络拓扑 $G_b = (V_b, E_b) \in G$，其中 $b \in (0,1)$。在顶点集 V 上，被劫持的节点 $v_j \in S$ 将 m_j 作为其输入。G_0 和 G_1 必须满足以下条件：S 的邻域必须相同，且 $S \subset V_0 \cap V_1$。随后，它输出 $(S; G_0, G_1; \{m_j\})$ 给挑战者 C。如果 $S \not\subset V_0 \cap V_1$，则 C 将自动获胜。

挑战者 C 选择 G_b，$b \in (0,1)$，并在 G_b 中执行该协议。攻击者能够看到 S 节点集的统一视图，据此输出 b_0，如果 $b_0 = b$，则取得胜利。

根据前面提到的博弈规则，Moran 等中基于博弈的拓扑隐藏安全定义可描述如下。

定义 4-6　如果任何概率多项式时间限制的攻击者 A 只能以可忽略的优势 $\mu(\cdot)$ 赢得上述博弈，即

$$\left|\Pr[A\text{wins}] - \frac{1}{2}\right| \leqslant \mu(n) \tag{4-67}$$

那么拓扑隐藏 MPC 协议 Π 在选择拓扑攻击下是不可区分的。

在拓扑隐藏广播协议中，攻击者 A 在博弈过程中的视图可表示为

$$\text{VIEW}_{G_b}^{\Pi} = \left(m_{j\in s}; \text{OR}\left(f_i\left(\text{ID}_j\right)\right), i \in N_{G_b}[S]; m_s\right) \tag{4-68}$$

其中，$\text{OR}\left(f_i\left(\text{ID}_j\right)\right)$ 代表每轮过后秘密份额的乘积。由于攻击者不知道完整的多项式，所以无法从结果中判断它是否由相同数据加密得到。也就是说，攻击者 A 不能通过区分 $\text{VIEW}_{G_0}^{\Pi}$ 和 $\text{VIEW}_{G_1}^{\Pi}$ 来赢得比赛，而只能靠猜测。可见，该方案在基于博弈的定义中满足拓扑隐藏的要求。

定理 4-8　每个节点都无法通过其接收到的秘密份额找出其他车辆节点的位置。

证明　在该方案中，广播和非广播者同时发布秘密份额，并且指定非广播发布的秘密份额始终对应于明文 1。当每个车辆节点接收到其邻域的秘密份额时，它会将所有收到的秘密份额与自身所保存的相乘。由于同态乘法的性质，该节点无法通过这些份额的乘积获得其他车辆节点的位置数据，而且由于非广播者在通过一定轮数的乘法之后迟早会发布关于广播信息的秘密份额，所以可以保证整个车联网节点最终收到的消息是最原始的广播消息。

引理 4-5　多于 $2k-1$ 节点可以合作并成功解密出任意两个共享秘密的乘积。

证明　两个秘密共享多项式的乘积为

$$f_{ab}(x) = a_0 b_0 + r_1 x + r_2 x^2 + \cdots + r_{2k-2} x^{2k-2} \pmod p \tag{4-69}$$

因而结果多项式的阶一定为$2k-1$。也就是说，只要有 $2k-1$ 对$\left(x_i, f_{ab}\left(x_i\right)\right)$，所有系数$a_0b_0, r_1, r_2, \cdots, r_{2k-2}$可以被计算出来，从而获得两个共享的秘密的乘积$a_0b_0$。

定理 4-9 每个车辆节点都无法通过其收到的秘密份额获得有关中间共享秘密消息的任何内容。

证明 首先，要恢复广播消息，需要$2k-1$节点发布其秘密份额。尽管广播发布的秘密份额将被每个节点转发，但由于IBE方案应用每个秘密份额，所以相应的秘密份额就只能被相应的节点解密、隐藏，即使某一节点收集了$2k-1$份额，没有对应的私钥，也无法将秘密恢复，从而无法获取中间秘密计算结果的任何内容。

4.7 本 章 小 结

随着越来越多的车辆加入网络，车联网中传递的数据也将包含更为丰富的个人隐私。因此，车联网中的数据亟须通过加密技术进行保护。然而，缺少高效的数据加密算法，目前暂无切实可行的车联网拓扑及隐私保护传输协议，导致大量车联网数据面临被窃取和破坏的危险。因此，如何通过网络拓扑的隐藏来保护车联网中数据的完整性和用户个人隐私显得极为重要。

本章针对车联网中的位置隐私数据保护方案，首先介绍了一种基于NTRU的隐私位置保护高效查询策略，并在其基础上研究了如何在隐私保护的条件下满足数据传输的真实性需求，对数据安全传输和拓扑隐私保护的需求进行了充分融合。此外，本章还着重介绍了基于密码学中NTRUEncrypt、CRT、Shamir几种基本工具的拓扑隐藏广播协议，并将其与车联网实际应用场景相结合，分析各方案的通信成本、安全性、准确性及优缺点。相应的仿真实验证明，这几个方案可有效解决车联网数据的安全传输及隐私保护问题。

参 考 文 献

[1] Wang F Y, Zeng D, Yang L. Smart cars on smart roads: An IEEE intelligent transportation systems society update[J]. IEEE Pervasive Computing, 2006, 5(4): 68-69.

[2] Hasrouny H, Samhat A E, Bassil C, et al. VANet security challenges and solutions: A survey[J]. Vehicular Communications, 2017, 7: 7-20.

[3] Wang J, Zhang Y, Wang Y, et al. RPRep: A robust and privacy-preserving reputation management scheme for pseudonym-enabled VANETs[J]. International Journal of Distributed Sensor Networks, 2016, 2016(3): 1-15.

[4] Wiedersheim B, Ma Z, Kargl F, et al. Privacy in inter-vehicular networks: Why simple pseudonym change is not enough[C]. The 7th International Conference on Wireless On-demand Network Systems and Services, 2010: 176-183.

[5] Beresford A R, Stajano F. Mix zones: User privacy in location-aware services[C]. IEEE Annual Conference on Pervasive Computing and Communications Workshops, 2004: 127-131.

[6] Palanisamy B, Liu L. MobiMix: Protecting location privacy with mix-zones over road networks[C]. International Conference on Data Engineering, 2011: 494-505.

[7] Gruteser M, Grunwald D. Anonymous usage of location-based services through spatial and temporal cloaking[C]. International Conference on Mobile Systems, Applications, and Services, DBLP, 2003: 31-42.

[8] Molina-Gil J. Providing k-anonymity and revocation in ubiquitous VANETs[J]. Ad Hoc Networks, 2015, 36(1): 482-494.

[9] Feng X, Li C Y, Chen D X, et al. A method for defensing against multi-source Sybil attacks in VANET[J]. Peer-to-Peer Networking and Applications, 2017, 10(2): 305-314.

[10] Kido H, Yanagisawa Y, Satoh T. An anonymous communication technique using dummies for location-based services[C]. International Conference on Pervasive Services, IEEE Computer Society, 2005: 88-97.

[11] Qi L, Zhang X, Dou W, et al. A distributed locality-sensitive hashing based approach for cloud service recommendation from multi-source data[J]. IEEE Journal on Selected Areas in Communications, 2017, 35(11): 2616-2624.

[12] Qi L, Xu X, Zhang X, et al. Structural balance theory-based e-commerce recommendation over big rating data[J]. IEEE Transactions on Big Data, 2016, 4(3): 301-312.

[13] Qi L, Dou W, Zhou Y, et al. A context-aware service evaluation approach over big data for cloud applications[J]. IEEE Transactions on Cloud Computing, 2015, 8(2): 338-348.

[14] Shankar P, Ganapathy V, Iftode L. Privately querying location-based services with sybilquery[C]. Proceedings of the 11th International Conference on Ubiquitous Computing, Association for Computing Machiner, 2009: 31-40.

[15] Ardagna C A, Cremonini M, Damiani E, et al. Location privacy protection through obfuscation-based techniques[C]. IFIP Annual Conference on Data and Applications Security and Privacy, 2007: 47-60.

[16] Cheng R, Zhang Y, Bertino E, et al. Preserving user location privacy in mobile data management infrastructures[C]. International Conference on Privacy Enhancing Technologies, 2006: 393-412.

[17] Gutscher A. Coordinate transformation - A solution for the privacy problem of location based services[C]. Proceedings of the 20th IEEE International Parallel & Distributed Processing Symposium, 2006: 7.

[18] Yang J, Zhu Z, Seiter J, et al. Informative yet unrevealing: Semantic obfuscation for location based services[C]. Proceedings of the 2nd Workshop on Privacy in Geographic Information Collection and Analysis, Association for Computing Machinery, 2015: 1-8.

[19] Li F, Wan S, Niu B, et al. Time obfuscation-based privacy-preserving scheme for location-based services[C]. Wireless Communications and Networking Conference, 2016: 465-470.

[20] Park J D, Seglem E, Lin E, et al. Protecting user privacy: Obfuscating discriminative spatio-temporal footprints[C]. The ACM Sigspatial Workshop, 2017: 1-4.

[21] Qi L, Xiang H, Dou W, et al. Privacy-preserving distributed service recommendation based on

locality-sensitive Hashing[C]. IEEE International Conference on Web Services, 2017: 49-56.

[22] Zhang X, Qi L, Dou W, et al. MRMondrian: Scalable multidimensional anonymisation for big data privacy preservation[J]. IEEE Transactions on Big Data , 2017,8(1): 125-139.

[23] Dürr F, Skvortsov P, Rothermel K. Position sharing for location privacy in non-trusted systems[C]. IEEE International Conference on Pervasive Computing and Communications, 2011: 189-196.

[24] Skvortsov P, Dürr F, Rothermel K. Map-Aware position sharing for location privacy in non-trusted systems[C]. International Conference on Pervasive Computing, 2012: 388-405.

[25] Skvortsov P, Schembera B, Dürr F, et al. Optimized secure position sharing with non-trusted servers[C]. IEEE International Conference on Pervasive Computing and Communications, 2017 :1-27.

[26] Venkatanathan J, Lin J, Benisch M, et al. Who, when, where: Obfuscation preferences in location-sharing applications[R]. Pittsburqh: Carneqie Mellon University, 2011.

[27] Yang R, Xu Q, Man H A, et al. Position based cryptography with location privacy: A step for fog computing[J]. Future Generation Computer Systems, 2018, 78(2): 799-806.

[28] Zeng S, Huang Y, Liu X. Privacy-preserving communication for VANETs with conditionally anonymous ring signature[J]. International Journal of Network Security, 2015, 17(2): 135-141.

[29] Zhao Z, Chen J, Zhang Y Y, et al. Efficient revocable group signature scheme with batch verification in VANET[J]. Journal of Cryptologic Research, 2016, 3(3): 292-306.

[30] Hur M, Lee Y. Privacy preserving top-k location-based service with fully homomorphic encryption[J]. Journal of the Korea Society for Simulation, 2015, 24(4): 153-161.

[31] Hu P, Zhu S. POSTER: Location privacy using homomorphic encryption[C]. International Conference on Security and Privacy in Communication Systems, 2016: 758-761.

[32] Paulet R, Kaosar M G, Yi X, et al. Privacy-preserving and content-protecting location based queries[J]. IEEE Transactions on Knowledge and Data Engineering, 2014, 26(5): 1200-1210.

[33] Jannati H, Bahrak B. An oblivious transfer protocol based on elgamal encryption for preserving location privacy[J]. Wireless Personal Communications, 2017, 97(2): 3113-3123.

[34] Tan S, Mingxing H E, Zeng S, et al. CCA secure extended elgamal encryption scheme over CF [J]. Journal of Xihua University, 2017, 36(1): 12-16.

[35] Hoffstein J, Pipher J, Silverman J H. NTRU: A ring-based public key cryptosystem[C]. Algorithmic Number Theory, 1998: 267-288.

[36] Wahab H B A, Jaber T A. Improve NTRU algorithm based on Chebyshev polynomial[C]. Information Technology and Computer Applications Congress, 2016: 1-5.

[37] Duong D H, Yasuda M, Takagi T. Choosing parameters for the subfield lattice attack against overstretched NTRU[C]. International Conference on Information Security, 2017: 79-91.

[38] Hoffstein J, Pipher J, Schanck J M, et al. Choosing parameters for NTRUEncrypt[C]. Cryptographers' Track at the RSA Conference, 2017: 3-18.

[39] Hermans J, Vercauteren F, Preneel B. Speed records for NTRU[C]. Cryptographers' Track at the RSA Conference, 2010: 73-88.

[40] Rabin M O. How to exchange secrets with oblivious transfer[J]. IACR Cryptology Eprint Archive, 2005, 2005(187): 2-21.

[41] Kilian J. Founding cryptography on oblivious transfer[C]. ACM Symposium on Theory of Computing, 1988: 20-31.
[42] Ishai Y, Kilian J, Nissim K, et al. Extending oblivious transfers efficiently[C]. The 23rd Annual International Cryptology Conference, 2003: 145-161.
[43] Subramanya K N, Rangaswamy T M. Impact of warehouse management system in a supply chain[J]. International Journal of Computer Applications, 2012, 54(1): 38-55.
[44] Berman S, Schechtman E, Edan Y. Evaluation of automatic guided vehicle systems[J]. Robotics and Computer Integrated Manufacturing, 2009, 25(3): 522-528.
[45] Udhayakumar P. Integrated scheduling of flexible manufacturing system using evolutionary algorithms[J]. International Journal of Advanced Manufacturing Technology, 2012, 61(5-8): 621-635.
[46] Ren N F, Liu D, Zhao Y, et al. AGV scheduling optimizing research of collaborative manufacturing system based on improved genetic algorithm[J]. Applied Mechanics and Materials, 2013, 300-301: 55-61.
[47] Jiang Y, Zhang Q, Hu J, et al. Single-server parallel-machine scheduling with loading and unloading times[J]. Journal of Combinatorial Optimization, 2015, 30(2): 201-213.
[48] Mousavi M, Yap H J, Musa S N, et al. Multi-objective AGV scheduling in an FMS using a hybrid of genetic algorithm and particle swarm optimization[J]. Plos One, 2017, 12(3): e0169817.
[49] Demesure G, Defoort M, Bekrar A, et al. Decentralized motion planning and scheduling of AGVs in an FMS[J]. IEEE Transactions on Industrial Informatics, 2017, 14(4): 1744-1752.
[50] Xue T, Zeng P, Yu H. A reinforcement learning method for Multi-AGV scheduling in manufacturing[C].2018 IEEE International Conference on Industrial Technology, 2018: 1557-1561.
[51] Nuaimi K A, Kamel H. A survey of indoor positioning systems and algorithms[C]. International Conference on Innovations in Information Technology, 2011: 185-190.
[52] Kim S, Ha S, Saad A, et al. Indoor positioning system techniques and security[C]. The 4th International Conference on E-technologies & Networks for Development, 2015: 1-4.
[53] Shamir A. How to share a secret[J]. Communications of the ACM, 1979, 22(11): 612-613.
[54] Blakley G R. Safeguarding cryptographic keys[C]. International Workshop on Managing Requirements Knowledge, 1979: 313.
[55] Gennaro R, Rabin M O, Rabin T. Simplified VSS and fast-track multiparty computations with applications to threshold cryptography[C].Proceedings of the 17th Annual ACM Symposium on Principles of Distributed Computing, 1998: 101-111.
[56] Feldman P. A practical scheme for non-interactive verifiable secret sharing[C]. The 28th Annual Symposium on Foundations of Computer Science, 1987: 427-438.
[57] Robshaw M. One-Way Function[M]. Boston: Springer, 2005.
[58] Moran T, Orlov I, Richelson S. Topology-hiding computation[C]. The 12th Theory of Cryptography Conference, 2015: 23-25.
[59] Yao A C . Protocols for secure computations[J]. FOCS, 1982, 82: 160-164.
[60] Goldreich O , Micali S , Wigderson A . How to play any mental game[C]. Proceedings of the 19th

Annual ACM Conference on Theory of Computing, 1987: 218-229.

[61] Ben-Or M, Goldwasser S, Wigderson A. Completeness theorems for noncryptographic fault-tolerant distributed computations[C]. The 20th Annual ACM Symposium on Theory of Computing, 1988: 1-10.

[62] Canetti R. Universally composable security: A new paradigm for cryptographic protocols[C]. The 42nd Annual Symposium on Foundations of Computer Science, 2001: 136-147.

[63] Naor M, Pinkas B, Sumner R. Privacy preserving auctions and mechanism design[C]. The 1st ACM Conference on Electronic Commerce, 1999: 129-139.

[64] Cramer R, Damgrd I, Ishai Y. Share conversion, pseudorandom secret-sharing and applications to secure computation[C]. Proceedings of the 2nd Theory of Cryptography Conference, 2005: 342-362.

[65] Peter B, Kristoffer B , Henrik N P , et al. Reallocating sugar beet contracts: Can sugar production survive in denmark[J]. European Review of Agricultural Economics, 2008, (1): 1-20.

[66] Goldwasser S. Multi-party computations: Past and present[C]. The 16th Annual ACM Symposium on Principles of Distributed Computing, 1997: 21-24.

[67] Hinkelmann M, Jakoby A. Communications in unknown networks: Preserving the secret of topology[J]. Theoretical Computer Science, 2007, 384(2-3): 184-200.

[68] Damien Stehlé, Steinfeld R. Making NTRU as secure as worst-case problems over ideal lattices[C]. Eurocrypt 2011, 2011: 27-47.

[69] Bos J W, Lauter K, Loftus J, et al. Improved Security for a Ring-Based Fully Homomorphic Encryption Scheme[M]. Berlin: Springer, 2013.

[70] North M J, Tatara E, Collier N T, et al. Visual agent-based model development with repast simphony[C].Agent Conference on Complex Interaction & Social Emergence, 2007: 1-20.

[71] Watts D J, Strogatz S H. Collective dynamics of 'Small-world' networks[J]. Nature, 1998, 393(6684): 440-442.

[72] Akavia A, LaVigne R, Moran T. Topology-hiding computation on all graphs[J]. Journal of Cryptology, 2020, 33(1): 176-227.

[73] Mi B, Liu D. Topology-hiding broadcast based on NTRUEncrypt[J]. KSII Transactions on Internet and Information Systems, 2016, 10(1): 431-443.

第 5 章　车联网数据安全保护研究趋势分析

5.1　引　言

近年来，车联网在世界各国呈现快速发展态势。2018 年，美国 5G 白皮书《面向 5G 的蜂窝式 V2X 通信》指出，随着电子技术、传感技术和计算机技术的飞速发展，车辆 V2X 通信正在逐步成为现实[1]。中国通信学会的《车联网安全技术与标准发展态势前沿报告(2019 年)》对车联网安全技术在我国以及全球的发展态势进行了分析，报告认为车联网产业已上升至国家战略高度[2]。为了顺应“互联网+智能交通”的发展趋势，我国车联网技术也正在与“北斗+5G”等自主关键技术进行创新融合[3]。同时，针对车联网技术统一化和普及性的目标，各国也相继出台了各类标准和政策。例如，美国于 2006 年发布了 IEEE1609.2 标准，专注于 V2V(vehicle-to-vehicle)安全应用和单跳 V2I(vehicle-to-infrastructure)通信；欧洲电信标准化协会开发了 V2X 的欧盟行业规范；新加坡、日本等国也正在不断完善 V2X 智能交通系统的相关技术与法律政策[4]。可见，车联网在未来交通中发挥着至关重要的作用，而如何保障车联网的安全性显得尤为关键。

5.2　车联网信息安全及隐私保护的研究趋势

5.2.1　研究热点

1. 主动防护系统

入侵检测系统(intrusion detection system，IDS)被证明在传统网络信息安全领域具有重要地位，因此也成为保障智能汽车数据可靠传输及用户隐私的首选方式之一。随着智能汽车的不断迭代升级以及各类物联网攻击手段的日益丰富，车联网入侵检测技术也随之不断发展。针对车载自组织网络的安全保护，Sharma 等[5]提出了一种基于前瞻性诱饵蜜罐的入侵检测优化系统，能够针对各种攻击充分实现前后向防御，以最低的成本检测出各类入侵，展现了良好的监测进度和系统吞吐量。然而，将现有的入侵检测系统实际应用于车联网安全防护仍然存在一些问题。由于车联网自身所具有的信道开放、拓扑易变、数据种类丰富等特点，如部署位置、体系结构、检测正确率、资源消耗和检测延迟等与安全机制相关的特性仍需进一步研究。Loukas 等[6]提出了一种车联网入侵检测系统结构框架，主要包括车辆自检、联合检测和卸载检测三个主要形式，同时对 66 项入侵检测技术进行详细说明，该工作有助于理清 IDS 技术的发展脉络，同时对车联网入侵检测系统的设计与开发具有一定的指导意义。此外，一些系统性的防护策略也不断被提出，例如，Boumiza 等[7]对智能汽车的内部及外部通信系统进行了分析，以此为基础提出了一种车联网通信系统安全防护体系，全面包含了加密通信、安全协议、身份验证、风险感知等关键技术。而 Kalinin 等[8]不但分析了车载自组织网络信息安全的重要性，更提出一种基于软件定义安全(software defined security，SDS)的技术模型，该模型能够充分结合数据流控制、安全策略实施、访问控制和保密协议等工具，从各个层次提高车载自组织网络的安全性。值得一提的是，由于该方案与车联网硬件和节点配置无关，所以更有利于方便、灵活地实施。

目前，由于车联网的风险体系尚未得到系统性研究，一些针对具体攻击方式的防护策略也不断被提出。针对欺骗攻击，Kosmanos 等[9]提出了一种基于概率性跨层技术的安全防护系统，该系统利用相对速度进行位置验证，通过车载单元观察并比较两个通信节点之间的距离与使用物理层交换信号计算出的相对速度值估计距离来实现检测，实验证明该系统能够检测到超过 90%的欺骗攻击。针对通信过程中的隐私安全问题，Aloqaily 等[10]为智能汽车引入了一种自动化的云服务安全连续可用框架，该框架启用了针对机密性攻击的入侵检测机制，该机制主要通过三相数据流量分析和分类技术来完成，同时结合深度学习和决策树机制，能够对虚假请求与可信服务请求予以区分，实验证明该方案的总体准确度达到了 99.43%。

2. 安全认证技术

《车联网安全技术与标准发展态势前沿报告(2019 年)》中指出，未来我国车联网系统可能出现集中式管理架构和分布式管理架构两个分支，但它们都需要极高的安全性保证。目前，在车辆通过 DSRC 或 5G 接收到来自 RSU 或基站的控制信号后，对数据进行认证的机制还不够完善。非法入侵者极有可能影响和破坏车辆的智能驾驶功能，产生严重的安全问题[11-13]。

为保证车联网中的安全通信，在设计车联网安全认证方案时必须遵循两个原则：一是满足通信过程的安全需求；二是适应车联网的通信环境。通信过程的安全需求主要包括以下六个方面。

(1) 消息的真实性与完整性：在通信过程中，消息的接收者要能够确定其发送者是否为可靠的实体，并且消息是否在传输与存储的过程中被其他人篡改[14]。

(2) 身份隐私保护：任何车辆、路边单元或攻击者都无法从消息中识别出其发送者的真实身份[15]。

(3) 可追溯：当攻击者尝试在网络上发布虚假数据或恶意信息时，执法人员可以通过拦截到消息对发送者身份进行跟踪，并采取相应的管控措施。

(4) 不可区分性：攻击者无法从任何两条或更多消息中得知它们是否由同一个车辆发送，即这些消息具有不可区分性。

(5) 不可否认：当执法部门追溯消息时，消息发送者无法对其已经发出的消息进行否认。

(6) 攻击抵御能力：车联网中的身份验证和安全通信机制必须能够抵御网络中的各类攻击，确保系统整体的安全性与可靠性。

在系统功能性方面，安全机制必须与车联网的实际通信环境相匹配，主要包括如下三个方面。

(1) 可承载大规模车辆用户通信。

(2) 可适应复杂的通信环境。

(3) 尽可能确保轻量级实现。

针对上述需求，国内外学者从不同角度提出了一系列车联网安全认证方案。

面向匿名接入认证，He 等[16]提出了一种基于长期演进(long term evolution, LTE)网络的匿名验证方案 CP-PA，该方案同时支持身份互验证与用户隐私保护，解决了 VANET 中的信任通信和隐私保护问题，由于无须使用双线性对，极大地降低了 VANET 中信息处理的计算复杂性。Xu 等[17]提出了一种基于 LET-A 的车联网匿名漫游验证方案，该方案基于椭圆曲线公钥密码体制进行实现，能够完成车辆 OBU 的匿名接入，攻击者不能通过 OBU 和接口之间交换的信息获得车辆的当前位置，从而有效保证了用户身份的安全性。Rahnama 等[18]提出了一种新的 IoV 验证协议，在 OBU 节点匿名注册时使用生物识别模板代替密码，提高了安全性，并降低了由密码学计算复杂性带来的开销，提高了系统工作效率。此外，Lin 等[19]提出了一种基于身份的签名方案 GSIS，消息由没有隐私保护需求的节点发送，在保证匿名性的同时，一旦发生任何争端，权威机构可透露消息发送者的真实身份，为每辆车提供必要的可追溯性，因此其安全性和隐私性能够同时得到保障。

对于群组接入验证，Asaar 等[20]提出了一种批处理的签名技术以避免车辆节点因快速接入接出所造成的拥塞，即群签名技术。一个群体中的任意一个成员均可以以匿名的方式代表整个群体对消息进行签名，群消息隐藏真实签名者，同时保证不可抵赖性且签名无法伪造，确保了效率、安全性及隐私性之间的平衡。Lin 等[21]提出了一种基于群签名的短期证书匿名验证方案，使用密钥隔离的假名自授权模型，在短时间内生成短时密钥。但是，由于车辆频繁更换群组，这种方案的开销较大。Lai 等[22]提出了一种应用在车联网蜂窝集成网络中的安全群组管理框架，使用贡献性组密钥协议，可以支持组的动态维护，因而具有高效的通信能力，并且可以防止恶意的窃听者与针对组设置的各种攻击，保证了系统的整体安全性和有效性。Xu 等[23]提出了基于群组接入的安全互信验证方案，该方案中车载设备组长把成员的全部签名聚合成单个签名以确保消息的可靠性。同时，每个车载设备在注册时会生成相应的伪身份，由于随机数的存在，攻击者不能逆推出其对应的真实身份，从而保证了身份的不可关联性。该方案在保护用户隐私不被泄露的同时，还解决了当大量车载设备接入基站时引发的信道拥塞和安全验证问题。

在跨域接入验证方面，车联网中存在频繁出入、跨域的高速移动节点，需要建立可靠的跨域验证来保护车辆的隐私安全。Xu 等[24]提出了一种针对 LTE-V 网络跨域通信场景的高效验证方案，利用密钥共享和聚合代理签名大大减少了车辆与网络之间的信号交换量。该方案在车载设备密度较大的 LTE-V 网络中不会出现大规模的信号过载，在保证安全性与有效性的同时有着较高的车辆密度优势。然而在 VANET 中，如果车辆位于非同源区域，远程身份验证服务器无法在没有归属域身份验证服务器帮助的情况下对车辆进行身份验证，从而导致更长的通信延迟。针对这一问题，Jiang 等[25]提出了一种区块链证书颁发机构信任模型及系统架构，与之前的跨域验证方案相比，它利用不易篡改的区块链机制和哈希算法，减少了公钥算法的签名和验证次数，提高了验证效率与安全性。Wang 等[26]提出了利用联盟区块链技术，构建一个以证书颁发机构为验证节点的分散网络模型 Block CAM。授权证书的哈希值存储在每个块中，验证过程仅需比较用户提供的证书并比较计算出的哈希值与区块链中存储的哈希值是否一致，因此身份验证过程省略了密钥加解密开销，效率高于现有的公钥基础设施跨域身份验证方案[26-34]，可以提高 VANET 中跨域接入验证的效率，并且不会损害车辆的安全性。

3. 5G 轻量级安全通信技术

5G 网络的传输速率是 4G 网络的数倍，车联网接入 5G 网络以后，在海量车载单元接入接出的同时要保证敏感数据的完整性、机密性和低延迟，以维持车联网中的轻量级安全机制。在 5G 的智能安全网络层进行高速传输数据时，必须确保敏感数据的机密性。5G 智能安全车联网框架如图 5-1 所示。

Yan 等[35]设计了一个轻量级的安全保护机制，在海量机器类通信(massive machine type of communication，mMTC)和超高可靠低时延通信(ultra reliable low latency communication，uRLLC)应用场景下提出了一种将随机信号与无线信道相结合的密钥生成方法，解决了无线信道随机性有限和移动受限时密钥生成率低

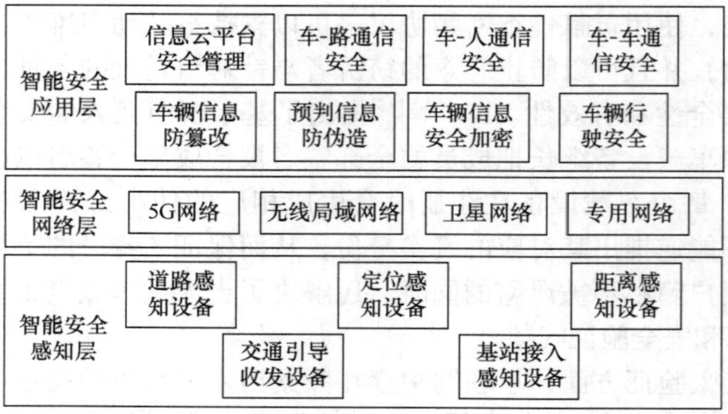

图 5-1　5G 智能安全车联网框架

的问题。当信道特性变化缓慢时，合法的发送端和接收端从接收信号空间提取密钥，通过控制发送信号的方差改善接收信号的随机性，从而使密钥的更新与时间的方差无关。因此，无线信道安全机制能够快速更新密钥，减少网络信令开销和缩短延迟，满足轻量级的安全通信要求。Tahir 等[36]提出了一种用于客户端-服务器体系结构的可搜索加密方案。该方案利用模块化的可逆性质，有助于其在安全的反向索引表上进行搜索，可确保更高级别的安全性。无线信道中的物理参数常用于密钥生成，但由于无线信道中的噪声容易产生量化误差，降低了授权用户之间的密钥一致性。为了实现高密钥一致性，Wang 等[37]提出了一种基于分组和移位的鲁棒量化方案，其中所有可用参数都用于密钥生成。该方案将随机信号和无线信道相结合，解决了密钥生成率低的问题，提高了系统效率。Luo 等[38]提出了一种基于多输入多输出的接收信号空间密钥生成模型，合法的发送者和接收者从接收信号空间提取密钥，并控制发送信号的方差来改善接收信号的随机性，从而使密钥的更新与无线信道的时间方差无关，并以最佳的功率分配方法最大化密钥率。该方法在确保快速更新密钥的同时，保护了数据的隐私性和完整性，因此具有安全性与高效性。

4. 车载网络数据加密技术

传统的数据加密与验证技术应用于车载网络环境，面临体系和设备异构、带宽和计算资源受限等问题。为减少加解密运算带来的额外时间开销，车载网络中的消息验证和加解密通常采用轻量化、硬件加速等方式来实现，例如，利用可编程逻辑芯片实现高级加密标准、椭圆曲线密码编码学的运算加速[38]，通过现场可编程门阵列(field programmable gate array，FPGA)实现裁剪版的哈希算法[39]，将多个消息传输一个 MAC[40]等。针对车载网络环境中计算资源紧张和消息加解密对网络通信带来的额外时间开销问题，Wang 等[41]采用添加硬件模块的方式解决加解密计算的时间问题，有效降低了消息加解密对网络性能的影响，其缺点是会增加硬件部署成本。针对多种车载 ECU 漏洞和攻击模型，Siddiqui 等[42]提出了一种基于硬件的安全可信框架，在车载 CAN 上实现了基于轻量级物理不可克隆函数(physical unclonable function，PUF)的双向验证和在非安全通信信道上的安全加密。实验结果表明，在1Mbit/s 的车载 CAN 发送一个加密数据帧的时间开销为 108μs。Gu 等[43]从消息封装和调度的层面将数字签名和验证码等信息在消息分配层进行了优化，将任务分配到汽车 ECU 中，以降低消息加密验证对网络时间性能带来的影响，同时不产生额外的硬件成本开销。

5.2.2 相关国际项目

2015 年 7 月，美国密歇根大学的首个车联网和自动驾驶测试区 M-city 正式开放，主要用于对自动驾驶汽车及 V2X 车联网技术进行测试。2016 年 12 月，美国正式发布了关于车辆安全标准的立法提案，要求所有轻型车辆截至 2023 年强制安装 V2V 通信设备，确保 V2V 之间将 DSRC 作为统一通信标准来发送和接收基本安全信息。2014 年，欧洲电信标准化协会负责的 ITS 标准化的小组发布了协作式智能交通标准 C-ITS[44]。C-ITS 的通信架构整个协议栈包含接入层、网络层、传输层以及设施层。C-ITS 的底层通信标准 ITS-GS 133 采用了与美国 DSRC 相同的 IEEE 802.11p 协议，并为车辆间安全协作通信分配了 54MHz (5.875～5.925GHz)的频谱资源，用来提高交通安全和出行效率。为避免在多变的车流量场景下产生不稳定的网络性能，C-ITS 采用了分布式拥塞控制(decentralized congestion control，DCC)方法调整车辆传输的数据包流量，提高了接入层的性能。在网络层和传输层，C-ITS 提出了一种单跳和基于地理位置寻址的多跳通信机制，车辆节点可根据自己的地理位置数据进行路由，实现将消息在特定的地理位置予以多跳传输和覆盖。针对信息加密传输和隐私保护问题，C-ITS 规定的安全架构[45]需要建立公钥基础设施(public key infrastructure，PKI)系统来为所有的车辆节点提供根密钥服务器。同时，在 V2X 通信过程中，所有车辆节点都将实时产生一组短期私钥用于消息签名。欧盟委员会也认识到 C-ITS 具有提高道路交通安全和效率的潜力，并在近年来开展了利用车载通信技术提高交通安全的计划。该项目还对装有基于 IEEE 802.11p 通信模块的 V2X 传输性能进行了评估，并对基于 C-ITS 的安全类应用进行了可行性分析及演示。

除了对 DSRC 标准的推进和实地测试，D2D(device to device)和 5G 通信技术的飞速发展也带了 LTE-V 在近些年的大范围推广与研发。LTE-V 主要定义了两种通信模式：一是基于基站控制的集中式通信(LTE-V-Cell)；二是通过终端直通模式实现分布式数据传输(LTE-D)[46]。基于基站的传输方式可以实现远距离、非视距情况下的连续高速通信，可以用来支持移动数据业务和远距离消息的分发。而基于 LTE-D 的传输模式则可以实现车辆之间的安全直接通信，并支持交通安全类应用。2015 年，第三代合作计划(the 3rd generation partner project，3GPP)正式启动了关于 LTE V2X 技术的标准化研究工作，并于 2016 年 9 月在美国新奥尔良召开的 3GPP RAN 会议上宣布 LTE Re114 的重点工作之一是车联网 LTE-V2X 第一版标准化的制定和完成。为满足 LTE-V2X 中车辆的高可靠、低时延传输需求，3GPP 对 LTE-V 做了一系列技术增强，包括同时支持集中式调度和分布式调度的信道分配以及复用方式、优化的帧结构等。2017 年 3 月，LTE-V2X Rel-15 标准化工作正式立项，并于 2018 年 6 月完成。

在我国，中国通信标准化协会(Chinese Communication Standards Association，CCSA)推出了针对 LTE-V 的工作项目，华为、中兴、大唐等中国电信设备制造商为 LTE-V 的发展做出了巨大贡献。2016 年 11 月，中国工信部将 5.905～5.925GHz 频段分配给 LTE-V 作为直连频谱试验，并批准了上海、广州等多个智能网联汽车示范基地。2017 年 9 月，中国信息通信研究院发布了《车联网白皮书》，主推基于 LTE-V2X 的车联网通信标准。同年，中国汽车工程学会发布的《合作式智能运输系统车用通信系统应用层及应用数据交互标准》指出不会让底层技术限制汽车企业对 V2X 上层应用的探索。2009 年，姚丹亚主持的“智能车路协同”项目正式启动[47]。2016 年，国家重点研发计划项目“智能电动汽车的感知、决策与控制关键基础问题研究”正式启动，该项目由多个高校、政府和工业界机构共同参与[48]。

5.2.3　开放问题

随着汽车电动化、智能化和网联化的发展趋势，特殊的多场景应用以及研发、生产、使用、维修、报废等汽车全生命周期管理为智能交通系统带来严峻的安全挑战，车联网中的诸多信息安全保护问题亟待解决。如何实现高可靠的入侵检测与防护、防止攻击者对车辆控制单元进行直接控制，如何保障复杂通信环境信息安全、提升车辆的防护能力，如何采取高效、可靠的响应和恢复方案等问题对车联网数据安全传输及隐私保护而言是非常值得关注的问题。

5.3　本章小结

本章对车联网中信息安全传输处理以及隐私保护的研究趋势进行了分析与阐述，并指出产学研界最为关注的研究热点。在对主动防御、安全验证以及安全通信等技术进行多方面梳理的基础上，列举了近年来一些与智能网联汽车信息安全相关的国内外行业标准和关键项目，并指出了当前智能网联汽车信息安全和隐私保护等方面的进展与不足。

参 考 文 献

[1] Kawser M, Fahad M, Ahmed S, et al. 5G americas white paper: Cellular V2X communications towards 5G[R]. Washington D. C.: 5G Americas, 2018.
[2] 陈山枝, 徐晖. 车联网安全技术与标准发展态势前沿报告(2019 年)[R]. 成都: 中国通信学会, 2019.
[3] 高柯夫, 孙宏彬, 王楠, 等. "互联网+"智能交通发展战略研究[J]. 中国工程科学, 2020, 22(4): 101-105.
[4] 陈山枝. 打造"5G+车联网"中国模式[J]. 中国工业和信息化, 2020, (11): 44-49.
[5] Sharma S, Kaul A. A survey on intrusion detection systems and honeypot based proactive security mechanisms in VANETs and VANET cloud[J]. Vehicular Communications, 2018, 12(4): 138-164.
[6] Loukas G, Karapistoli E, Panaousis E, et al. A Taxonomy and survey of cyber-physical intrusion detection approaches for vehicles[J]. Ad Hoc Networks, 2019, 84: 124-147.
[7] Boumiza S, Braham R. Intrusion threats and security solutions for autonomous vehicle networks[C]. 2017 IEEE/ACS 14th International Conference on Computer Systems and Applications, 2017: 120-127.
[8] Kalinin M, Zegzhda P, Zegzhda D, et al. Software defined security for vehicular ad-hoc networks[C]. 2016 International Conference on Information and Communication Technology Convergence, 2016: 533-537.
[9] Kosmanos D, Pappas A, Maglaras L, et al. A novel intrusion detection system against spoofing attacks in connected electric vehicles[J]. Array, 2020, 5: 100013.
[10] Aloqaily M, Otoum S, Al Ridhawi I, et al. An intrusion detection system for connected vehicles in smart cities[J]. Ad Hoc Networks, 2019, 90: 101842.
[11] Joy J, Gerla M. Internet of vehicles and autonomous connected car-privacy and security issues[C]. 2017 26th International Conference on Computer Communication and Networks, 2017: 1-9.
[12] Shrestha R, Djuraev S, Nam S Y. Sybil attack detection in vehicular network based on received signal strength[C]. 2014 International Conference on Connected Vehicles and Expo, 2014: 745-746.
[13] Xiao B, Yu B, Gao C. Detection and localization of Sybil nodes in VANets[C]. Proceedings of the 2006 Workshop on Dependability Issues in Wireless Ad Hoc Networks and Sensor Networks, 2006: 1-8.
[14] 吴黎兵, 谢永, 张宇波. 面向车联网高效安全的消息认证方案[J]. 通信学报, 2016, 37(11): 1-10.
[15] 李铭煜. 车联网 V2X 间数据安全通信的研究与设计[D]. 北京: 北京交通大学, 2018.
[16] He D, Zeadally S, Xu B, et al. An efficient identity-based conditional privacy-preserving authentication scheme for vehicular ad-hoc networks[J]. IEEE Transactions on Information Forensics and Security, 2015, 10(12): 2681-2691.
[17] Xu C, Huang X, Ma M, et al. An anonymous handover authentication scheme based on LTE-A for vehicular networks[J]. Wireless Communications and Mobile Computing, 2018, 2018(1): 1-

15.

[18] Rahnama A, Beheshti-Atashgah M, Eghlidos T, et al. A lightweight anonymous authentication protocol for IOT wireless sensor networks[C]. 2019 16th International ISC Conference on Information Security and Cryptology, 2019: 39-44.

[19] Lin X, Sun X, Ho P H, et al. GSIS: A secure and privacy-preserving protocol for vehicular communications[J]. IEEE Transactions on Vehicular Technology, 2007, 56(6): 3442-3456.

[20] Asaar M R, Salmasizadeh M, Susilo W, et al. A secure and efficient authentication technique for vehicular ad-hoc networks[J]. IEEE Transactions on Vehicular Technology, 2018, 67(6): 5409-5423.

[21] Lin X, Lu R. Pseudonym-changing strategy for location privacy[J]. Vehicular Ad Hoc Network Security and Privacy, 2015, 10(3) :71-90.

[22] Lai C, Zheng D, Zhao Q, et al. SEGM: A secure group management framework in integrated VANET-cellular networks[J]. Vehicular Communications, 2018, 11(2018): 33-45.

[23] Xu C, Liu H, Pan Z, et al. A group authentication and privacy-preserving level for vehicular networks based on fuzzy system[J]. Journal of Intelligent & Fuzzy Systems, 2020, 39(2): 1547-1562.

[24] Xu C, Huang X, Ma M, et al. A secure and efficient message authentication scheme for vehicular networks based on LTE-V[J]. KSII Transactions on Internet & Information Systems, 2018, 12(6): 2841-2860.

[25] Jiang W, Li H, Xu G, et al. PTAS: Privacy-preserving thin-client authentication scheme in blockchain-based PKI[J]. Future Generation Computer Systems, 2019, 96: 185-195.

[26] Wang W, Hu N, Liu X. BlockCAM: A blockchain-based cross-domain authentication model[C]. 2018 IEEE 3rd International Conference on Data Science in Cyberspace, 2018: 896-901.

[27] Millán G L, Pérez M G, Pérez G M, et al. PKI-based trust management in inter-domain scenarios[J]. Computers & Security, 2010, 29(2): 278-290.

[28] Dong G, Chen Y, Fan J, et al. Anonymous cross-domain authentication scheme for medical PKI system[C]. Proceedings of the ACM Turing Celebration Conference, 2019: 1-7.

[29] Zhao G, Ba Z, Wang X, et al. Constructing authentication web in cloud computing[J]. Security and Communication Networks, 2016, 9(15): 2843-2860.

[30] Chen Y, Dong G, Bai J, et al. Trust enhancement scheme for cross domain authentication of PKI system[C]. 2019 International Conference on Cyber-Enabled Distributed Computing and Knowledge Discovery, 2019: 103-110.

[31] Tan H, Xuan S, Chung I. HCDA: Efficient pairing-free homographic key management for dynamic cross-domain authentication in VANETs[J]. Symmetry, 2020, 12(6): 1003.

[32] Yao Y, Wang X, Sun X. A cross heterogeneous domain authentication model based on PKI[C]. 2011 4th International Symposium on Parallel Architectures, Algorithms and Programming, 2012: 325-329.

[33] Asghar M, Doss R R M, Pan L. A scalable and efficient PKI based authentication protocol for VANETs[C]. 2018 28th International Telecommunication Networks and Applications Conference, 2018: 1-3.

[34] Tangade S, Manvi S S, Lorenz P. Decentralized and scalable privacy-preserving authentication scheme in VANETs[J]. IEEE Transactions on Vehicular Technology, 2018, 67(9): 8647-8655.

[35] Yan X C, Mao Y X, Zhao H X. Security requirements and protection countermeasures for typical 5G application scenarios[J]. ZTE Communications, 2019, 25(4): 6-13.

[36] Tahir S, Ruj S, Rahulamathavan Y, et al. A new secure and lightweight searchable encryption scheme over encrypted cloud data[J]. IEEE Transactions on Emerging Topics in Computing, 2017, 7(4): 530-544.

[37] Wang W J, Jiang H Y, Xia X G, et al. A wireless secret key generation method based on Chinese remainder theorem in FDD systems[J]. Science China Information Sciences, 2012, 55(7): 1605-1616.

[38] Luo F, Hou S. Cyberattacks and countermeasures for intelligent and connected vehicles[J]. SAE International Journal of Passenger Cars-Electronic and Electrical Systems, 2019, 12(1): 55-66.

[39] Gürgens S, Zelle D. A Hardware Based Solution for Freshness of Secure Onboard Communication in Vehicles[M]. Berlin: Springer, 2018.

[40] SARPM. Secure message authentication protocol for CAN[D]. Ankar: Middle East Technical University, 2020.

[41] Wang E, Xu W, Sastry S, et al. Hardware module-based message authentication in intra-vehicle networks[C]. 2017 ACM/IEEE 8th International Conference on Cyber-Physical Systems , 2017: 207-216.

[42] Siddiqui A S, Gui Y, Plusquellic J, et al. Secure communication over CANBus[C]. 2017 IEEE 60th International Midwest Symposium on Circuits and Systems, 2017: 1264-1267.

[43] Gu Z, Han G, Zeng H, et al. Security-aware mapping and scheduling with hardware co-processors for flexray-based distributed embedded systems[J]. IEEE Transactions on Parallel and Distributed Systems, 2016, 27(10): 3044-3057.

[44] Sjoberg K, Andres P, Buburuzan T, et al. Cooperative intelligent transport systems in europe: Current deployment status and outlook[J]. IEEE Vehicular Technology Magazine, 2017, 12(2): 89-97.

[45] Lonc B, Cincilla P. Cooperative its security framework: Standards and implementations progress in Europe[C].2016 IEEE 17th International Symposium on A World of Wireless, Mobile and Multimedia Networks, 2016: 1-6.

[46] Chen S, Hu J, Shi Y, et al. Vehicle-to-everything (V2X) services supported by LTE-based systems and 5G[J]. IEEE Communications Standards Magazine, 2017, 1(2): 70-76.

[47] 张毅, 姚丹亚. 基于车路协同的智能交通系统体系框架[M]. 北京: 电子工业出版社, 2015.

[48] 李克强. 智能电动汽车的感知, 决策与控制关键基础问题及对策研究[J]. 科技导报, 2017, 35(14): 85-88.

